생활 속의 국제법 읽기
-세계화 시대, 한국사회와 국제법-

생활 속의 국제법 읽기

정인섭 지음

세계화 시대, 한국사회와 국제법

일조각

책머리에

흔히 법학은 빵을 위한 학문이라는 비아냥거림을 받기도 한다. 대부분의 국가에서 법률가들이 일정한 정도 이상의 생활수준을 유지하며 사는 것을 보면 그런 지적이 크게 틀린 말도 아닌 듯싶다. 많은 법률실무가가 객관적 정의에 앞서 수임료를 내고 일을 맡기는 고객의 이익을 위하여 봉사하는 것이 사실이다. 이와 비교하면 국제법은 학문적으로나 실무적으로 법학의 일반적인 분야와는 성격을 좀 달리한다.

보통 사람들이 일상생활 속에서 국제법 지식을 직접 필요로 하는 경우는 그다지 많지 않다. 대부분의 기업들 역시 국제법 지식을 본격적으로 필요로 하지는 않는다. 국제법 지식은 정부를 중심으로 한 국가사회의 공공분야에서 주로 필요로 한다. 국제법은 공공분야에서의 활용과 적용을 통하여 그 혜택이 사회의 모든 구성원에게 돌아가도록 하는 학문이다. 국제법은 일반인들이 모르는 사이에 우리의 일상생활을 편리하게 해 주고, 우리가 안전하게 생활할 수 있게 만들어 주고, 우리의 생활을 즐겁고 풍요롭게 만들어 주며, 우리의 인권을 보호해 주며, 국제사회의 평화를 유지하는 데 일조를 한다. 한편 국제법은 자칫 잘못 다루면 국익에 막대한 악영향을 끼치게 되며, 때로 국가의 명운을 위태롭게 할 수도 있다. 한 국가를 넘어 국제사회의 평화와 안전을 위태롭게 할 수도 있다.

국제법 지식의 혜택은 사회의 일부 구성원들이 독점할 수 없으며, 그 사회의 국제법 지식이 풍부해질수록 모든 구성원이 혜택을 보게 된다. 그런 의미에서 국제법 지식은 사회의 공공재와 같은 성격을 지닌다. 즉 국제법 전공자는 사적 이익을 위하여 봉사하는 것이 아니라, 사회의 공적 이익을 위하여 봉사하는 사람들이다.

혹자는 의문을 제기할 것이다. 국제법은 주로 강대국의 논리에 입각해서 만들어져 왔고, 우리는 그로 인한 피해를 적지 않게 보지 않았냐고? 사실 어느 정도 맞는 지적이다. 19세기 중엽 서양 국제법이 동북아시아에 도래한 이래 상당 기간 우리에게 국제법이란 '타자의 질서'에 불과하였다. 지난 역사 동안 우리는 국제법의 적극적 형성자였다기보다는 소극적 피강요자에 해당하는 경우가 더 많았다. 국제법 논리가 우리의 민족감정과 잘 합치되지 않는 경우도 적지 않았다.

그럼 우리는 피할 수 있다면 국제법을 피하는 것이 현명한가? 실상은 그 반대이다. 한국은 세계 4강 세력이 교차하는 동북아시아의 중심에 위치하고 있으며, 냉전의 유산인 남북분단을 아직 해소하지 못하고 있다. 주변에는 온통 우리보다 우월하거나 적대적인 경쟁자들뿐이다. 그러면서도 국가경제의 무역의존도는 세계적으로 높은 편이다. 대외관계를 어떻게 다루는가는 대한민국의 번영은 물론 생존에도 큰 영향을 미칠 수밖에 없다. 한국이 처한 상황은 우리로 하여금 남들보다 한층 더 국제법을 필요로 하게 만들고 있다.

대학에서 국제법을 강의하여 온 필자는 이 책을 통하여 우리가 왜 국제법을 공부하여야 하는지를 이야기하고자 했다. 일반인들은 미처 인식하지 못하는 가운데 국제법이 우리 주변 생활 속에 어느 만큼 침투해 있고, 우리의 일상생활을 어떻게 변화시켜 왔는가를 보여 주고자 하였다. 구한말 새롭게 동북아시아에 도래한 서양 국제법에 대한 조선과 일본의 대응을 비교하는 한편, 과거 한국외교에 있어서 국제법이 멋지게 활용된 예를 제시하여 앞으로의 교훈을 얻으려 하였다. 결론적으로 대한민국은 왜 국제법 지식을 다른 나라들보다 특히 더 필요로 하는가를 강조하고자 하였다.

한국에서의 학문은 1차적으로 시험제도의 지배를 받는다. 법학 역시 예외는 아니다. 오랫동안 법조인이 되는 유일한 길이었던 사법시험에서 국제법은 2차 필기시험의 대상이 아니었다. 자연 법학교육에서 국제법의 중요성은 등한시되었고, 국제법 지식이 전혀 없어도 법조인이 되는 데 아무 지장이 없었다. 2009년부터는 국내 법학교육에 대변혁이 일어났다. 이른바 미국식 로스쿨 제도가 도입되었다. 그 명분 중의 하나는 국제화 시대에 걸맞은 국제경쟁력 있는 법조인의 양성이었다. 그런데 지난 수년간 전국 25개의 로스쿨에서 법학교육이 실시된 결과 국제법 강의는 더욱 등한시되고 있는 것이 우리의 현실이다. 변호사 시험에 국제법이 선택과목의 하나로 포함되었으나, 학생들은 선택을 기피하고 있다. 왜 그럴까? 한국사회는 날로 국제화되고 있으며, 한국 정부의 대외관계도 그 양과 질이 지속적으로 확대 중이다. 국제법 지식에 대한 수요도 자연 늘고 있다. 그러나 국제법에 관하여는 국내에서 사적 시장이 거의 형성되어 있지 않기 때문에, 법률실무가가 국제법 지식만을 바탕으로 생계를 유지하기 어렵다. 국제법 지식은 주로 공적 분야에서 필요로 하기 때문에 국제법 전공자가 일반 법률사무소에 근무하며 돈을 벌기 어렵다. 그런 의미에서 국제법학은 이의 융성을 시장에만 맡겨서는 아니 되며, 국가사회가 특별히 지원하고 보호하여야 할 '보호필요 학문'이다. 변변치 않은 내용이나마 이 책을 읽고 국제법을 평생 공부하겠다고 자극받는 학생이 매년 조금씩이라도 더 나왔으면 하는 것이 필자의 바람이다.

끝으로 책의 상재를 앞두고 유난히 무더웠던 여름 동안 그다지 상업성이 높지도 않을 것 같은 이 책을 만드는 데 온 정성을 기울여 주신 일조각 김시연 사장님 이하 안경순 편집장님, 황인아 편집부 과장께 감사를 드린다.

또한 이 책에서 조약의 당사국 수 등을 표시한 기준시점은 특별히 다른 설명이 없는 한 2012년 8월임을 부기한다.

2012년 10월
정인섭

제1부

한국, 한국인과 국제법

I
불행한 짝사랑—
조선과 국제법의 첫 만남

국제법이란 국제사회의 법으로서 주로 국가 간의 관계를 규율하는 법이다.

현대 국제법은 유럽국가 간의 공법을 기원으로 하고 있다.

근대 유럽국가 간의 관계를 규율하던 법질서가 유럽 세력이 범세계적으로

확산됨에 따라 동반하여 전 세계적으로 적용되게 된 것이다.

근대 유럽은 우월한 군사력을 바탕으로 전 세계로 진출하며 비유럽지역을 식민지화하였다.

그 과정에서 유럽국가들은 2중적인 기준에서 자신들의 법을 강요하였다.

유럽국가 간의 국제법은 문명국가 간의 법으로 둔갑하여

그들 상호 간에만 대등하게 적용되었고, 비유럽지역은 유럽국가의 필요에 따라

불평등한 국제법의 적용을 강요당하는 객체가 될 뿐이었다.

이후 국제법은 유럽국가들의 제국주의적 식민지 쟁탈의 결과를

합리화시켜 주는 이론적 도구로서 기능하였다.

서양 세력은 19세기 중반부터 본격적으로 동북아시아 지역에 진출하였다.

이들은 한 손에는 대포를, 다른 한 손에는 국제법을 들고 자신들의 요구를 관철시키려 하였다.

전통적인 사대교린 외교만을 알던 조선에게 이들이 요구하는 교류방식은 전혀 생소한 것이었다.

세계 교류의 질서는 이미 변하고 있었으나, 조선은 이를 신속히 깨닫지 못하였다.

그런 점에서 서양 국제법 도래에 대한 조선과 일본의 반응은 크게 대비되었다.

일본의 지식인들은 놀라운 호기심을 보이며 열심히 서양 국제법을 학습하였다.

그리고 이를 통하여 배운 지식을 곧바로 조선을 상대로 강제하였다.

반면 조선은 일본보다 몇 걸음 늦었고, 이윽고 일제의 식민지로 전락하였다.

1

희망과 좌절의 국제법

새로운 국제질서의 도래

　19세기 중반까지 조선은 세계사의 주류에서 볼 때 가장 오지에 위치하고 있었다. 당시 서유럽이 세계의 중심이었다고 전제할 때, 조선은 이들이 인도양을 넘어오나 대서양과 태평양을 건너오나 가장 먼 곳에 자리 잡고 있었다. 거리상 멀리 떨어졌다는 것은, 중심의 문물이 도착하는 데 단순히 시간적으로 오래 걸린다는 것만을 의미하지 않는다. 외부세계와의 교류가 적은 오지지역은 외부적 영향을 상대적으로 덜 받아 전통 개념에 대한 집착이 강하다. 새로이 도래하는 외래 개념에 대한 저항이 크며, 신개념을 사실대로 바로 이해하지 못하고 오해나 왜곡이 이루어질 위험이 높다.[1] 과거에 대한 집착은 강하고, 개방에는 적대적이다. 중국이나 일본과의 제한된 교류 외에는 쇄국으로 일관하였던 19세기 중엽의 조선이 서구 열강과 만나고 새로운 세계질서에 편입되는 과정에서도 이 같은 오지적 현상의 발생은 예외가 아니었다.

　동아시아의 전통적 국제질서는 중국식 천하관에 입각하고 있었다. 이는 중국의 천자를 정점으로 하는 수직적 질서였다. 주변국과의 관계가 수직적이었기 때문에 중국은 대외관계를 명회전明會典이나 청회전淸會典과 같은 국내법에 의하여 처리할 수 있었다. 중국은 대외관계를 항상 자신의 의도대로 처리하였으며, 자신도 규제를 받아야 하는 별도의 법질서가 존재한다고 생각하지 않았다. 이는 교황을 정점으로 삼았던 중세 유럽 체제와

1　김용구, 『만국공법』(소화, 2008), 18쪽.

유사하였기 때문에 대등한 주권국가를 전제로 하는 국제법 질서가 발달
될 수 없었다. 유럽에서도 근대 국제법이 발달하기 시작한 것은 교황 중심
체제가 무너지고 국민국가가 등장한 이후부터이다.

중국은 초기에 도래하였던 서양인에게는 이러한 중국 중심의 수직적
질서를 강요할 수 있었으나, 19세기 중엽에 이르러서는 더 이상 이러한 질
서를 유지할 힘이 없었다. 함선을 타고 동아시아에 도착한 서양 세력은 한
손으로는 대포를, 다른 한 손으로는 국제법을 들이대며 몰아닥친 신종 괴
물이었다. 그들은 이해하기 어려운 법원칙을 강요하며, 이에 응하지 않으
면 대포를 쏘아댔다. 중국도 서양인들이 주장하는 새로운 국제법 질서를
더 이상 무시할 수 없었다. 그들의 주장을 알아야 했다. 임칙서林則徐가 영
국인의 아편무역을 규제하기 위하여 참고한 책도 스위스인 바텔Vattel의 국
제법서였다. 중국은 자국 내 외국인의 행동을 더 이상 국내법만으로 규제
할 수 없었던 것이다.

중국에서의 서양 국제법서 번역

도대체 서양인들이 주장하는 국제법이란 무엇일까? 동아시아에서 국제
법의 본격적 보급은, 마틴W. Martin이라는 미국인이 휘튼Wheaton의 *Elements
of International Law*를 1864년 베이징 동문관에서 『만국공법萬國公法』이
라는 제목으로 번역 출판한 사실에서 출발한다. 당초 이 책이 청에서 출간
된 경위도 흥미롭다. 원래 마틴은 개인적 차원에서 이 책의 번역을 시작하
였다고 한다. 번역 과정에서 청조의 관리들과 연결되자, 그는 작성 중인 원
고를 보여 주며 번역을 위한 중국 측의 조력과 출판비 지원을 요청하였다.
당초 청 정부는 이 책의 간행을 지원하기 주저했다. 마침 1864년 유럽에서
프로이센과 덴마크 간 전쟁이 발발하였는데, 톈진항 인근에 덴마크 선박
3척이 정박 중이었다. 청국 주재 프로이센 공사 레퓌스Rehfüs는 프로이센
군함에게 이를 나포하라고 명하였다. 그러자 청 정부는 마틴의 『만국공

법』 번역 원고 속의 중립국의 권리를 인용하며 프로이센은 중국 연안에서 덴마크 선박을 나포할 수 없다고 항의하였다. 이렇게 주장하자 프로이센 공사는 자신의 잘못을 인정하며 나포를 해제하고 1,500달러의 배상금까지 지불하였다. 제국주의 시대 비서구 국가들은 국제법 질서를 강요받는 타자他者에 불과하였지만, 국제법은 때로 타자를 위한 신통력을 발휘하기도 한 것이다. 뜻하지 않게 만국공법의 효용성을 경험한 청 정부는 이 책의 출간을 결정하였다. 마틴의 『만국공법』은 동아시아에서 서양 국제법 개념을 보급하는 기폭제가 되었다. 그러자 당시 주청 프랑스 대리공사 클레스코프스키Klecskowsky는 만국공법의 번역으로 중국인들이 국제법을 알게 되면 다루기 힘들어진다며 마틴의 작업을 비난하기도 했다.[2]

이후에도 마틴은 여러 권의 국제법서를 중국어로 번역하였다. 즉 1876년 마르텐스K. de Martens의 *Guide Diplomatique*를 『성초지장星軺指掌』이란 제목으로, 1877년 미국인 울시Woolsey의 *Introduction to the Study of International Law*를 『공법편람公法便覽』이란 제목으로 번역하였다. 이어 1880년 블룬츠리Bluntschli의 국제법서를 『공법회통公法會通』으로 번역하였다.[3] 마지막으로 1902년 영국인 홀W. Hall의 *A Treatise on International Law*를 『공법신편公法新編』으로 번역하였다.[4] 이 이외에도 청에서는 몇 가지 서양 국제법서가 더 번역되었다.

국제법에 대한 일본의 관심

서양 국제법서는 마틴에 의하여 중국에서 먼저 소개되었지만, 이는 일본 지식인들의 관심을 더욱 끌었다. 청에서 『만국공법』이 발간되자 일본

---

2 이한기, 「한국 국제법학 30년의 회고」, 『법학』 제19권 1호(1978), 152쪽.
3 Bluntschli, *Das Moderne Völkerrecht der civilisierten Staaten als Rechtbuch dargestellt*.
4 마틴Martin의 생애와 국제법 번역서에 관한 상세한 내용은 김효전, 『근대한국의 국가사상』 (철학과 현실사, 2000), 411-493쪽 참조.

에서는 오늘날로 치면 불법복제품이라고 할 수 있는 복각본이 이듬해인 1865년 가이세이쇼開成所에서 발간될 정도로 수요가 많았다. 그러나 이는 그냥 복각이 아니라 좀 더 이해하기 쉽게 마틴의 번역에 니시 아마네西周가 훈점을 붙여 발간한 것이었다. 이미 일본 막부는 1862년 15명의 유학생을 유럽으로 파견하였으며, 그중 에노모토 다케야키榎本武揚·츠다 마미치津田 眞道·니시 아마네 등에게는 네덜란드에서 국제법을 공부하라고 지시하였다. 이들은 귀국하여 모두 요직에 발탁되었으며, 일본에서 국제법을 보급하는 데 일익을 담당하였다.

일반인들은 마틴의 한역본漢譯本 『만국공법』을 이해하기 어려웠기 때문에 이 책은 다시 일어로 재번역되어 출판되었다. 즉 1868년에는 츠츠미 고시시堤毂士志가 『만국공법 역의』를 출간했으며, 1870년에는 시게노 야스츠구重野安繹가 『화역 만국공법』을 일어판으로 출간하였다. 마틴의 『만국공법』 간행 외에도 일본에서는 니시 아마네와 츠다 마미치가 네덜란드 라이든대학교에서 비세링Simon Vissering 교수(1818~1888)의 국제법 강의를 들으며 필기한 내용이 1868년 책으로 출간되었다.[5] 이렇듯 1875년 운요호雲揚號사건이 발발하기까지 일본에서는 이미 10여 종의 서양 국제법서가 번역 발간되었다.

마틴의 번역서의 영향으로 동양에서는 'International Law'를 가리키는 용어로 처음에는 만국공법이 널리 사용되었다. 그런데 미츠쿠리 린쇼우箕作麟祥(1846~1897)라는 일본학자가 1873년 울시의 *Introduction to the Study of International Law*라는 책을 번역하며 그 제목을 『국제법 일명 만국공법』이라고 붙였다. 그는 책의 서문에서 주의 깊게 내용을 읽어 보면 만국공법이란 명칭보다 국제법이란 용어가 본래의 의미에 더 가깝다고 설명하였다. 난학자蘭學者 집안 출신의 수재로 알려진 미츠쿠리 린쇼우는

---

5 마루야마 마사오·가토 슈이치(임성모 역), 『번역과 일본의 근대』(이산, 2000), 114~116쪽.

1867년 쇼군 막부에 의하여 파리 만국박람회 참관단의 일원으로 파견되었고, 이후에도 1년여를 유럽에 더 체류하며 프랑스어도 배우고 서양문물도 공부하고 귀국하였다. 1868년 귀국 후 그가 받은 과제는 프랑스 법전의 번역이었다. 그는 형법, 민법, 상법, 민사소송법, 치죄법(형사소송법), 헌법을 번역하고 그 전체를 프랑스 법률서라는 제목으로 출간하였으니, 이것이 일본에서의 근대적 육법전서의 효시였다. 일본이 이렇듯 서양법의 학습에 노력한 이유는, 서양 열강과 체결한 불평등조약을 개정하려면 먼저 일본법을 정비하라는 요구를 받고 있었기 때문이었다.

미츠쿠리의 번역 이후 일본에서는 차츰 국제법이란 용어가 설득력을 얻었다. 일본 도쿄대학의 전신인 도쿄가이세이학교에서는 당초 열국교제법列國交際法이란 과목을 개설하였는데, 도쿄대학은 1881년부터 국제법학과를 설치하여 국제법이란 용어가 학문적으로 자리 잡는 계기가 되었다.[6]

19세기 말엽부터 일본에서는 국제법 관련 전문서적이 다수 출간되었고, 이는 중국으로도 수출되었다. 이러한 상황에서 일본 국제법서의 한자 용어는 중국의 관리나 학계에도 적지 않은 영향을 주어 중국에서도 점차 국제법이 만국공법을 대신하게 되었다.[7] 일본 국제법서는 후일 조선에서도 번역되거나 번안되어 소개되었고, 이는 자연 일본의 국제법 용어가 조선에도 자리 잡는 계기가 되었다. 그 결과 한자 문화권인 동아시아에서는 서양의 International Law를 가리키는 용어로 '국제법'이 정착되어 오늘에 이른다. 한자 문화권의 종주국은 중국이나, 일본의 발달된 학문은 중

---

6 그렇지만 이미 사용되기 시작한 만국공법이란 용어도 쉽사리 사라지지 않았다. 일본에서는 1896년까지도 만국공법이란 제목의 새 책들이 발간되는 등(예: 鳩山和夫, 『萬國公法』, 東京專門學校, 1896) 상당 기간 두 용어는 같이 사용되었다. 김용구, 『세계관 충돌의 국제 정치학: 동양의 예와 서양의 공법』(나남출판, 1997), 184~185쪽; Han, Sang-hee, The Circulation of International Legal Terms in East Asia(Asian Law Institute Working Paper Series No.014, 2010), pp.16~17.

7 Han, Sang-hee(위의 주), pp.17~22.

국에서 널리 사용되던 한자어마저도 일본식 용어로 바꾸게 만든 것이다.

서양 지식에 대한 일본의 발 빠른 초기 대응은 이후 단순히 국제법에 대한 이해의 폭에 국한되지 않고 조선과의 국력의 격차를 급속히 증폭시키는 데까지 영향을 미쳤다.

국제법의 조선 전래

역사 이래 한반도 주변 천하를 호령하던 중국은 종이호랑이로 전락하였으나, 조선은 새로운 세계를 자신의 눈으로 볼 능력을 갖추지 못하고 있었다. 중국이 아편전쟁의 결과 1842년 난징조약의 체결을 강요당하고, 애로호사건의 결과 1860년 베이징조약의 체결을 강요당하는 굴욕을 목도하고도, 1866년 병인양요와 1871년 신미양요 이후 조선의 위정자들은 서양 오랑캐를 물리쳤다고 생각하며 전국에 척화비를 세웠다.[8] 당시 조선의 집권층은 세계정세를 직시하지 못하고 쇄국을 통한 일종의 자기만족에 빠져 있었다. 기존의 고정관념에 지나치게 세뇌되어 새로운 지식에 대한 접근과 욕구는 억제당하고 있었다. 내부적으로 국력은 피폐해 갔으나, 실용론자들은 등용되지 못하였다. 대외관계에 있어서도 조선은, 이제 국제법이라는 새로운 절차와 방법을 통하여 외국과 통교를 하고 기존의 중국이나 일본과의 교류질서도 변해야 된다는 사실을 미처 인식하지 못하였다.

조선은 구체적으로 언제 서양 국제법서를 접하게 되었는가? 직접적인 기록으로는, 조일수호조규(강화도조약) 이후 1877년 조선으로 온 일본인 하나부사 요시모토花房義質가 『만국공법』과 『성초지장』을 예조판서 조영하에게 기증하였다는 기사가 있다. 그러나 여러 가지 정황으로 판단할 때 중국에서 발간된 『만국공법』은 그 이전에 조선으로 입수된 것으로 인정된

---

8 1871년 세워진 척화비의 주문은 "洋夷侵犯 非戰則和 主和賣國(서양 오랑캐가 침입하는데 싸우지 않으면 화해할 수밖에 없고, 화해를 주장하면 나라를 파는 것이 된다)"이었다. 척화비는 1882년 임오군란 이후 대원군이 청으로 피랍된 다음 철거되기 시작하였다.

다.[9] 그러나 당시 조선의 집권층이 이 책에 대하여 어떠한 생각을 갖고 있었는지는 잘 알려져 있지 않다. 일본인 하나부사가 조선의 예조판서에게 『만국공법』을 준 이유도 국제법서에 나와 있는 바와 같이 조선도 수도에 일본 외교사절의 상주를 허용하라고 설득하기 위해서였다고 한다.

조선은 전통적 사대교린 질서 속에 위치하던 일본과 1876년에 새로운 관계를 설정하는 조일수호조규를 체결하였는데, 그 제1조에 '조선은 자주국'이라는 표현이 들어간 의미가 무엇인지를 정확히 이해하지 못하였다. 일본은 왜 조선이 자주국이기를 원하였을까? 조선이 청의 속국이 아니라야 일본은 조선을 자신의 먹잇감으로 노릴 수 있기 때문이었다. 청일전쟁의 결과 체결된 1895년의 시모노세키조약 제1조 역시 "조선은 완전무결한 독립 자주국임을 확인하고" "조선으로부터 청국에 대한 공·헌상 및 전례 등은 영원히 폐지한다"라는 조항을 담고 있었다. 청일 간의 전쟁을 처리하는 조약 제1조가 제3국에 불과한 조선의 법적 지위를 서술하는 내용이었다는 것 역시 이후 전개될 비극의 전초전이었다. 당시 이 조항의 국제법적 함의를 이해하지 못하고 일본에 감사한 조선의 선각자들도 있었다.[10]

1876년 조선과 일본은 조일수호조규를 체결하였으나, 조선은 개항에 소극적이었고 일본의 외교사절과 그 가족들의 상주도 허용하지 않았다. 이후 6년 동안 조선은 다른 국가들과 더 이상의 수호조약을 체결하지도 않았다. 그러나 개화파들은 국제질서의 판이 새로이 바뀌었음을 인식하기 시작하였다. 발달된 서양 국가들과 접촉하는 방법과 절차는 새로운 국제법에 의해야 함을 알게 되었다. 1879년 개화파인 김옥균, 박영효 등은 이동인을 일본으로 파견하였는데, 주요 목적의 하나가 만국공법의 학습이었다. 이러한 목적을 숨기기 위하여 이동인은 일본인 행색을 하고 벙어

---

9 김용구(앞의 주 1), 100~101쪽.
10 주진오, 「근대 한일관계와 한국병합」, 동북아역사재단 주최 한일강제병합 100년 재조명 국제학술회의 발표자료집 『일본의 한국강제병합 과정』(2010. 8. 24.), 149~150쪽.

리로 가장하여 몰래 일본으로 갔다고 한다.[11] 일본 체류 시 이동인은 영국 공사관의 사토우-Ernest Mason Satow(1843~1929)를 만나기도 하였는데, 사토 우는 오늘날까지도 개정판이 발간되고 있는 *A Guide to Diplomatic Practice*라는 저명한 국제법서를 집필한 사람이기도 하다.[12]

그러나 서양 국제법 질서를 수용하려는 노력은 조선에서 심상치 않은 저항을 불러일으켰다. 1880년 일본을 방문한 김홍집은 중국 외교관 황준헌黃遵憲으로부터 『조선책략朝鮮策略』이라는 소책자를 받아 왔다. 이 책은 조선이 미국과 수교조약을 체결할 것을 권고하였다.

> "태서의 공법은 남의 나라를 완전히 멸망시키지 못하게 되어 있다. 그러나 만
> 일 조약을 맺은 나라가 아니면 전쟁이 일어나도 참여하지 못하므로 이것이 서
> 양 제국이 조선과 맹약을 맺으려 하는 까닭이다. 조선과 맹약을 맺으려는 것은
> 러시아 혼자서 차지하려는 세력을 빼앗아서 천하와 더불어 상호균형을 유지하
> 려는 것이다. 조선을 보전하는 것이 곧 그들 스스로를 보전하는 길이니, 이는
> 그 자신만의 독선을 누리려는 것이 아니다."[13]

즉 조선이 다른 나라와의 조약질서에 편입되어야 세력균형 속에서 스스로를 보전하기 용이하다는 설명이었다. 『조선책략』의 내용이 전하여지자 보수 유생들은 전국적인 위정척사운동을 전개하였으며, 요사스러운 내용의 『만국공법』과 같은 책은 모두 찾아 불태우라는 상소가 잇달아 제기되었다.[14] 조선 정부에서 일본의 발전상을 견학하고자 1881년에 파견한 시찰

---

11 김용구(앞의 주 1), 102~104쪽.
12 1917년 Longmans, Green & Co. 발간(London & New York). 이 책의 최신판은 2009년 Sir Ivor Roberts ed., *Satow's Diplomatic Practice* 6th ed.(Oxford University Press)로 발간되었다.
13 황준헌(조일문 역), 『조선책략』(한국방송사업단, 1982), 23쪽.
14 『조선책략』에 대하여 유생들이 반발한 가장 큰 이유는 주자와 육상산을 천주교와 기독교

단(신사유람단)도 왜양일체론倭洋一體論을 주장하는 척사파의 눈을 피하기 위하여 먼저 동래부 암행어사로 발령하여 비밀리에 출발지인 부산에 집결시킨 다음에야 출국시킬 정도였다.

국제법 - 희망과 좌절의 상징

　19세기 말에서 20세기 초 조선에 있어서 국제법은 희망과 좌절을 모두 의미하였다. 우선 국제법은 타율과 속박의 상징이었다. 열강은 자신들의 요구를 국제법의 이름으로 강요하였다. 당시 조선이 체결한 모든 수호조약에서는 조선에 주재하는 외국 영사의 영사재판권이 인정되었다.[15] 영사재판제도는 서구 열강이 해외로 진출하며 현지국의 재판관할권을 부인하는 제도로서 주권평등원칙에 어긋나는 대표적인 불평등조항이었다.[16] 또한 관세 자주권도 억제당하였다.

　그런 속에서도 선각자들은 국제법을 통하여 조선의 자주와 독립을 보전하려는 희망을 품었다. 임오군란(1882년) 이후 서울에 청국군이 주둔하며 조선의 정치에 관여하게 되자 당시 개화파는 청과의 조공관계를 청산해야만 조선이 자주적으로 발전할 수 있겠다고 생각하였다. 갑신정변이 성공하면 만국공법에 따라 청에 대한 조공을 폐지하고 전권대사를 파견하는 등 관계를 재정립하려고 기대하기도 하였다.[17]

의 관계에 비유하였다는 것이었으나, 위정척사파는 러시아, 미국, 일본 모두 결국 같은 오랑캐라고 주장하였다(영남만인소, 위 같은 책, 137쪽).『만국공법』을 분서하라는 홍시중이나 홍재학 등의 상소에 대하여는 김세민,「위정척사파의 만국공법 인식」,『강원사학』제17·18합집(2002), 233쪽 참조.

15　1876년 조일수호조규 제10관, 1882년 조미수호통상조약 제4조, 1883년 조영수호통상조약 제3조, 1883년 조독수호통상조약 제3조, 1884년 조이수호통상조약 제3조, 1884년 조러수호통상조약 제3조 등.

16　일본도 개국에 즈음하여 1854년 이후 모두 18개국에 대하여 영사재판권을 인정하였으나, 1871년부터 외국의 영사재판권 폐지 및 관세 자주권 확립을 위한 조약개정운동을 시작하였다. 정인섭,『국제법의 이해』(홍문사, 1996), 315~327쪽.

17　김용구(앞의 주1), 135~136쪽.

1885년 5월 영국군이 거문도를 점령하고 이 사실을 조선 정부에 알리자 김윤식은 즉각 "이 섬은 우리나라의 지방으로 타국이 점유할 수 없다. 만국공법에도 원래 이러한 이치는 없어 놀랍고 의심스러워 뭐라 말하기 곤란하다. ······ 귀국과 같이 우의에 돈독하고 공법에 밝은 나라가 이런 의외의 일을 하리라 어찌 알았겠는가?"라고 만국공법을 근거로 한 항의를 하였다.[18]

조선의 미약한 힘을 국제법이 보완해 주기를 희망하던 선각자들은 국제법 지식을 보급하기 위하여 구한말 발간된 애국계몽잡지에 수많은 국제법 논설을 게재하였다. 그보다 앞서 1883년부터 발간된 「한성순보」에도 만국공법을 소개하는 논설이 적지 않게 수록되었다. 국가, 주권, 조약, 중립 등 새로운 법개념을 소개하는 글들이었다.

청일전쟁 이후 일본의 압박이 더욱 심해지자 당초 만국공법을 거부하던 유생들조차 차츰 이에 기대를 걸었다. 일본이 명성황후를 시해한 을미사변(1895년)이 발생하자 최익현, 이시우, 김익로, 박인환 등 여러 유생들도 공법에 기하여 일본의 책임을 물어야 한다고 주장하였다.[19] 일제의 강박에 의하여 을사조약이 체결(1905년)되자 박제황은 다음과 같이 명쾌한 국제법 이론에 바탕을 둔 상소를 올렸다. 즉 조약은 서명만으로 이행할 의무가 없고 군왕의 비준이 있어야 이행하는데, 조약이 아직 비준되지 않았을 경우 이를 폐기시키느냐 성립시키느냐는 그 나라의 편리함에 따른다. 따라서 비록 군주가 친필로 서명하였다 해도 핍박을 받아 자유롭지 못하였다면 그 조약은 역시 폐지함이 마땅하다고 주장하였다.[20] 최익현, 유인석, 이승희, 기수만 등의 유생들도 을사조약의 부당성을 공법에 따라 성토하

---

18 이에 관한 상세한 내용은 김용구(앞의 주1), 137~143쪽 참조.
19 을미사변에 대하여 공법에 따라 일본의 책임을 물어야 한다는 최익현, 이시우, 김익로, 박인환 등의 상소. 김세민(앞의 주 14), 225쪽 및 김용구, 『세계관 충돌의 국제정치학』(나남출판, 1997), 269~272쪽 참조.
20 김용구(위의 주), 276~278쪽.

였다.[21] 의병장들조차 국제법에 의한 일본의 단죄를 주장하였으며,[22] 안중근 또한 거사 이후 자신은 국제법상의 포로로 대우받아야 한다고 주장하였다.[23] 1907년 제2차 헤이그 만국평화회의에 파견된 조선 대표 3인의 행동 역시 예외가 아니었다. 1910년 강제합병이 발표되자 유인석은 일본이 한국을 침범한 것은 공법에 어긋나고 정의를 모멸한 것이니, 각국은 일본의 한국합방선언을 승인하지 말라고 요청하였다.[24] 이는 모두 주권을 상실해 가는 과정에서 부족한 현실의 힘에도 불구하고 국제법의 힘을 빌려 독립을 지켜보려는 애처로운 노력이었다.

　가중되는 일본의 압박으로부터 벗어나기 위한 방책으로 조선 정부는 미국 정부에 여러 차례 구애를 하였다. 한미수호통상조약 제1조에는 만약 어느 한 국가가 제3국에 의하여 부당하거나 억압적인 취급을 받게 되면 원만히 타결될 수 있도록 주선good offices한다는 내용이 담겨져 있었다. 그런데 한미수호통상조약 영문본의 'exert their good offices'가 한역본에는 반드시 서로 돕는다는 의미의 '필수상조必須相助'로 번역되어 있었다. 아마 고종은 이 구절에 희망을 걸고 헐버트H. Hulbert와 이승만 등에게 밀지를 주어 미국 정부의 지원을 요청하였는지 모른다.[25] 그러나 good이라는 그럴듯한 수식어와는 관계없이 국제법상 '주선'이란 누구의 편도 들지 않고 단지 분쟁 당사국들이 스스로 분쟁을 해결하도록 알선한다는 의미에 불과하다. 이 구절은 결코 미국이 조선을 지원하겠다는 의미가 아니었다.

　그러나 조선의 희망은 열강에 의하여 철저히 무시당하였다. 청일전쟁과

---

21 김세민의 앞의 주 14의 글에 당시 공법에 따른 을사조약의 부당성을 주장하는 예로 최익현(226쪽), 유인석(228쪽), 이승희(230쪽), 기수만(231쪽)의 주장이 소개되어 있다.
22 예를 들어, 1907년 13도 창의대장 이인영의 통문이나 호남의병장 이석용의 포고만국문布告萬國文. 김세민(앞의 주 14), 234~235쪽.
23 안중근, 제1회 공판(1910. 2. 7.). 안중근, 『재판장 마음대로 하시오』(역민사, 1993), 194쪽.
24 김세민(앞의 주 14), 228쪽의 주 22.
25 서현섭, 『지금도 일본은 있다』(고려원북스, 2004), 263쪽.

러일전쟁 이후 조선의 운명은 강대국 세력정치에 의하여 이미 결판나 있었다. 일본은 치밀하게 조선의 식민지화 작업을 진행하였고, 그 과정에서 국제법을 십분 활용하였다. 일본은 『만국전시공법萬國戰時公法』이나 『육전법규陸戰法規』같은 책자를 미리 간행하며 전쟁에 대비하였다. 청일전쟁 후에는 아리가 나가오有賀長雄의 『일청전역국제법론日淸戰役國際法論』(1896)이 발간되었고, 같은 저자는 이를 불어판 *La guerre sino-japonaise au point de vue de droit international*(Paris, 1896)으로도 간행하여 일본이 국제법을 준수하는 문명국임을 과시하였다. 러일전쟁 직후에는 엔도 겐로쿠遠藤源六의 『일로전역국제법론日露戰役國際法論』(1908)이나 시노다 지사쿠篠田治策의 『일로전역국제공법日露戰役國際公法』(1911)이 간행되어 자국 행위에 대한 국제법적 정당성을 옹호하였다. 이러한 준비작업하에 진행된 병합조약이었기 때문에 아직까지도 서양의 저명한 국제법 교과서에서는 일제의 조선 식민지화를 자발적 합방의 예로 설명하기조차 한다.[26]

그 결과 조선은 일본에 '평화적으로' 합방되었고, 식민지배를 받던 기간 동안 한국은 국제사회에서의 행위능력을 국제법에 의하여 완전히 부인당하였다. 국제법에 입각한 우리의 대외주장은 먹혀들지 않은 반면, 우리에게 피해를 주었던 역사들은 국제법에 의하여 합리화되고 승인되었다. 그런 의미에서 구한말 국제법은 조선인에게 좌절만을 안겨 주었다.

100년 전의 조선이 단지 국제법 지식이 부족하여 일본의 식민지로 전락한 것은 아니다. 신개념인 국제법을 수용하고 활용하는 것 역시 그 국가의 종합적 역량이 바탕이 되어야 한다. 또한 당시의 국제법은 기본적으로 무력사용을 통제하지 못하고, 세력정치의 결과를 합리화시키는 내용을 갖고 있었기 때문에, 일단 조선이 국제정치의 세력다툼에서 밀려났다면 국제법을 통한 주권수호에는 한계가 있을 수밖에 없었다. 이미 1878년 후쿠

---

26 Jennnings & Watts, *Oppenheim's International Law* 9th ed.(Longman, 1992), p. 210.

자와 유키치福澤諭吉는 그의 『통속국권론通俗國權論』에서 100권의 만국공법이 대포 1문만 못하다고 지적하였다.[27]

　그러나 조선이 19세기 중엽부터 좀 더 적극적으로 국제법을 학습하고 활용하였다면, 일본이 그렇게 일사불란하게 조선을 식민지화하기는 어려웠을 것이며, 조선에게 또 다른 기회가 있었을지도 모른다. 적어도 100년 전의 사건이 자발적 합방이었다는 설명은 존재하지 않았을 것이다. 일본이 오늘날 독도 영유권을 주장하기 쉽지 않았을 것이며, 녹둔도가 그렇게 쉽게 러시아령으로 되지도 않았을 것이다.

27　서현섭(앞의 주 25), 216쪽.

2

근대 일본에서의 국제법: 두 가지 일화

막부 말기 일본에서는 서양 국제법서인 『만국공법』이 후쿠자와 유키치의 『서양사정西洋事情』과 함께 2대 베스트셀러였다고 할 정도로 국제법에 대한 사회적 관심이 높았다.[28] 당시 일본 지식인들은 본래 일본에 존재하지 않던 국제법 개념을 번역하여 소개하느라 눈물겨운 노력을 기울이기도 하였다. 이를 바탕으로 일본은 앞서 설명한 바와 같이 서양 국제법을 대외관계에 적극 활용하였다. 오늘날 일본이 세계 6위권의 방대한 배타적 경제수역을 주장할 수 있게 된 배경에는, 1876년 오가사와라제도小笠原를 필두로 메이지시대에 태평양의 작은 도서들을 일본의 영토로 편입한 일련의 국제법적 조치가 자리 잡고 있다.[29] 일본이 1905년 시마네현島根縣 '죽도竹島' 편입조치를 취한 것은 현재까지 우리의 독도 영유권 주장에 대한 부분적 위협요소가 되고 있다. 이 모두 한발 앞서 국제법 지식을 습득하고 대외관계에서 국제법적 조치의 중요성을 인식한 일본 선각자들이 취한 행동이 오늘까지도 그 영향이 지속되고 있는 사례들이다.

다음 두 사람의 이야기 역시 19세기 후반 국제법에 대한 일본 사회의 태도를 잘 보여 주는 일화이다. 아울러 구한말 왜 우리는 이러한 일화를 만들지 못하였는가 안타까움을 가져 본다.

---

28 마루야마 마사오·가토 슈이치(앞의 주 5) 114쪽.
29 당시 일본의 영토 편입조치에 관한 상세한 내용은 허영란, 「明治期 일본의 영토경계 확정과 독도」, 『서울국제법연구』 제10권 1호(2003), 1쪽 이하 참조.

사카모토 료마

　수년 전인 2008년 일본의 기쿠수이菊水라는 한 주조회사에서 새로운 소주를 발매하며 그 이름을 료마 소주라고 붙였다. 이른바 유명인사 마케팅의 일환이었다. 그런데 이 회사는 술의 품질의 고급화 정도에 따라 낮은 것부터 '칼 레벨' – 'Smith & Wessen 〔피스톨(총) 회사 이름〕 레벨' – '만국공법 레벨'이라는 독특한 이름을 붙였다.[30] 영국의 위스키 조니워커가 레드 레벨, 블랙 레벨, 블루 레벨의 순으로 고급술이 되고 비싸지는 것과 같은 방식이었다. 어째서 국제법을 뜻하는 만국공법이 가장 고급술의 이름이 되었는가? 이에는 일본인이 좋아하는 영웅의 하나인 사카모토 료마라는 인물이 관련되어 있다.

　사카모토 료마坂本龍馬(1836~1867)는 일본이 쇼군 중심의 막부幕府체제를 종료시키고 권력을 천황 중심의 조정으로 되돌린, 이른바 1867년의 대정봉환大政奉還을[31] 성사시키는 데 크게 기여한 인물이다. 그 전해인 1866년에는 앙숙관계였던 사쓰마번薩摩藩과 조슈번長州藩 사이를 오가며 중재하여 삿쵸동맹薩長同盟이라는 정치군사동맹을 성사시켜 대정봉환의 토대를 마련하였다. 대정봉환과 메이지유신 이후 일본은 근대국가로 본격적인 발전의 길을 걸을 수 있었다. 하급 무사 가문 출신에 불과하였던 그가 일본의 명운을 바꾼 대정봉환의 핵심인물이 되고, 그로부터 한 달 뒤 32살의 젊은 나이에 암살로 생을 마감한 극적인 요소까지 겹쳐, 료마는 근대 일본사에 있어서 가장 유명한 풍운아가 되었다. 료마에 관한 사전만도 여러 종 간행되었을 정도이다. 그의 생애는 일본에서 이미 20세기 초부터 수십 회 이상 영화로 만들어졌다. 특히 시바 료타로司馬遼太郎가 1960년대 발표한 「료

30　http://www.tosa-kikusui.co.jp/blogs/index.php?itemid=93.
31　일본을 실질적으로 지배하던 도쿠가와德川 가문의 에도막부江戸幕府가 1867년 천황에게 국가 통치권을 돌려준 사건. 당초 도쿠가와 가문은 신정부하에서도 실질적인 정부권한을 행사할 수 있을 것으로 기대하고 대정봉환에 동의하였다고 하나, 실제 왕정이 복고되자 막부체제는 타도되고 일본은 중앙집권 국가가 되었다.

마가 간다」라는 소설은 료마를 오늘날 일본 사회에서 가장 인기 있는 대중적인 영웅으로 각인시키는 배경이 되었다고 한다. 장기불황으로 사회적 분위기가 침체된 일본에서 2010년 NHK가 방영한 〈료마전〉은 새로운 영웅을 대망하듯 선풍적인 인기를 끌었다.

무사 가문 출신의 료마는 20대 초반까지 검술훈련을 받았다. 후일 해운에 종사하였고, 해군 훈련소의 책임자가 되기도 하였다. 어느 날 료마가 고향인 도사土佐번 출신의 무사인 하가키 세이지檜垣清治(1839~1894)라는 옛 동료를 만났는데, 그는 무사들이 보통 많이 갖고 다니는 장검을 차고 있었다. 료마는 그에게 실전에서는 단검이 다루기가 더 좋다고 하였다. 그도 그렇겠다고 생각한 친구는 다음부터 단검을 갖고 다녔다. 단검을 찬 그를 보자 이번에는 료마가 품속에서 총을 꺼내며 총 앞에서 칼은 아무 소용없다고 말하였다. 그 총이 미국회사 스미스 & 웨슨Smith & Wessen이 만든 것이었다. 이 말을 듣고 친구도 바로 총을 샀다. 세 번째 만나 친구의 총을 본 료마는 이제부터는 세계를 알아야 한다며 서양의 국제법 책을 보여 주었다고 한다.

이는 새로운 것에 대하여 개방적이고 진취적인 료마의 성품을 보여 주는 일화로 유명하다. 무사 출신인 료마가 제시한 최후의 무기는 국제법 책이었다. 이 일화는 메이지유신 이전부터 일본의 지식인들이 국제법에 얼마나 큰 관심을 갖고 공부하였는가를 잘 보여 준다. 한편 료마의 친구는 1862년 살인죄로 투옥되었다가 메이지유신 이후 사면될 때까지 옥중에 있어 료마를 더 이상은 만나지 못했다고 한다.

에노모토 다케아키

에노모토 다케아키榎本武揚(1836~1908)는 메이지시대 일본 근대화의 주역 중 하나이다. 그는 해군장관, 외무장관, 체신장관, 농상무장관, 문교장관, 초대 러시아 대사 등을 역임한 군인이요, 정치가요, 관료였다. 원래 막부 진영의 장군 출신인 그는 메이지유신을 이끈 세력에서 보면 반란군의 우두머리라고 할 수 있지만, 메이지 천황 정부에서 온갖 요직을 거치었다.

에노모토는 1836년 도쿄의 막부 가신 집안에서 태어났다. 어려서 유학, 한학과 함께 영어와 네덜란드어를 배웠다. 20살인 1856년 당시 일본 막부가 신설한 나가사키 해군전습소에 입교하여 국제정세, 난학蘭學, 항해술, 화학 등을 공부하였다. 26세 때인 1862년 막부의 네덜란드 유학생으로 선발되어 1867년까지 라이든대학교에서 수학하였다. 그곳에서 에노모토는 영어와 네덜란드어를 익히는 한편, 국제법, 조선, 해군학 등을 주로 공부하였다. 막부 정부가 네덜란드에 발주한 군함 가이요마루開陽丸를 타고 귀국하여 일본 해군 건설의 주역이 되었다. 31살의 나이에 막부의 해군 부총재로 임명된 것이다.

1868년 메이지유신이 단행되고, 이에 대항하는 도쿠가와 막부와의 최후의 결전인 보신전쟁戊辰戰爭이 벌어졌을 때, 에노모토는 그때까지 자신을 키워 준 막부군의 편에 섰다. 막부의 본거지인 도쿄가 함락되자 에노모토는 당시 일본 해군의 주력이던 8척의 군함을 이끌고 홋카이도의 하코다테로 탈출하였다. 막부군은 1868년 말 그곳에서 미국식 모델을 딴 에조공화국蝦夷共和国을 선포하고 에노모토가 총재(대통령)로 취임하였다. 그러나 미국으로부터 최신 철갑선 CSS Stone War호를 구입한 메이지 정부군은 1869년 막부군을 다시 공격하였고, 목선으로 이루어진 에노모토 함대는 하코다테만 해전에서 완전 괴멸되었다. 1869년 5월 18일 에조공화국은 항복하였고 일본 역사에서 막부는 완전히 사라지게 되었다.

에노모토는 홋카이도에 에조공화국을 설립하여 저항하는 과정에서 국제법 지식을 십분 발휘한 것으로도 유명하다. 그는 현지에 있던 열강의 정부 관계자들로부터 에조공화국이 '사실상의 정부'에 해당한다는 각서를 받아 두었다. 이 각서는 외교관들이 본국 정부에 보고도 하지 않고 발급한 것이기는 하였으나, 반군 측으로서는 국제법상의 승인제도에 관한 지식을 활용하여 자신의 국제적 입지를 공고히 하려던 전략의 소산이었다. 이는 당시 일본 정부조차도 상상하기 어려웠던 획기적인 외교수법이었다. 에노모토는 메이지 정부군이 철갑선을 도입하여 에노모토 함대의 주축인 목선 가이요마루로는 대적하기 어렵다고 판단되자, 적함을 기습·탈취하려는 계획을 세웠다. 에노모토 함대는 3척의 군함에 우선 제3국 국기를 게양하여 접근하고 가까이 가서 자신의 깃발로 바꾼 다음 배를 접하여 적선을 탈취하려는 작전을 세웠다(기계奇計―이러한 작전을 당시 해전법 용어로 기계라고 하였음). 이러한 작전은 현재의 국제법에서는 금지되어 있으나, 당시의 해전법에서는 허용되는 방식이었다. 그러나 궂은 날씨와 기관고장으로 3척 중 단 1척만이 접근에 성공할 수 있었고 기습·탈취는 실패하였다.

에조공화국의 함대가 괴멸되어 전세가 완전히 기울었다고 판단한 에노모토는, 항복 직전 자신이 네덜란드 유학 중 필사해 온 프랑스인 오르톨랑 Ortolan이 지은 해상국제법 책(일본명 만국해율전서萬國海律全書)의 네덜란드어 번역본을 적장 구로다 기요다카黑田淸隆에게 전달하였다. 이 필사본에는 에노모토가 공부하며 틈틈이 적어 놓은 수많은 각주도 포함되어 있었다. 그리고 자신은 죽더라도 일본에 단 한 권밖에 없는 이 책만큼은 부디 전화에 소실되지 않도록 잘 보관하였다가 국가를 위하여 활용하라고 적장에게 부탁하였다.

에노모토의 애국심과 비범함에 감동한 구로다 장군은 체포된 그를 살려 국가발전에 참여시켜야겠다고 생각하였다. 한편 구로다는 에노모토로부터 받은 책을 당대의 석학 후쿠자와 유키치에게 보내 번역을 부탁하였다. 후쿠자와는 에노모토가 보내온 책을 보더니 전문용어가 많아 자신은 할 수 없다고 손을 놓았다. 원래 후쿠자와는 에노모토에 비판적이었으나, 결국 그 역시 에노모토의 식견과 애국심에 감복하게 되었다. 구로다와 후쿠자와는 에노모토가 일본의 국가건설에 꼭 필요한 인재라며 적극적인 구명운동을 벌였다. 그 덕에 에노모토는 3년 만에 특사로 석방되어 구로다의 휘하에서 홋카이도 개척에 참여하게 되었다. 그는 1874년에는 해군중장 겸 초대 러시아 특명전권공사로 발탁되었고, 이후 메이지 정부에서 승승장구하였다. 국제법 책으로 목숨을 건진 에노모토는 근대 일본의 국가 발전에 큰 공헌을 하였으며, 후일 메이지시대 최고의 관료라는 찬사를 받았다.

체포된 반역수괴는 사형당하는 것이 상식적인 귀결이나, 에노모토의 생명을 구한 것은 바로 한 권의 국제법 책과 그 책의 귀중함에 대한 그의 애정이었다. 또한 당대의 일본 엘리트들이 국제법 지식의 소중함을 알았기 때문에 적장의 충정을 이해할 수 있었다.

3

한국인 최초의 국제법 박사 이승만

1950년대를 살았던 사람들은 당시 우남雩南 이승만李承晚 대통령을 '이 대통령'이라는 호칭 외에도 흔히 '이 박사'라고 불렀던 것을 기억할 것이다. 아무리 요즘같이 박사가 흔하지 않았던 시절이라 할지라도 왜 대통령을 단순히 박사라고 불렀을까? 이승만 대통령은 도대체 무슨 박사였는가? 물론 이러한 의문은 훗날 든 것이었다. 필자는 대학에서 한국의 서양법 도입사를 배우면서 비로소 이승만 대통령이 1910년 미국 프린스턴대학교에서 국제법상의 전시중립을 주제로 박사학위를 받았다는 사실을 알았다.

사실 이승만 대통령의 생애와 업적에 대하여는 아직도 극단적인 평가가 엇갈리고 있다. 건국의 아버지라 추앙하기도 하고, 분단을 기정사실화시킨 책임자의 하나라고 비난하기도 한다. 독재와 권력의 화신이라고도 하고, 그 같은 대통령을 갖고 있었기 때문에 한국이 정부 수립 초기의 혼란을 이겨냈고 6·25전쟁의 위기에서도 국가를 보존하였다고 칭송한다. 외교에는 귀신이었으나 내치에는 등신이었다고 대비시키기도 한다. 이승만 대통령에 대한 평가는 해방 정국에서 그의 정치적 라이벌이었던 백범 김구 선생의 비극적 최후에 대한 안타까움으로 인하여, 또한 4·19혁명으로 상징되는 그의 말년으로 인하여 생전의 업적마저 실제보다 폄하되고 있다고 생각된다. 하여간 이승만 대통령은 그에 대한 정치적 평가와는 관계없이 한국 최초의 국제법 박사라는 점에서 우리의 근대 국제법 연구의 출발점에 있어서 빼놓을 수 없는 인물이다.

이승만은 1875년 3월 26일 황해도 평산군 마산면 대경리 능내동 시골 마을에서 태종의 장남 양녕대군의 후손인 부친 이경선李敬善(1839~1912) 씨와 모친 김해金海 김씨(1833~1896) 사이에서 6대 독자로 태어났다. 모친이 어느 날 용꿈을 꾸고 잉태하여 태어난 아이가 이승만이었다. 용꿈을 꾸고 임신하였다 하여 어릴 때 이름은 승룡承龍이라고 하였다. 승룡이 3살 때인 1877년 집안이 한양으로 올라왔다. 상경 후 1879년 4월부터 승룡은 이건하의 낙동서당에 입교하여 한학을 배웠고, 1885년부터는 이근수가 운영하는 도동서당에서 수학하였다. 13살 때 이름을 승만으로 개명하고 우남이라는 호도 얻었다.

이승만은 1895년 신학문을 배우러 배재학당에 입학하였다. 배재학당은 1885년 선교사인 아펜젤러가 세운 최초의 근대식 교육기관이다. 그때 만난 서재필은 이승만에게 미국 유학을 권고하였다. 배재학당 졸업식에서 이승만은 영어연설을 하였을 정도로 영어를 빨리 배웠다고 한다. 국운이 날로 어려워지고 1895년 10월 명성황후 시해사건마저 발생하던 당시 이승만은 독립협회 활동에 열심히 참여하였다. 그러나 독립협회와 만민공동회는 해산당하고 이승만은 1899년 체포되었다. 그는 종신형을 언도받아 한성감옥에 수감되었다.

그를 아끼는 많은 사람의 도움으로 비교적 여유 있는 감옥생활을 한 이승만은 감옥에서 영어사전 제작에 착수하기도 하고, 훗날 유명해진 『독립정신』을 저술하기도 하였다. 청일전쟁의 교훈과 중국의 개혁 필요성을 다룬 앨런Y. Allen의 『중동전기본말中東戰紀本末』(1896)도 번역하였다. 러일전쟁이 발발하자 그는 1904년 8월 9일 황제의 특사로 약 5년간의 수형생활을 마치고 석방되었다.

이승만은 미국 유학을 결심하고 기독교계 후원자의 도움으로 1904년 11월 인천항에서 미국선박 오하이호를 타고 장도에 올랐다. 일본에서 미국선박 시베리아호로 바꿔 타고 하와이를 거쳐 12월 6일 샌프란시스코항에 도착하였다. 대륙 횡단 기차를 타고 12월 31일 목적지인 워싱턴 D.C.에 도달하였다. 이승만이 도미한 숨은 목적의 하나는 미국 정부에 조선의 사정을 직접 알리고 일본의 병탄 야욕을 억제시켜 줄 것을 호소하려는 것이었다. 그러나 미국은 이미 조선에 대한 일본의 우선권을 인정하기로 정책을 결정한 다음이었으므로 별다른 효과를 거둘 수 없었다.

이승만은 워싱턴 D.C.에 소재한 조지워싱턴대학교의 윌버Allen Wilbur 학장을 면담하고 1905년 2월부터 2학년 장학생으로 등록하였다. 별다른 서양식 대학교육은 받은 바 없었으나, 그의 나이와 학식을 감안하여 2학년으로의 입학을 허가한 것이었다. 그의 조지워싱턴대학교에서의 생활은 감리교 측이 후원하였다. 조지워싱턴대학교에서 이승만은 신학, 논리학, 미국사, 영어, 프랑스어, 철학, 경제학, 사회학, 서양사 등 다양한 기초과목을 수강하였다. 1907년 6월 5일 조지워싱턴대학교를 졸업하고 학사학위를 받게 되자, 이승만은 장래 진로에 대하여 심각하게 고민하였다. 후원처인 감리교 측은 그가 바로 귀국하여 조선에서 선교활동을 하기 원하였으나, 그는 조국의 상황이 귀국해도 당장 활발한 활동을 하기 어렵겠다고 판단하여 좀 더 미국에 남아 공부를 계속하기로 결심하였다. 이승만은 1907년 9월 하버드대학교의 석사과정에 입학하였다. 여기서 그는 국제법, 외교정책, 미국사, 유럽사 등의 과목을 수학하였다. 1908년 석사를 마치고 진로문제로 다시 한 번 고민한 끝에 뉴욕 유니언신학교로 진학할 계획을 세웠다. 그러나 후원자의 한 사람인 홀Hall 목사가 프린스턴에서 신학을 공부하라고 권하였다. 홀 목사의 도움으로 1908년 가을 학기부터 프린스턴대학교의 박사과정에 입학하였다. 프린스턴대학교에서는 신학강좌도 일부 들었으나 그의 주 관심사는 국제관계였다. 이승만은 국제법, 외교론, 역사 과목 등을 주로 수강하고 1910년 여름 프린스턴대학교에서 박사학위를 받았다. 당시 프린스턴대학교의 총장은 후일 민족자결주의를 제창한 대통령으로 유명한 윌슨으로서, 그해가 그가 정계로 투신하기 직전의 마지막 졸업식이었다.

독립운동

이승만은 1910년 귀국하여 YMCA 등지에서 활약하다가 하와이에서 활약하던 박용만의 초청을 받아 1912년 다시 미국으로 갔다. 하와이에서 박용만은 항일무장투쟁을 중시하였으나, 이승만은 인재양성과 외교활동을 중시하여 서로 간에 반목이 커졌다. 1919년 3·1운동을 계기로 상하이에 대한민국 임시정부가 수립되었고, 미국에 있던 이승만은 초대 대통령으로 선출되었다. 그 이전 국내외에서 수립된 여러 임시정부에 의해서도 이승만은 집정관, 국무총리 등의 직책에 추대된 바 있었다. 당시 국내외에서 이승만의 명망을 따를 자가 없었던 것이다. 그의 목에는 이미 엄청난 현상금이 걸려 있었다. 그러나 국제연맹에 조선의 위임통치를 청원한 건과 관련하여 이승만은 대한민국 임시정부 내의 다른 독립운동가들과 갈등을 겪었고, 1921년 이후에는 상하이로 다시 돌아가지 않았다. 결국 1925년 대한민국 임시정부 의정원은 대통령 이승만을 탄핵·면직시켰다.

이후 이승만은 미국에 체류하며 구미외교위원부를 중심으로 외교를 통한 독립운동에 주력하였다. 첫 번째 부인과 이혼한 후 오스트리아 출신의 프란체스카 여사를 만난 것도 국제연맹에 조선 독립을 청원하기 위하여 제네바를 방문하던 중 우연히 일어난 사건이었다. 혼잡한 식당에서 마침 합석한 프란체스카는 조선 독립을 위하여 애쓰는 이승만에 호감을 갖고 그때부터 바로 이승만의 청원서 작성 등을 돕기 시작하였으며, 집안의 격렬한 반대를 극복하고 마침내 결혼까지 하게 되었다. 이승만은 1941년 초 *Japan Inside Out*이란 책을 미국에서 발간하였다. 이 책에서 그는 일본 제국주의의 실상을 비판하며, 일본의 미국 침략 가능성을 경고하였다. 그의 예언이 실현되듯 1941년 12월 일본은 미국의 하와이 진주만을 기습 공격하였다. 미국 정부로부터 새삼 진가를 인정받게 된 이승만은 이후 대한민국 임시정부에 대한 미국의 승인을 얻기 위하여 노력하며, 대일 참전을 위한 무기지원 등을 요청하였다. 또한 장차 소련이 한반도 점령을 노릴 것이라고 경고하였다. 이승만은 줄기차게 소련이 한국 독립의 방해자가 될 것이라며 반소전선의 결성을 주장하였다. 그러나 소련과의 전시연합이 중요하였던 미국은 이승만의 주장에 귀를 기울이지 않았다. 한편 이승만은 1942년 8월 29일부터 미국의 소리VOA 방송을 통하여 한반도로 보내는 단파 라디오 방송을 실현시켰다. 1945년 8월 15일 일본이 무조건 항복을 하자, 이승만은 1945년 10월 16일 미국 국무부의 갖은 반대를 이기고 귀국하였다. 이후 그는 해방 정국의 소용돌이 속에서 중심인물이 되었고, 대한민국 초대 대통령으로 선출되었다.

박사학위 논문

이승만이 제출한 박사학위 논문 제목은 「미국의 영향을 받은 중립Neutrality as Influenced by the United States」이었다.[32] 이 논문의 내용은 오늘날 국제법상의 전시중립문제를 다룬 것이었다. 그의 논문은 중립제도의 역사적 변천과정을 시간적 순서에 따라 다루었다. 제1장은 1776년 이전, 제2장은 1776년부터 1793년까지, 제3장은 1793년부터 1818년까지, 제4장은 1818년부터 1861년까지, 제5장은 1861년부터 1872년까지의 시기를 다루었고, 마지막 제6장은 요약 및 결론이었다. 학위논문의 마지막 페이지에서 이승만은 1776년 미국의 독립 이전과 비교할 때 중립제도에서는 국제법의 다른 어떤 분야보다도 커다란 발전이 있었고, 이에는 미국의 공헌이 절대적이었다고 결론 내렸다. 전시에 적대행위의 대상영역을 축소시키고 중립국

---

32 이 논문은 이승만(정인섭 역), 『이승만의 전시중립론—미국의 영향을 받은 중립』(나남, 2000)으로 번역되어 있다.

통상의 자유를 확보하게 된 것을 인류에 대한 축복이라고 보았으며, 유럽 해양강국의 반대에도 불구하고 미국에 의하여 이러한 성과가 달성되었다고 분석하였다.

전쟁 중 교전국과 중립국의 이해는 크게 상반된다. 교전국은 전쟁의 상대국이 중립국과의 거래를 통하여 이득을 얻지 못하도록 노력한다. 반면 중립국은 가급적 교전국 쌍방과의 교역을 통하여 더 많은 이득을 얻기 원한다. 결국 중립제도는 이러한 교전국과 중립국의 이해가 타협을 이룰 수 있는 교차점에서 성립한다. 이에 근대 국제법의 중립제도는 크게 2가지 방향을 통하여 발전하였다. 하나는 유럽 대륙국들 간의 전쟁 중 중립국으로서의 권리를 주장하는 영국의 입장이었다. 다른 하나는 유럽 대륙에서의 전쟁 중 중립국으로서의 권리를 주장하는 미국의 입장이었다. 이승만의 논문은 후자의 영향을 분석한 것이었다.

이승만이 어떠한 동기로 전시중립을 학위논문의 주제로 잡았는지는 잘 모른다. 다만 구한말 우리의 의지와는 관계없이 청일전쟁과 러일전쟁이 이 땅에서 펼쳐졌고, 대한제국의 국외중립 선언이 무참히 짓밟히는 현실을 목도한 그가 국제법상의 전시중립의 실체와 역사는 무엇인가에 당연히 관심을 가졌으리라는 것은 자연스러운 추측이다. 그러나 논문 내용의 전개무대는 유럽과 미주 대륙뿐이며, 동양 특히 조선에서의 현실은 언급되고 있지 않다.

이승만 대통령의 학위논문은 그 내용의 현재적 가치나 함의 이상으로 이 땅의 법학 전공자에게는 역사적 의의를 지닌 문서이다. 그는 한국인 중 정식으로 서양의 고등교육을 받고 박사학위를 취득한 첫 번째 인물이었다. 그의 논문은 서양의 대학출판사에서 출간된 한국인 최초의 책이었다. 국내와는 사정이 다른 미국에서는 대학출판부에서 출간된 책이 학문적으로 가장 인정받는다. 또한 우리의 법학계가 이만한 수준의 논문을 다시 쓸 수 있게 된 것은 그로부터 한 세대도 더 지난 다음의 일이었음은 누구도 부인할 수 없다. 특히 국내에서는 학문적으로 이만한 수준의 논문이 나오기까지는 광복 이후에도 상당한 시간을 필요로 하였다.

광복 직후 주한 미군정에서는 좀 더 고분고분한 지도자를 원하였고 이승만에 대하여 별 호감을 갖고 있지 않았다는 사실은 잘 알려져 있다. 그러나 당시 남북한을 통틀어 그의 명망에 필적할 인물은 아무도 없었기 때문에 미군정으로서도 어쩔 수 없었다. 그의 명망은 오랜 독립운동 경력에 최초의 미국 대학의 박사라는 학문적 성취가 더하여져 만들어졌으며, 대통령이 된 다음에도 많은 사람이 그를 이 박사라고 즐겨 호칭하였다.

사실 이승만은 국제법상 전시중립을 연구하여 박사학위를 받았지만, 이후 그가 학문적 활동을 하였다는 흔적은 알려진 바 없다. 그는 연구자가 아닌 정치인으로 생애를 살았다. 그러나 이승만 대통령의 재임시절 유엔 총회에 의한 대한민국 정부 승인, 평화선 선포, 반공포로 석방, 한미상호방위조약의 체결 등과 같이 국가운영에 있어서 주목할 만한 국제법적 조치가 실현되었음은 우연이 아닐지도 모른다.

II
우리 생활 속의 국제법

아마 많은 사람은 국제법이 자신의 삶과는 관계없다고 생각할 것이다.

국제법이란 국가가 대외교류를 하는 데나 필요한 것이지,

우리의 일상생활과는 아무 관계 없을 것이라고 생각할 것이다.

그러나 우리는 알게 모르게 국제법적 사건과 자주 접하며 살고 있다.

국제법은 꼭 대외적인 사건이나 외국인과 관련되는 사건에만 적용되는 법은 아니다.

국내에서 한국인끼리의 생활에도 국제법이 적용되는 경우가 많다.

국제법을 모르는 이들은 일상의 사건들에 담겨진 국제법적 의미를 모르고 지낼 뿐이다.

여기서는 우리가 신문을 통하여 흔히 접하였던 뉴스들 중에

국제법적 함의를 지닌 사건이나 일화들을 추려 이에 포함된 국제법적 논점을 분석하였다.

이 중에는 독도나 간도와 같은 영토에 관한 문제도 있고,

외교관 차량의 음주운전 단속이나 주차위반 처리와 같이 일상적인 문제도 있다.

또한 중등학교 무시험 진학제도가 지닌 국제법적 문제점에 관한 내용도 있다.

이러한 사례들은 오늘날 국제법이 일반인이 생각하는 것보다 훨씬 더

우리 생활 속에 깊숙이 자리 잡고 우리 생활에 영향을 주고 있음을 보여 준다.

개개인이 국제법을 모르고 지나치는 것은 대체로 별문제가 없을지라도,

사회 전체가 국제법을 모르고 지나치거나 국제법을 무시하고 지나간다면

언젠가는 그 결과가 한국사회에 부정적 부메랑이 되어 돌아올 것이다.

1

녹둔도를 어떻게 상실하였는가

  남북통일이 되면 국경선이 어떻게 될 것인가는 전 국민의 지대한 관심
사이다. 현재 북한은 중국 및 러시아와 압록강과 두만강을 경계로 하고 있
다. 그런데 일부 국민 사이에서는 통일 후 간도지역을 회복하여야 한다는
주장이 전개되고 있다. 또 간도문제만큼 널리 알려져 있지는 않으나, 러시
아로부터 녹둔도鹿屯島를 돌려받아야 한다는 주장도 제기되고 있다.

  녹둔도는 조선 초기부터 우리의 영토로 관리되던 두만강 하류 속의 섬
이었다. 녹둔도의 역사를 간단히 살펴본다. 조선은 15세기 6진 개척을 계
기로 그 세력권을 두만강 유역까지 넓혔다. 이후 두만강 속의 하중도로 알
려진 녹둔도에 조선인들이 진출하여 농사를 지었다. 『세종실록지리지』에
는 이 섬에서 5리를 더 내려가면 바다에 이른다고 기록되어 있으니 두만강
하류에 위치하고 있었다고 짐작된다. 이순신 장군도 한때 이곳을 관할하
는 조산만호造山萬戶로 근무한 바 있었으며, 조선 중기까지는 사서에 종종
등장하였다.

  녹둔도는 본래 섬이었으나, 조선 후기 어느 시점에 두만강의 수로 변경
으로 인하여 강 건너 연해주 쪽으로 연륙하여 버렸다. 더 이상 섬이 아니
게 된 것이다. 녹둔도가 두만강 너머의 땅이 된 다음에도 조선 정부는 본
래의 섬 지역만큼은 계속 조선령으로 관리하였다. 조선 말의 기록에 의하
면 이 지역에 113호 822명의 조선인이 거주하고 있었다고 하니 녹둔도의
면적이 상당하였음을 알 수 있다.

  그런데 녹둔도는 조선도 모르는 사이 엉뚱한 사건을 계기로 러시아 땅
이 되어 버렸다. 서양 세력의 공세에 고초를 겪던 청은 1860년 11월 러시

아와 베이징조약을 체결하고 우수리 강 이동의 연해주를 러시아령으로 인정하였다. 또 동해에 접한 부분은 두만강 하류까지를 러시아령으로 인정하였다. 이로써 러시아 영토가 두만강 선에 이르러 조선과 러시아는 국경을 마주하게 되었다. 베이징조약의 체결을 담당한 청이나 러시아 관리들은 아마 연해주 쪽에 붙어 있는 녹둔도가 본래 하중도로서 예로부터 조선 땅이었으며 당시에도 조선 정부가 관리하고 있었다는 사실을 모르고 두만강을 국경으로 정하였을 것이다. 조선 정부도 이러한 사실을 까맣게 모르고 있었다. 이후 1861년 러시아와 청은 우수리 강 합류점에서 두만강 하구까지 새로운 러시아 국경선을 명확히 하는 경계비를 공동으로 설치하였다. 1861년 9월 두만강 너머 녹둔도 지역에 러시아령임을 표시하는 경계비가 설치되는 것을 조선의 국경관리가 목격하고 이를 상부에 보고하였다. 조선 정부도 비로소 자신도 모르는 사이에 녹둔도가 러시아령으로 편입된 사실을 알게 되었다.

청과 러시아가 조선의 동의 없이 조선 영토를 자기들 마음대로 주고받을 수는 없으므로, 녹둔도 지역을 러시아령으로 인정한 부분에 관한 한 베이징조약은 국제법적으로 무효이다. 당시 조선 정부가 청과 러시아에 기민하게 항의를 제기하였다면 아마 그 부분은 바로잡을 수 있었을 것이다. 고종과 조선 정부가 녹둔도 회복에 지대한 관심을 가진 것은 사실이었으나, 유감스럽게도 당시에는 별다른 구체적 행동을 취하지 않았다. 처음에 조선 정부는 러시아와 수교 시 이 문제를 바로잡으면 된다고 생각하였으나, 정작 1884년 러시아와 수호조약을 체결하는 과정에서 녹둔도 문제를 제기하지 않았다. 후일 조선은 베이징조약의 당사국의 하나인 청에게 녹둔도 문제를 해결해 달라고 요청하기도 했으나, 청은 조선을 위하여 별달리 나서지 않았다. 그 후 1910년 조선은 일제의 식민지로 전락하였고, 녹둔도 상실 문제는 세인의 관심에서 잊혔다.

1970년대 초 국사학자 유영박은 조선 말 녹둔도가 부당하게 러시아령으로 편입되었음을 발견하고 이 사실을 알리는 논문을 여러 편 발표하였다. 이후 국내에서는 녹둔도가 언젠가는 돌려받아야 할 땅이라는 생각이 퍼지게 되었다. 이런 사실은 북한에서도 알고 있었을 것이다. 그러나 1985년 북한과 소련은 두만강 중심 수류의 중간선을 경계로 하는 국경선 협정을 체결하였다. 이로써 연해주 지역에 연륙된 녹둔도 지역은 자연히 러시아령으로 다시 확인되었다.

그간 국내 사학자들과 언론에서는 녹둔도는 조선 500년 역사 내내 우리 영토로 존속해 왔는데, 착오에 기하여 우리와는 아무 관계도 없는 청과 러시아 간 베이징조약에 의하여 러시아령으로 위법 부당하게 편입되었으니, 이제라도 정당하게 반환받아야 한다는 주장을 피력해 왔다. 녹둔도가 현재 북한과 러시아 사이에 있으므로 한국 정부가 직접 이 문제를 제기하기는 어려운 실정이나, 통일이 되면 러시아와 이 문제를 다시 협의하여 바로잡자고 주장하기도 한다. 그러기 위하여 베이징조약이 체결된 1860년의 시점까지 녹둔도가 조선의 오랜 영토였음을 입증하기 위한 연구가 활발히 진행되었다.

녹둔도가 역사적으로 조선의 영토였으며 19세기 후반 위법 부당하게 러시아령으로 편입되었다는 사실을 입증만 할 수 있다면, 통일 후 우리는 이를 돌려받을 수 있을까? 러시아가 자발적으로 녹둔도 지역을 반환한다면 더 말할 것도 없겠지만, 사실 그런 기대는 어려울 것이다. 만약 이 문제가 제3자의 판정에 맡겨진다면 그 결과는 어떻게 될 것인가?

국가 간 영유권 분쟁이 국제재판에 회부된다면 이는 과거 누가 얼마 동안 그 지역을 지배하였는가에 대한 역사적 연고권을 판단받는 것이 아니다. 어느 국가가 그 지역의 국제법상의 영유권을 보유하고 있는가를 현재의 시점에서 판정받는 것이다. 과거의 역사적 연고는 현재의 국제법적 권리를 직접 뒷받침할 수 있는 한도 내에서만 유의미한 취급을 받는다. 따라서 영유권 다툼을 판정하기 위해서는 현재의 국경 형성의 근거가 된 가장 최근의 사실이 법적으로 정당하였는가부터 분석을 시작한다. 비근한 예를 들어 보자. 집안의 500년 가보라도 소유자가 이를 최근에 다른 사람에게 매각하거나 증여한 경우, 그 매매나 증여가 정당한 과정을 거쳐 이루어졌다면 이제 새로운 사람이 소유자가 된다. 나중에 500년 역사를 들먹이며 그 물건은 원래 우리 집안 소유라고 주장해도 소용없을 것이다.

녹둔도 영유권 역시 마찬가지이다. 이를 국제적으로 인정받기 위하여 조선 500년 역사 속에서 녹둔도 지배 사실을 입증하고, 1860년 베이징조약 체결 시에도 여전히 녹둔도는 조선령이었다는 역사적 사실을 입증하는 것이 급선무는 아니다. 통일한국이 녹둔도를 반환받을 수 있는가 여부를 연구하려면, 러시아가 녹둔도 영유권을 인정받게 된 최근의 사실부터 시간적으로 거꾸로 분석해 올라가야 한다. 당연히 그 출발점은 1985년 북한과 러시아 간 국경선 협정이 된다. 이 협정은 북한과 러시아 사이의 국경을 두만강 중심 수류의 중간선으로 정하여 결과적으로 녹둔도를 러시아령으로 확인하고 있기 때문이다. 1985년 국경선 협정은 특별히 러시아가 북한을 강박하여 억지로 체결된 것이 아니며, 국제법적 기준에서 볼 때 전반적으로 합리적인 내용을 담고 있다. 이 조약이 국제법적으로 유효하다고 인정되는 한 러시아의 녹둔도 영유권은 누구도 이의를 제기하기 어렵다.

1985년 협정은 북한과 러시아가 체결한 것에 불과한데, 통일한국도 이 조약의 구속을 받는가? 북한이 붕괴하여 대한민국에 흡수되는 형식으로 통일이 이루어져도 북한이 체결한 조약이 여전히 유효하다고 할 수 있는가? 특히 우리 헌법상 대한민국의 규범적 영역은 한반도 전역이며 북한은 여전히 반국가단체의 일종이므로, 통일한국은 북한이 체결한 국경조약의 효력을 인정할 의무가 없지 않은가? 반국가단체인 북한은 우리의 영토를 마음대로 처분할 권한이 없다고 보아야 하지 않은가? 그러나 유감스럽게도 이러한 주장이 국제사회에서 받아들여질 가능성은 전혀 없다. 현재 북한은 한국과 마찬가지로 국가만이 가입할 수 있는 유엔의 회원국이며, 전 세계 절대 다수의 국가들로부터 주권국가로 승인받고 있다. 우리 헌법을 들먹이며 북한은 국경조약을 체결할 권한이 없다고 주장하는 것이 국제법적으로 수용될 리 없다.

그러면 통일한국은 북한이 체결한 조약은 무조건 수용하여야 된다는 것인가? 그렇지는 않다. 특히 대한민국에 의하여 흡수통일이 된다면 아마도 북한이 체결한 양자조약은 거의 대부분이 실효될 것으로 보인다. 그러나 예외가 있으니 그것이 바로 국경조약이다.

일정 영역에 대한 국제관계상의 책임주체가 다른 국가로 대체되는 것을 국제법상 국가승계State Succession라고 한다. 북한지역이 통일한국으로 흡수되는 현상도 전형적인 국가승계의 일종이다. 그간 국제사회는 국가승계 시 기존 조약의 효력을 어떻게 처리할 것인가에 대하여 여러 가지 법원칙을 발전시켜 왔다. 당사국이 그다지 많지는 않으나 이 문제를 다루기 위하여 유엔의 주도하에 채택된 조약도 있다.[1] 남북한은 이 협약의 당사국이 아니다.

이 조약에서는 물론 관습국제법상으로 인정되는 원칙 중의 하나가 국가승계가 발생하여도 국경조약은 영향을 받지 않고 그 효력을 지속한다는 것이다. 다시 말하여 흡수통일에 의하여 북한지역에 대한 주권자가 바뀌어도 통일한국은 북한이 체결한 기존의 국경조약만큼은 존중해야 한다는 내용이다. 이러한 원칙은 기존 질서의 유지를 원하는 기득권 국가에게 유리한 내용이기는 하나, 국제사회의 평화와 안정을 확보하기 위하여 불가피한 고육책이라는 점을 부인할 수 없다. 국경조약의 계속성 원칙은 국제사법재판소의 여러 재판에서도 반복적으로 인정되었다.[2] 결국 나중에

---

1 1978년 채택된 조약의 국가승계에 관한 비엔나 협약Vienna Convention on Succession of States in respect of State Treaties.
2 예를 들어, 국제사법재판소에서의 리비아/차드 영토 분쟁 사건(1994), 헝가리/슬로바키아 가비치코-나지마로스 사건(1997), 카메룬-나이지리아 육상 및 해상 경계 사건(2002) 판결 등.

통일한국과 러시아가 녹둔도 영유권에 관한 국제재판을 하는 경우, 1985년 북한-러시아가 체결한 국경선 협정으로 인하여 한국이 녹둔도를 회복할 가능성은 없다고 판단된다.

설사 1985년 협정이 법적으로 무효라고 하여도 통일한국이 녹둔도를 회복하려면 여전히 국제법적 장애가 많다. 우선 국제법상의 시효문제이다. 비록 착오에서 출발하였다고 할지라도 러시아는 1860년부터 녹둔도를 자국령으로 생각하고 영유했고, 그 세월이 이미 150년을 넘었다. 조선은 이미 1861년에 녹둔도 영유권이 잘못 처리되었음을 알았음에도 아무런 항의조차 하지 않았다. 국내 민법에 따르면 부동산도 20년간 평온하게 점유하여 등기하면 시효취득이 인정된다(민법 제245조). 국제법상 어느 정도의 기간이 흘러야 시효가 완성된다는 명확한 원칙은 없으나, 아마도 150년은 통일한국이 극복하기 어려운 너무 긴 기간이라고 판단된다. 더욱이 지리적으로 녹둔도는 이미 오래전에 두만강 건너편으로 연륙되었고, 사실 이제는 과거 조선이 지배하던 녹둔도 지역이 어느 범위에 해당하는지 그 경계조차 정확히 알기 어렵다. 반환을 요청할 대상이 객관적으로 명확하지 않은 것이다. 더 이상 한국계 주민이 거주하고 있지도 않다. 두만강이 한러 국경을 이루는 현실 속에서 유독 강 건너 녹둔도 지역만 통일한국의 영토라고 인정받기 매우 어려운 상황이다. 이런 정도의 상황이라면 혹시 1985년 국경선 협정이 없었다고 가정할지라도 통일한국이 제3자의 사법적 판단을 통하여 녹둔도를 회복할 가능성은 기대하기 어렵다.

역사학자들은 이런 판단이 역사의식이 없는 자들의 협량한 결론이라고 비판한다. 이런 경우 국내 여론은 대개 역사학자들의 편이 된다. 사실 역사적 관점에서 보면 녹둔도는 당연히 우리 땅이 되어야 한다. 그러나 국제법적 관점에서는 이를 회복할 방법이 없다. 우리 민족이 녹둔도를 상실하지 않았으려면 조선 정부가 적극적인 항의와 환수조치를 취하였어야만 했다. 북한 역시 국경선 협정을 통하여 녹둔도의 러시아령을 인정하지

말았어야 한다. 국제법적 관점에서 본다면 우리는 이미 너무 많은 것을 실기하였다.[3]

---

3 이 문제에 관한 상세한 내용은 정인섭, 「통일후 한러 국경의 획정」, 『서울국제법연구』 제14권 1호(2007. 6.), 55~88쪽 참조.

2

간도협약 100년 시효설

> "지금 우리가 발붙이고 있는 이 땅, 간도도 아득한 옛날에는 우리 땅이었었고 근자에 와서도 우리 부모들이 피땀 흘리며 이 땅을 일구었건만 이미 이곳은, 우리 땅 아닌 이 고장에서 청국 사람들로부터 가지가지 헤일 수 없이 받은 핍박의 역사도 여러분은 잘 기억하고 있을 것입니다. 변발을 하고 다브잔스를 입고 청국인으로 귀화하기만 하면 피땀 흘려 일군 땅을 내 땅으로 할 수도 있으련만, 그러나 우리 부모님들은 변발도 아니했고, 다브잔스도 아니 입었고, 귀화도 하지 않았습니다. 왜? 그것은 어떤 핍박, 어떤 설움보다도 조선인이 아니라는 설움이 더 컸기 때문입니다."
>
> — 박경리, 『토지』(마로니에북스) 제2부에서 —

일제강점기 간도는 독립운동의 요람 같은 곳이었기 때문에 민족감정이 매우 애틋한 곳이다. 우리가 간도를 완전히 잃은 것은 100여 년 전 일제가 청과 간도협약을 체결하였기 때문이라고 생각하는 사람이 많다. 지금은 중국 땅으로 되어 있는 간도를 통일이 되면 되찾아야 한다고 생각하는 사람들도 적지 않다.

한민족의 영역이 압록강, 두만강을 경계로 하는 한반도라는 관념이 일반화된 것은 대체로 조선 초기 4군 6진을 개척한 이후라고 한다. 당시 중국에는 명이 있었지만 양국 간의 국경이 구체적으로 합의된 것은 아니었다. 명을 이은 청은 17세기 후반 중국 서부지역의 국경조약을 체결하는 한편, 조선과의 경계도 명확히 하기 원하였다. 청은 목극등穆克登을 파견하여 조선과 경계협상을 하도록 했다. 그 결과 1712년 설립된 것이 백두산정계비이다. 정계비는 백두산 천지보다 조선 쪽으로 조금 남쪽 산기슭에 세워졌으며, 조선과 청의 국경을 "서쪽은 압록강, 동쪽은 토문강西爲鴨綠 東爲土門"으로 한다고 기록했다.

조선 중엽까지는 조선인들이 압록강과 두만강 변까지 본격적으로 진출하여 살지는 않았던 것으로 알려져 있다. 조선의 방어진지도 대체로 강에서 5, 6일 남쪽으로 걸어 내려와야 하는 위치에 설치되어 있었다. 숙종시절 정계비 협상을 시작할 때 조선은 압록강–두만강 선을 국경으로 확보하려는 입장으로 임하였으며, 만약 청이 실제 조선의 방어선을 국경으로 하자고 주장하면 어떻게 하나 걱정하였다고 한다. 그러나 청은 조선의 제안대로 선선히 압록강–두만강 선에 동의하고 정계비의 문구에 합의하였다.[4]

19세기 중엽부터 함경도 주민이 대거 두만강을 넘어 간도지역에 정착하기 시작했다. 사실 청은 중원을 지배하는 오랫동안 간도지역을 관리하지 않았다. 1867년에야 청은 만주지역에 대한 봉금정책을 해제하고 주민의 이주를 장려하기 시작했다. 당시 간도는 주민의 대부분이 조선인들이라 자연 이 지역 관리권이 문제되었다. 조선과 청은 1885년과 1887년 2차례 감계회담을 열었는데, 백두산정계비의 해석에 있어서 합의를 보지 못하였다. 즉 정계비상의 토문강이 곧 두만강을 가리킨다는 청의 입장과 쑹화 강의 지류인 토문강이 별도로 있다는 조선의 주장이 엇갈렸기 때문이었다. 그런데 을사조약으로 조선의 외교권을 확보한 일제가 1909년 청과 간도협약을 체결하면서 간도를 청의 영역으로 인정하였다. 곧바로 조선은 일제의 식민지로 전락하였기 때문에 이 문제는 더 이상 불거지지 않았다.

광복 이후 국내에서는 간도협약이 당사자인 조선의 의사를 무시하고 일제가 멋대로 영토를 포기한 무효의 조약이라는 주장이 대두되었다. 간도

---

4 강석화, 『조선 후기 함경도와 북방영토의식』(경세원, 2000), 53~57쪽 참조.

협약의 무효를 선언하고 간도를 회복하여야 한다는 주장이다. 이를 추진하고 있는 민간단체도 여럿이다. 다만 간도는 북한의 인접지역이라 분단 상태에서 한국이 실제로 할 수 있는 일이 많지 않다. 이에 통일 이전이라도 정부가 간도는 우리 땅이라는 입장을 공식적으로 표명하라는 운동이 전개되었다. 간도협약이 무효임을 선언하는 국회 결의를 채택하자는 움직임도 수차례 있었다.

2009년은 마침 간도협약 100주년을 맞는 해였다. 그 얼마 전부터 국내에서는 간도협약 100년 시효설이 나돌았다. 즉 아무리 간도가 우리 땅이라 하여도 중국령으로 된 지 100년을 넘으면 국제법상 우리는 더 이상 간도 영유권을 회복할 수 없다는 주장이었다. 이러한 주장은 과거에도 간혹 제기되었지만, 실제 협약 100주년에 임박해서는 국내 언론에 보도기사나 시론, 독자투고 등 다양한 형식으로 빈번히 등장하였다.[5] 즉 2009년 9월 4일 간도협약 100주년이 되기 전에 우리 정부가 최소한 공식적인 영유권 주장을 하라는 요구였다. '민족회의 통일준비본부'라는 민간단체는 각계의 서명을 받아 헤이그의 국제사법재판소에 간도협약이 무효라는 탄원서를 제출하기도 했다. 이 단체는 원래 간도협약 무효소송을 제기하려고 했으나, 국제사법재판소에서는 국가만이 소송 당사자가 될 수 있기 때문에 탄원서 제출로 대신하였다고 한다.[6] 이 역시 국제법상 시효완성을 막기 위한 민간의 노력이었다.

그러면 100년 시효설은 확실한 근거가 있는 것인가? 결론부터 말하여 국제법상 100년이면 시효가 완성된다는 주장은 아무런 근거도 없다.

시효에 의하여 영토를 취득할 수 있다는 이론은 근대 국제법 초기부터

---

5 예를 들어, 「조선일보」 2004. 9. 13. A23면; 「조선일보」 2004. 10. 14. A4면; 「조선일보」 2004. 10. 16. A29면; 「동아일보」 2008. 8. 22. 29면; 「문화일보」 2008. 10. 24. 34면; 「한겨레」 2009. 1. 31. 23면; 「서울신문」 2009. 8. 31. 30면; 「조선일보」 2009. 8. 13. A30면 등.
6 「문화일보」 2009. 9. 4. 8면.

인정되어 왔다. 국내 사법상의 취득시효와 마찬가지로 국제관계에서 국가가 오랫동안 평화적이고 공개적으로 중단 없이 영토를 지배해 왔으면, 비록 점유 개시의 권원이 불분명하거나 설사 위법한 경우라 할지라도 시효에 의하여 영유권을 취득한다는 이론이 그것이다. 이는 권원의 출발점의 정당성을 묻지 않고 현재의 사실 자체를 정당화시켜 주는 이론이다. 따라서 시효를 중단시키려면 정당한 권리자가 이를 묵인하지 말고 적극적인 방법으로 이의를 제기하여야 한다.

그러나 어느 정도의 시간이 지나면 시효가 완성되는가에 대하여 국제법상 확립된 기간은 없다. 과거 미국과 멕시코 간의 체미잘Chamizal 지역 중재사건(1911), 미국과 네덜란드 간 팔마스Palmas 섬 중재재판(1928), 나미비아와 보츠와나 간 카시킬리/세두두 섬Kasikili/Sedudu Island 판결(1999) 등에서 일방 당사국은 시효취득을 권원의 하나로 주장하였으나, 재판부에 의하여 직접 받아들여지지는 않았다. 시효기간을 일반적으로 규정한 조약도 없다. 오늘날 영토분쟁을 다루는 국제법정은 특정한 방법에 의하여 영토에 관한 권원을 취득하였다는 결론을 삼가고 있다. 대신 장기간에 걸친 다양한 국가활동의 상대적 가치를 비교하여 어느 편이 좀 더 실효적이고 공식적인 증거를 제출하였느냐에 따라 판정을 하는 경향이다. 따라서 어느 정도의 시간이 흐르면 영토에 관한 시효취득이 완성되느냐를 일률적으로 말하기는 매우 어렵다. 적어도 100년 시효설은 국제법적 선례나 근거가 전혀 없다. 물론 100년은 매우 긴 기간으로 보인다.

시효설과 관계없이 간도 영유권 문제는 어떻게 이해하여야 하는가? 간도협약이 무효라고 판정된다는 것과 간도가 통일한국의 영토가 될 수 있다는 것은 전혀 다른 문제이다. 간도 영유권에 관해서는 앞서의 녹둔도 문제와 동일한 국제법적 장벽이 놓여 있다. 1962년 북한과 중국은 압록강과 두만강을 국경으로 하는 국경조약을 체결한 바 있다. 이를 통하여 백두산 천지가 양분되었다는 사실도 잘 알려져 있다. 원래 숙종 때의 정계비에 따르면 백두산 천지는 중국 측 지역이었다. 북한은 김일성이 저우언라이周恩來와의 회담을 통하여 백두산의 절반을 회복한 것을 외교적 성과로 자랑하고 있다. 간도지역에 관한 현재의 직접적인 당사국인 북한과 중국이 국경조약을 체결하였다면 통일한국이라도 국제법상 그 결과에 구속된다. 이는 통일의 형태가 대한민국에 의한 흡수통일이든 합의통일이든 마찬가지이다. 결국 간도 영유권 확인의 최대 장애물은 일제가 체결한 간도협약이 아니라, 북한이 중국과 체결한 1962년 국경조약이다. 이 조약이 유효한 조약으로 인정되는 한 간도협약의 무효를 아무리 주장하여도 소용없는 일이다.

국민 간에는 간도가 원래 우리 땅이라는 생각이 상식처럼 퍼져 있지만, 역사적으로 정계비상의 토문강이 과연 두만강이 아닌 쑹화 강의 지류인 토문강을 가리키는지는 사실 확실하지 않다. 정계비 협상 시 조선과 청 모두 두만강을 국경으로 하겠다는 생각은 기록상 분명하였던 것으로 보인다. 조선 역시 두만강과 토문강을 서로 같은 강으로 생각하여 혼용하여 사용하였던 기록이 적지 않다. 조청 국경이 '동위토문'이 된 이후에도, 조선 정부가 간도지역에 행정구역을 설치하거나 관아를 설립하여 이를 실제 지배하였던 사실도 없다. 다만 거의 비어 있던 땅에 조선 말 생계를 위하여 민간인들이 대거 건너가 살았던 것뿐이다. 그런데 분쟁지역에서의 민간활동만으로 국제법상 영유권이 결정되지 않는다.

국내에서는 이러한 의견을 피력하면 인기도 없고 역사의식이 부족하다는 인신공격을 받기 쉽다. 여하튼 간도는 우리 조상이 땀 흘려 일군 땅이며 간도협약 체결 당시 주민의 대다수가 조선인이었음을 강조하며 회복의 당위성을 주장하여야 박수를 받는다. 물론 무슨 이유에서든 중국이 대가 없이 선선히 양보한다면 더 말할 것도 없다. 그럴 가능성이 과연 1%라도 있을까? 우리끼리의 역사의식에 충실하기 위하여 국제사회에서는 통용되지 않을 주장에 마냥 박수를 칠 수는 없다. 결국 국제법학자가 할 일의 하나는 양국 간에 합의가 되지 않아 국제법정으로까지 간다면 어느 정도의 승산이 있는가를 정확히 알려 주는 것이라고 생각한다. 외교전략도 이를 바탕으로 짜야 한다.

3

주한 유엔군 사령부는 해체되었는가

나이가 좀 든 사람은 1960년대까지 국내 라디오에서 VUNC(Voice of United Nations Command)라는 칭호의 유엔군 방송을 들었던 기억이 있을 것이다. 유엔군 방송은 나중에 방송시간은 많이 단축되었지만 1972년까지 송출을 지속하였다. 그만큼 과거 유엔군은 우리 일상생활에서도 친숙한 존재였다. 그런데 아직도 주한 유엔군 사령부가 존속하느냐고 물으면 고개를 갸우뚱하는 사람이 많을 것이다. 주한 미군이 있는 것이야 다 알지만, 주한 유엔군 사령부가 아직도 존속하고 있는가?

1950년 6월 25일 북한의 전면 남침이 개시되자 유엔 안전보장이사회는 즉시 북한의 행동이 평화에 대한 파괴라며 모든 적대행위를 중단하고 북한군은 38도선 이북으로 철수하라고 결의하였다.[7] 그래도 북한군의 남하가 계속되자 안전보장이사회는 한반도에서의 평화와 안전을 회복하기 위하여 각국이 한국에 필요한 원조를 제공하라고 요청하는 결의를 채택하였다.[8]

이를 근거로 최종적으로 모두 16개국이 전투병을 파병하였고, 다른 5개국이 의료진 지원, 기타 40여 개국이 한국에 대하여 각종 물질적 지원을 제공하였다. 당시 공산국가를 제외한 전 세계 대부분의 국가가 한국에 대한 지원에 동참하였다. 이어 7월 7일 안보리는 한국에 파견된 각국 병력을 지휘하기 위하여 미국이 관할하는 통합사령부를 설치하고, 통합사령부는

---

[7] 안보리 결의 제82호(1950. 6. 25.).
[8] 안보리 결의 제83호(1950. 6. 27.).

자국기와 함께 유엔기를 사용하도록 허용하는 결의를 채택했다.[9] 이것이 한반도에 유엔군 사령부가 설치된 근거였다. 미국이 임명한 유엔군 사령관은 6·25전쟁에서 참전 16개국의 군사작전을 통합 지휘하였다. 1953년 정전협정에도 한국 및 참전 16개국을 대표하여 유엔군 사령관이 서명하였다. 이는 평화협정과 달리 제1차 세계대전이나 제2차 세계대전의 항복협정의 경우처럼 연합국을 대표하는 주요국의 장성만이 서명하고 그 효력은 전 연합국에 미친 것과 마찬가지였다. 이후 주한 유엔군 사령부는 판문점에서의 군사정전위원회 회의를 담당하는 등 형식적으로 한국에서 통합사령부의 역할을 계속하였다.

주한 유엔 사령부의 존속 여부는 냉전시대 유엔 외교무대에서 연례적인 단골 이슈였다. 1970년대 초까지 소련을 중심으로 한 공산국가들은 유엔총회에 한국에서 주한 유엔군 사령부 해체와 외국군 철수를 요구하는 결의안을 거의 매년 제출하였고, 한국은 이 결의안의 통과를 막기 위하여 총력을 기울였다. 1960년대 말까지는 어렵지 않게 공산 측 결의안을 부결시킬 수 있었다. 그러나 1975년의 유엔 총회에서는 주한 유엔군의 존속을 지지하는 한국 지지 결의안(총회 결의 제3390호 A)과 이의 철수를 요구하는 공산 측 결의안(총회 결의 제3390호 B)이 모두 통과되었다. 상호 모순되는 2개의 결의안이 동시에 통과된 것이다. 결국 1975년 유엔 총회는 한국문제를 토의하는 마지막 회의가 되었고, 냉전시대 동서 양 진영은 더 이상 이 문제를 총회에 제기하지 않기로 합의하였다. 대부분의 국가들이 실효성도 없는 한국 결의로 인하여 총회가 정치적 대립의 장이 되는 데 염증을 내고 있었기 때문이었다.

주한 유엔군 사령부는 안전보장이사회의 결의를 통하여 설치된 것이므로 이의 지위가 총회의 결의를 통하여 좌우되지는 않는다. 그러나 총회에서 반

---

9 안보리 결의 제84호(1950. 7. 7.).

쪽짜리나마 주한 유엔군 철수를 요구하는 결의가 통과되자, 한미 양국은 유엔군 철수 이후의 시대를 대비하려는 의도에서 1978년 11월 별도의 한미 연합사령부를 창설하였다. 그 이전에는 주한 유엔군 사령부를 통하여 한국군과 주한 미군이 연결되던 법적 구조가 한미 양국만의 통합사령부를 통하여 연결되는 법적 구조로 변화된 것이다. 이후 유엔군 사령부는 판문점 회의 등 휴전업무를 담당하고, 군사작전의 통제는 한미 연합사령부가 담당하기로 했다. 그러나 주한 유엔군 사령관이 한미 연합사령부 사령관을 겸임하였기 때문에 내용상 양자는 일치했다.

6·25전쟁이 종료하자 미국을 제외한 다른 참전국들은 전투병들을 모두 철수하였고, 주한 미군을 제외하면 유엔군은 상징적인 의미만을 갖게 되었다. 참전국의 외교정책의 변화를 반영하여 차츰 주한 유엔군 사령부에서 자국 깃발과 연락관마저 철수시키는 등 관계를 완전히 단절하는 국가가 늘어났다. 그러나 형식적으로는 주한 유엔군 사령부가 해체되거나 철수된 적이 없으며, 아직도 정전협정의 준수를 담보하는 역할을 하고 있다. 현재도 판문점 군사정전위원회를 통하여 북한 측과의 연락 및 협의를 담당하고 있으며, 한반도의 안보와 관련되는 사건이 발생하면 유엔 안전보장이사회에 보고서를 제출하고 있다. 예를 들어 2010년 천안함 침몰 사건 때는 국제합동조사단과는 별도로 주한 유엔군 사령부가 이를 독자적으로 조사한 결과를 안전보장이사회에 보고하였다.[10] 냉전시대 이후에는 과거 완전 철수하였던 참전국들의 인력 복귀도 늘어나 현재 주한 유엔군 사령부는 16개국의 깃발 및 의장대와 함께 유지되고 있다. 전투병을 파견하였던 16개국 중 룩셈부르크와 에티오피아가 더 이상의 인적 관계를 유지하지 않고 있으나, 의료선을 파견하였던 노르웨이와 덴마크가 연락관을 파견하고 있기 때문이다.

---

10 「조선일보」 2010. 7. 27. A18면.

4

이중국적자는 박쥐요 카멜레온인가

구한말 이래 집안이 4대째 한국에서 선교와 봉사활동을 하고 있는 미국인 인요한(존 린튼) 씨가 2012년 3월 21일 한국인으로 특별귀화를 하였다. 한국에서 태어나 생애의 대부분을 한국에서 보낸 그는 과거에도 몇 차례 귀화하려 했는데, 귀화하면 미국국적을 포기해야 되므로 어머니의 반대에 부딪혀 신청하지 못하였다고 한다. 그러나 2010년의 국적법 개정으로 미국국적을 유지하면서도 한국인으로 귀화할 수 있는 방안이 마련되자 이번에는 어머니의 허락을 받았다고 한다.[11] 즉 그는 "대한민국에 특별한 공로가 있는 자"로 인정되어 국내에서 외국국적을 행사하지 않겠다고 서약만 하면, 미국국적을 계속 보유하면서도 한국국적을 취득할 수 있게 된 것이다(국적법 제10조 제2항 제2호). 그가 외국에 체류할 때는 미국인으로 행동하든 한국인으로 행동하든 한국 정부는 상관하지 않는다. 그는 이중국적을 용인받은 것이다.

과거 김영삼 정부 이래 노무현 정부 시절까지 정부의 고위 공직자 임용 시마다 공통적으로 발생한 사건 중의 하나가 총리, 장관 후보자 가족의 이중국적 문제였다. 김영삼 정부 시절의 박희태 법무부 장관, 김대중 정부 시절의 송자 교육부 장관, 장상 총리 서리, 노무현 정부 시절의 진대제 정보통신부 장관 모두 가족의 이중국적 문제로 곤욕을 치렀다. 그중 진대제 장관 외에는 그 직을 유지할 수 없었다. 모두 미국 체류시절 현지에서 출생한 자식이 자연스럽게 한미 이중국적자로 태어난 것이 문제의 발단이었

---

11 「조선일보」 2012. 3. 22. A11면.

다. 이러한 문제가 불거지면 우리 사회에서는 당사자들에게 제대로 해명할 기회조차 주어지지 않은 채, 여론의 무차별적 폭격이 쏟아졌던 것이 사실이다. 해당 고위 공직자(후보)는 도덕적 타락자로 낙인찍히고, 이중국적자는 사회의 암적 존재 또는 박쥐나 카멜레온으로 비유되었다. 이중국적이란 과연 그렇게 부도덕한 사회적 해악인가?

과거 한국의 국적법은 한국인이 외국국적을 취득하면 자동적으로 한국국적을 상실하고, 외국인은 기존의 국적을 상실시키는 조건 아래서만 한국 귀화가 가능하였다. 미국 출생자와 같이 선천적으로 이중국적으로 태어난 자는 성인이 되면 22세 이전에 국적선택을 하여야 하며, 만약 그때까지 아무런 선택을 하지 않는 사람은 자동적으로 한국국적을 박탈당하였다. 한국인에게는 이중국적이 발생하지 않도록 각종 규제장치를 해놓았던 것이다. 이같이 이중국적에 대한 강력한 부인정책의 결과 이중국적자였던 한국인은 거의 대부분이 한국국적을 포기하고 외국인이 되기로 선택하여 한국사회로부터 이탈하였다.

왜 과거 한국사회는 이중국적에 대하여 그토록 부정적이었는가? 1980년대까지 한국에서 발생한 이중국적자의 거의 대부분은 한미 이중국적자였다. 혈통주의 국적법 국가인 한국 부모 아래서 출생지주의 국적법 국가인 미국에서 출생한 이들이 이중국적자로 된 것이었다. 많은 사람은 이들 이중국적자가 한국사회에서의 의무는 회피하면서 이익만 취할 것이라고 의심하였다. 이중국적자는 국내에서 한국인으로 살다가도 군대 갈 나이가 되면 미국으로 가버려 병역을 회피한다고 생각했다. 1980년대 중반까지 한국인은 해외여행이 자유롭지 않았는데, 이중국적자들은 외국여권을 통하여 자유롭게 외국을 드나든다고 생각하였다. 한반도에서 전쟁이 터지면 이들은 미국 정부가 마련한 비행기를 타고 먼저 탈출할 것이라고 생각하였다. 이들은 사실상 국내에서 경제활동을 하여도 세금을 제대로 내지 않을 것이라고 생각하였다. 국내에서 가벼운 범법행위를 해도 미국인이라고 주장하며 제재를 피해갈 것이라고 생각하였다. 이중국적은 이른바 '가진 자'의 특권이라고 생각하였다.

이러한 비판은 어느 정도 사실이기도 하였다. 사실 국가의 입장에서는 개인의 국적이 한 개여야 여러모로 관리에 편하다. 과거 이중국적이 발단이 되어 국가 간 전쟁이 발생한 예도 있었다. 조선 말에는 정부의 허가 없이 외국에 입적하는 자는 모반죄에 따라 처단한다는 법률을 제정하기까지 하였다.[12] 유럽에서도 오랫동안 국가는 주민에게 오직 자국에 대한 배타적 충성을 요구하였다.

그러나 현대사회에서는 과거 국적 유일의 원칙이 전제로 하던 국제사회와는 사뭇 다른 현상이 일반화되어 있다. 국제적 교통수단이 발달하고 국가 간 경계의 문턱이 낮아짐에 따라 이제는 많은 사람이 한 국가에 고정적으로 머물러 살지 않는다. 외국에서 장기간 체류하며 생활하는 사람이 늘었고, 국제결혼도 많다. 이러한 현상은 이중국적의 발생기회를 증대시킨다. 한편 국적이란 개인의 입장에서는 권리라는 의식도 보편화되었다. 따라서 국가가 관리의 편의만을 위하여 개인의 권리인 국적을 박탈할 수 있느냐는 의문이 제기되었다. 특히 선천적 이중국적의 발생은 사실 누구의 잘못이라고 하기도 어렵다.

이에 20세기 후반부터는 이중국적을 용인하는 국가가 늘어났다. 이민을 받는 국가의 입장에서는, 자국에 사실상 정착하고 있는 외국 이민자들이 가급적 빨리 자국 국적을 취득하여야 현지사회와의 융화에 도움이 된다는 사실을 깨달았다. 이민을 보내는 국가의 입장에서도, 해외 이민자가 현지 국적을 취득하여야 경제적으로 빨리 안정되고 현지에서의 영향력이 강화됨은 물론, 결국 이것이 본국의 국익에도 더 큰 도움이 된다는 사실을 깨달았다. 그런데 개인으로서는 선천적으로 부여받은 국적을 버리는

---

12 1900. 9. 29. 의뢰외국치손국체자처단례依賴外國致損國體者處斷例 개정 제2조.

것이 쉽지 않은 결정이다. 이중국적을 불허하면 이민자들은 여러 가지 이유에서 현지 국적의 취득을 주저하게 된다. 위의 인요한 씨의 예도 그러한 경우의 하나였다. 이러한 문제점들이 인식되자 지난 수십 년간 국제사회에서는 이중국적을 용인하는 추세가 확연히 진행되어 왔다. 원래의 국적을 고수하여도 새로운 국적의 취득을 인정하는 것이다. 또는 선천적으로 이중국적자로 태어난 자에게 굳이 하나를 버리라고 요구하지 않는 것이다.

과거 한국은 이중국적을 부인하는 정책을 고수하여 그 결과 많은 한국인이 한국국적을 버리게 만들었다. 이들을 한국인으로 계속 포용하고 있는 편이 궁극적으로 한국사회에 더 많은 기여를 할 수 있게 만들지 않았을까? 굳이 이들에게 한국국적을 포기하게 만들어 한국사회가 얻는 득은 과연 무엇이었을까? 현재 국내에서 국제결혼 비율이 10%가 넘고, 다문화가정 자녀의 상당수는 이중국적자로 태어나는데, 이중국적을 그토록 엄격히 다루는 것이 과연 현명한 것인가?

이러한 변화를 배경으로 어쩌면 여론의 반대에도 불구하고 2010년 제한적으로나마 이중국적을 용인하는 국적법 개정이 이루어졌다. 이에 현재는 어린 시절 해외입양으로 한국국적을 상실한 자, 대한민국에 특별한 공로가 있거나 우수한 능력의 보유자, 혼인을 위하여 한국으로 온 결혼이주자, 귀국한 고령의 해외동포, 출생으로 인한 선천적 이중국적자 등은 국내에서 오직 한국인으로만 행동하겠다고 서약을 하면 이중국적을 용인받게 되었다(국적법 제10조 제2항, 제12조 제1항, 제13조 제1항). 예를 들어 어린 시절 노르웨이 가정으로 입양을 갔으나 뿌리를 찾아 한국에 온 한국계는 노르웨이국적을 유지하면서도 국내에서는 한국인으로 살 수 있게 되었다. 베트남에서 결혼을 위하여 한국으로 온 사람은 베트남국적을 유지하면서도 한국국적을 취득할 수 있게 되었다. 그래야 혹시 결혼생활이 파탄 나도 고향으로의 귀환이 용이하다. 이중국적자 중에는 좀 얄미운 행동을 하는

사람도 있을지 모르나, 모든 이중국적자가 박쥐요 카멜레온은 아닐 것이
다. 올바른 방향으로의 법개정이었다. 앞으로 이중국적을 허용하는 폭을
좀 더 넓힐 필요가 있다고 생각된다.[13]

---

13 이중국적에 관한 전반적 검토는 정인섭 편, 『이중국적』(사람생각, 2004) 참조.

5

외국 귀화를 하여도 한국인으로 남을 수 있는가

　과거 한국 남자 쇼트트랙의 국가대표 선수로 2006년 토리노 동계올림픽을 비롯해 많은 국제대회에서 금메달을 땄던 안현수 선수가 러시아인으로 귀화하여 러시아 국가대표 선수로 국제대회에 출전하였다는 소식이 최근 전해졌다. 그는 2011년 8월 러시아 귀화 의사를 공식화하고, 12월 모든 법절차를 마쳤다. 2012년 2월 러시아 모스코바에서 열린 2011~2012시즌 국제빙상경기연맹 월드컵 시리즈 5차 대회부터 안현수는 빅토르 안이라는 이름의 러시아 국가대표선수로 출전하였다. 2014년 소치에서 동계올림픽을 개최하는 러시아로서는 비교적 약세였던 쇼트트랙을 강화하기 위하여 안현수를 스카우트한 것으로 알려졌다. 사실 그간 국내에서는 탁구에서 당예서, 석하정, 전지희 같은 중국 출신 귀화선수들이 좋은 활약을 펼쳤고, 당예서는 한국 국가대표의 일원으로 2008년 베이징 올림픽 여자 단체전에서 메달도 땄다. 이렇듯 자국 스포츠 발전을 위하여 단순히 외국선수를 스카우트하는 정도가 아니라, 아예 귀화시켜 국가대표 선수로도 활약할 수 있게 하는 경우가 적지 않다.

　국내 선수들의 수준이 세계적인 분야 중의 하나가 여자하키이다. 그간 올림픽에서 은메달을 2번이나 땄고, 아시안게임에서는 1986년 이후 1번도 2위 아래로 내려간 적이 없다. 그런데 2009년 한국의 여자 하키 선수 6명이 아제르바이잔 국적으로 귀화를 하고 그곳 국가대표선수가 되었다는 소식이 전해졌다. 아제르바이잔은 자국 스포츠의 수준을 높이기 위하여 여러 분야에서 외국 선수를 귀화시키려고 노력하였는데, 한국의 여자 하키 선수들이 이에 응한 것이다. 아제르바이잔은 2009년 초 한국인 전재홍

씨를 국가대표 감독으로 임명하였고, 이어 선수들도 영입한 것이다. 이 소식은 국내에 "여자 하키 선수 집단귀화 충격" 등의 자극적 제목으로 전해졌다.

여자하키의 경우 국내 활동 여건이 매우 열악함 또한 잘 알려져 있다. 고등학교를 졸업하면 실업팀에 취직할 수 있는 기회도 많지 않고, 취직해도 150만 원 정도의 월급밖에 받지 못한다고 하였다. 그런데 아제르바이잔에서는 약 4,000만 원의 연봉과 숙소를 제공받았다고 하니, 국내에서보다 2배 이상의 대우를 받은 것이었다. 사정을 알고 보면 이해가 되는 상황이었다.

그런데 이 소식이 국내에 크게 보도되자 정작 선수 본인들은 적지 아니속 상해 하였다고 한다. 그러면서 국내 한 언론과의 인터뷰에서 "우리는 국적을 바꾼 귀화가 절대 아니다"라고 주장하였다. 아제르바이잔은 이슬람 국가이나 우리 선수들에게는 특별히 이중국적을 인정해 주고 있으며, 히잡도 강요하지 않는다고 하였다. 오일 달러에 팔려 갔다고 비난하는 이도 있으나, 자신들은 운동에 대한 열정 때문에 아제르바이잔으로 왔을 뿐이라고 말하였다.[14]

국적의 결정방법은 국제법상 대표적인 국내관할사항으로 인정된다. 누구를 자국민으로 인정할지는 국제법상의 원칙과 상충되지 않는 한 각국이 국내법으로 결정할 수 있는 사항이다. 아제르바이잔이 한국선수에게 자국적을 부여하며 한국국적 보유도 계속 인정할 것인가 여부는 아제르바이잔이 결정할 문제이다. 보도를 보면 아제르바이잔은 귀화자에게 반드시 원국적 상실조치를 요구하지 않는 것 같다.

그러나 한국 국적법은 다르다. "대한민국 국민으로서 자진하여 외국국적을 취득한 자는 그 외국국적을 취득한 때에 대한민국국적을 상실한

---

14 「조선일보」 2009. 9. 5.~6. B7면.

다."(국적법 제15조 제1항) 이 부분에서는 이중국적이 용인되지 않는다. 따라서 아무리 아제르바이잔이 한국선수의 이중국적을 용인하여도, 이들이 아제르바이잔국적을 취득하는 그 순간 한국국적을 상실한다. 별도로 국내에 국적이탈을 신고하지 않아도 상관없다. 한국국적은 법적으로 자동 상실되는 것이다. 외국으로 귀화한 자가 외국적 취득 사실을 숨기고 국내로 올 때는 과거 발급받았던 한국여권을 갖고 내국인 자격으로 입국할 수도 있다. 일정 기간 국내 출입국관리 당국은 이 사실을 모를 수도 있다. 국내로 와서는 전부터 갖고 있던 주민등록증을 계속 사용할 수도 있다. 그러나 본인들이 아무리 한국국적을 계속 갖기 원할지라도, 외국 귀화와 동시에 법적으로는 이미 한국국적을 상실한다. 이는 이중국적의 발생을 방지하기 위한 조치이다. 이러한 한국의 법제가 국제법 원칙에 저촉되지도 않는다. 결국 여자 하키 선수들은 본인의 의사와 상관없이 법적으로 더 이상 한국 국민이 아니며 오직 아제르바이잔 국민일 뿐이다.

여자 하키 선수들이 평생 아제르바이잔에서 선수생활을 할 수는 없고, 일정 기간이 지나면 대부분 한국으로 귀환하려 할 것으로 추측된다. 그때는 일단 아제르바이잔 국민의 자격으로 귀국하여 한국국적 회복신청을 하면 된다. 과거 대한민국 국민이었던 외국인은 법무부장관에게 국적회복 허가를 받아 국적을 다시 취득할 수 있다. 외국인으로 있는 기간 동안 특별히 대한민국에 문제 되는 행위를 하지 않았다면 국적회복을 허가해 준다(국적법 제9조).

6

러시아 공관 터를 반환해야 했는가

　덕수궁 돌담길을 따라 신문로 쪽으로 가다 보면 오른쪽에 구 러시아 공사관 터가 있다. 오늘날 정동 15번지에 해당하는 이곳은 사적지(제253호)로 지정되어 있고, 약 2,500평 부지에는 공원이 조성되어 있다. 러시아 공사관은 고종이 1896년 2월 11일부터 1897년 2월 20일까지 약 1년간 머물던, 아관파천으로 더욱 유명한 곳이다. 오죽하면 1국의 국왕이 자국에 부임한 외국 공관으로 들어가 숨었을까? 이는 역사에서 유래를 찾기 어려운 기막힌 일이었다. 과거 이곳이 러시아 공사관 터였음을 알려 주는 흔적으로 현재는 첨탑 하나만이 남아 있다. 이 러시아 공사관 터에 관하여는 국제법적으로 여러 가지 이야기가 얽혀 있다.

　조선은 1884년 러시아와 수호통상조약에 서명하여, 이는 1885년 발효하였다. 러시아는 덕수궁 옆 정동 15번지 상림원 일대에 37,500평이 넘는 드넓은 부지를 확보하고, 1890년부터 공사관 건물을 신축하였다. 비교적 높은 지대에 위치하고 전망탑까지 있어서 당시 서울의 도심 어디서나 눈에 잘 띄는 명물의 하나였다고 한다. 1904년 러일전쟁이 발발하자 러시아 공사관 직원은 철수하였고, 프랑스 공사관 측에 관리가 위탁되었다. 전쟁이 끝났을 때는 을사조약으로 한국의 외교권이 박탈되었기 때문에 1906년 2월 러시아는 공사관을 영사관으로 지위를 변경하여 다시 들어왔다. 1911년 조선총독부가 토지사정을 할 때 토지대장에는 이 부지의 소유자가 러시아국으로 등재되었다. 러시아에서의 공산혁명이 일어난 결과 1919년 일본과의 관계가 다시 단절되었다가, 1925년 일소 국교가 재개되어 그해 9월 러시아 영사관은 다시 업무를 시작하였다. 제2차 세계대전 막바지에 소련이 대일 선전포고를 함에 따라 양국 관계는 또다시 단절되고, 영사관도 폐쇄되었다. 그러나 1주일 만에 일본이 무조건 항복을 하고 38도선 이남을 미국이 점령하게 되자 연합국의 일원이었던 소련은 공관의 관리를 위하여 외교직원을 파견하였다. 그런데 당시 근무하던 니콜라이 부부가 국내 공산세력과 연계되어 불법행위를 한 것이 적발되어 1949년 이들은 개성을 통하여 북한 쪽으로 강제 송환되었다. 곧이어 터진 6·25전쟁 때 구 공관 건물은 모두 파괴되고 오직 첨탑 한 개만 보존되었다. 전쟁이 끝난 후 관리되지 않던 공관 터에는 무허가 주택들이 들어섰다.

1960년 정부는 이 토지를 수용하여 대법원 건물을 신축하려고 계획하였으나, 이곳을 점유하고 있던 무허가 주택 주민의 반발에 부딪혀 수용을 하지 못하였다. 무허가 주택의 철거는 1969년 6월에나 실현되었다. 당시 법무부는 이 토지에 대한 러시아의 소유권이 상실되었다고 해석하고 1970년 이 부지를 국유재산으로 등록하였다. 1970년대 초 정부는 이 부지를 여러 차례 나누어 매각하고, 남아 있는 부지는 서울시에 양도하였다. 서울시는 남은 부지 약 2,500평을 공원으로 만들기로 하였고, 1986년이 되어서야 이 일대는 공원으로 조성되었다. 냉전시대 한국은 오랫동안 소련과 적대 관계를 지속하다가 1990년 수교에 합의하였다. 수교하자 소련(직후 러시아로 됨)은 과거의 공사관 부지(또는 보상대금)를 반환해 달라고 요청하였다. 이에 대하여는 여러 국제법적 쟁점이 제기될 수 있다.

첫째, 소련이 구 러시아 공관에 대한 권리를 주장할 수 있는가?

서울에 공사관을 마련한 국가는 제정 러시아였다. 그렇지만 제정 러시아와 소련, 그리고 오늘날의 러시아 연방은 국제법상 동일한 국가로 인정된다. 제정 러시아의 재산적 권리는 소련을 거쳐 현재의 러시아로 승계되었다고 인정되기 때문에 소련(이어 러시아)은 공관에 대한 권리를 주장할 수 있다.

둘째, 한국은 미수교시절 구 러시아 공관 부지를 몰수하거나 수용할 수 있었는가?

국제법상 대사관 부지와 건물은 상대국의 동의 없이 강제로 수용할 수 없다.[15] 그러나 영사관은 안보나 공익상 필요한 경우 효과적인 보상을 지불하고 수용할 수 있다.[16] 그럼 구 러시아 공관 터는 외교공관의 터였는가, 영사관 터였는가? 그러나 이 점은 중요하지 않다. 설사 외교공관의 터였다고 할지라도 대한민국 정부 수립 이후 이 부지는 공관으로 사용되지 않았고, 6·25전쟁 때 폭격으로 인하여 폐허가 되었다. 사용이 오래전에 중지된 공관이었기 때문에 외교공관의 불가침 조항이 적용될 여지가 없었다. 공관의 불가침이란 외교공관의 기능을 보호하기 위하여 인정되는 것인데, 수십 년 동안 사용이 중지된 폐허에는 특별히 보호받을 기능이 없기 때문이다. 따라서 한국은 공익을 위하여 구 러시아 공관 터를 수용할 수 있다.

셋째, 한국은 이 부지를 아무런 보상 없이 몰수할 수 있는가?

1970년 한국은 일제강점기 이래 토지대장에 소유자가 러시아국으로 되어 있는 정동 15번지 일대를 국유지로 보존등기를 하였다. 러시아국의 권리는 이미 소멸되었다는 판단에서였다. 이는 일종의 몰수에 해당한다. 공관 부지는 보상을 전제로 수용할 수 있을 뿐이지, 보상 없는 몰수는 해당국의 재산권 침해이다. 사실 1970년 법무부가 이 부지에 대한 러시아의 소유권이 소멸되었다고 본 해석은 국내 민법의 해석상으로도 명백한 오류였다. 잘못된 유권해석을 토대로 정부는 수용을 위한 통상적인 국내법 절차도 제대로 밟지 않고 무조건 국유지로 등록을 하였다. 당시 정부가 수용절차를 취하고, 단 소련과 미수교 상태인 만큼 당시를 기준으로 보상금을 공탁해 두었으면 한소 수교 후 법적 처리가 상대적으로 더 용이하였을 것이다.

---

15 외교관계에 관한 비엔나협약 제22조 참조. E. Denza, *Diplomatic Law* 3rd ed.(Oxford University Press, 2008), p.146.
16 영사관계에 관한 비엔나협약 제31조 제3항.

이상과 같이 과거의 미숙한 처리로 인하여 한소 수교 후 한국 정부도 구 공관 부지에 대한 러시아의 권리주장을 무시하기 어렵겠다고 판단하였다. 결국 1997년 한러 양국은 양국이 상호 상대방 수도에 대사관 신축 부지를 제공하고, 한국은 이에 더하여 러시아 측에 미화 2,750만 달러 상당의 총 244억 6,097만 5,000원을 추가로 지불하기로 합의하고 구 공관 부지 문제를 타결하였다. 러시아는 본래 공산국가로서 국유지가 많아 한국 대사관 부지를 제공하는 데 별다른 비용이 들지 않았지만, 한국은 도심에 별다른 국유지가 없어서 배재고등학교가 강남으로 이전하고 남은 땅을 정부가 매입하여 이를 러시아 대사관의 신축 부지로 제공하였다. 한국이 러시아 측에 별도로 지불한 돈은 대부분 대사관 신축 대금으로 사용되었다.

7

돈스코이호 보물찾기

2011년 미국의 해저유물탐사회사인 오디세이 마린Odyssey Marine사는 1941년 독일 잠수함에 의하여 격침되었던 영국 해군의 보급선 SS 게어소파SS Gairsoppa호를 대서양 수심 4,700m 지점에서 발견하였다. 당시 이 배는 약 200톤의 은괴와 철, 차 등을 선적하고 있었는데, 은괴만 하여도 현재 가격이 약 2억 1,000만 파운드(한화 약 3,839억 원)에 이른다고 한다. 오디세이 마린사는 영국 정부와의 계약하에 이 배를 수색해 왔으며, 화물인양에 성공하면 평가액의 80%까지 확보하게 된다고 한다.[17] 외신을 보면 이같은 해저보물 탐사에 관한 이야기가 간혹 나온다.

이러한 해저보물이 남의 이야기만은 아니다. 국내에서도 러일전쟁 때 울릉도 부근에서 격침된 러시아 해군함정 돈스코이Donskoy호로 추정되는 선체가 지난 2000년 발견되었다는 보도가 나왔다. 침몰 당시 돈스코이호에는 50조 내지 150조 원 상당의 금괴가 실려 있어서 이를 건지면 엄청난 횡재를 한다는 소식이 덧붙여졌다.[18] 이 사업은 동아건설이 한국해양연구소에 의뢰하여 진행 중이었는데, 보물선 발견 소식이 전해지자 법정관리 중으로 불과 315원에 불과하던 동아건설의 주가는 1달 만에 그 10배가 넘는 3,256원으로 폭등하기도 했다. 그러나 그것도 잠시 발견된 선체가 돈스코이호인지는 확인되지 않았고, 동아건설의 주가는 다시 폭락하였다. 그 후 잊혔던 보물선 소동은 몇 년 뒤 재연되었다. 2003년 해양연구원은

---

17 「서울신문」 2011. 9. 28. 17면.
18 「동아일보」 2000. 12. 5. 30면.

다시 울릉도 동쪽 약 2km 해저에서 돈스코이호로 추정되는 침몰선을 발견하였다고 발표했다. 이때도 이미 상장 폐지되어 있던 동아건설의 주가가 장외시장에서 하루 만에 2배로 뛰었다.[19]

러일전쟁의 승패를 가른 대마도 해전에 관한 책을 출간한 플레샤코프 Pleshakov는 한국에서의 보물소동을 흔히 있는 사기극이라고 단정하였다. 즉 러시아 황제 니콜라이 2세가 아무리 아둔하였을지라도, 전 세계 금생산량의 약 10분의 1인 14,000톤의 금을 시베리아 횡단철도를 놔두고 낡고 느려 터져 러시아 선원들도 넌더리를 내던 돈스코이호에 싣고, 상트페테르부르크에서 블라디보스토크로 옮기라고 명령했을 리 없다고 설명하였다.[20]

돈스코이호가 엄청난 양의 금을 싣고 있었느냐와 관계없이 만약 한국의 기업이 이 배를 인양하면 그 소유권은 어떻게 되는가? 돈스코이호가 울릉도 인근 한국 영해 내에서 인양되면 이 배의 소유권은 궁극적으로 한국의 것이 되는가?

국내에서 해저 보물선으로 가장 유명한 사례는 1976년 신안 앞바다에서 발견된 무역선일 것이다. 이 배는 1323년 중국(원元) 닝보寧波에서 일본으로 가던 도중 신안 앞바다에서 침몰하였으며, 도자기 등 약 3만 점에 가까운 유물과 무게 28톤에 달하는 약 800만 개의 동전을 싣고 있었다. 일부 화물의 화주는 아직도 교토에 있는 토후쿠지東福寺라는 사실도 밝혀졌다. 신안 보물선의 유물에 대하여는 일본이나 중국 또는 토후쿠지 등 어느 누구도 소유권을 주장하지 않았으며, 고스란히 이를 건진 한국의 국유재산이 되어 박물관에 전시되고 있다. 그럼 돈스코이호의 경우도 마찬가지일까?

돈스코이호는 군함이었다. 군함은 국가기관의 일종으로 외국을 방문할

---

19 「한국일보」 2003. 6. 4. 39면.
20 콘스탄틴 플레샤코프(표완수 · 황의방 역), 『짜르의 마지막 함대』(중심, 2003), 6쪽.

때에도 주권면제를 향유한다. 과거 제국주의 시절 서양의 해양강국의 군함들은 5대양 곳곳을 누비었고, 전투 중 격침되거나 날씨 탓에 침몰한 경우도 적지 않았다. 미국, 영국, 스페인 등 전통적 해양강국들은 국제법상 군함의 경우 비록 침몰되었다고 하여도 주권면제를 계속 향유하며, 현재의 위치를 불문하고 기국旗國의 명시적 허가 없이는 타국이 이를 인양하여 소유할 수 없다고 주장한다. 미국은 이에 입각한 국내법도 제정하였다. 이 법은 침몰군함에 대한 권리는 항구적으로 미국 정부에 속한다고 규정하고 있다.[21] 실제로 1750년과 1802년 미국 버지니아 연안 영해 내에서 침몰하였다가 발견된 2척의 스페인 군함에 대하여 미국 연방법원은 스페인의 소유권을 인정하였다.[22] 1804년 지브롤터 약 100마일 해상에서 영국군에 의하여 격침된 스페인 군함 메르세데스호의 화물을 미국의 오디세이 마린사가 인양하자 역시 미국 연방법원은 침몰군함도 주권면제를 향유하며 그 화물 역시 배와 분리될 수 없다는 이유에서 스페인의 소유권을 인정하였다.[23]

반면 침몰군함이 주권면제를 향유한다는 관습국제법의 존재를 부인하며, 군함이 침몰하면 더 이상 주권면제를 인정할 필요가 없다는 반론도 있다. 과거에는 군함과 민간상선의 역할 구별이 명확하지 않았으며, 많은 군함이 사실은 무역과 운송에만 종사하였는데, 침몰된 지 수백 년도 더 지난 오늘날까지 주권면제를 향유한다는 주장은 억지라는 것이다. 또한 과거 침몰군함의 주권면제가 인정되지 않았던 사례도 많다고 지적한다.[24]

---

21 2001. 1. 20. 침몰 군함의 보호에 관한 미국의 정책에 대한 클린턴 대통령 성명 및 Sunken Military Craft Act of 2005.
22 Sea Hunt, Inc. v. Unidentified Shipwreck Vessels and Vessel, 221 F.3d 634(CA.4(Va.)) (2000); 531 U.S. 1144(2001).
23 Odyssey Marine Exploration, Inc. v. Unidentified Shipwreck Vessel, 675 F.Supp. 2d 1126(2009); 657 F.3d 1159(CA.11(Fla.), 2011).
24 이에 관한 논란은 이석용, 「수중문화유산과 침몰 국가선박의 국제법상 지위와 보호에 관한 연구」, 『안암법학』 제34권 하(2011), 977~988쪽 참조.

수중 문화재의 국제적 처리에 관하여는 유네스코 주도하에 2001년 수중문화재보호협약이 채택되었으나,[25] 침몰군함의 지위 문제는 합의를 보지 못하여 미정으로 남겨 두었다. 그런 의미에서 침몰군함의 국제법적 지위는 아직 명확하지 못한 점이 있으나, 과거 많은 자국 군함이 실제 침몰하였거나 이를 인양할 능력이 있는 국가의 대부분이 이에 대한 항구적 권리를 주장하고 있음을 무시하기 어려울 것이다.

돈스코이호의 인양조사는 한국 정부로부터 매장물 발굴 승인(1999. 10. 5.)을 받고 진행한 것이다. 사실 한국 정부는 청일전쟁 시 서해에서 격침된 청군 군함 고승호 등 과거 한반도 주변에서 침몰한 외국군함의 발굴을 승인하였던 경우가 여러 차례 있다. 그러면 과연 한국은 이에 관한 충분한 국제법적 검토를 마치고 침몰군함은 이를 인양국이 소유한다는 확고한 판단하에 발굴 승인을 하였는지 궁금하다. 실제 돈스코이호 이야기가 보도되자 러시아 측 학자들은 인양에 따른 보상비를 제외하고 나머지는 러시아의 권리에 속하며, 인양 작업을 지켜볼 감시단도 파견하여야 한다고 주장했다.[26]

만약에 돈스코이호에서 막대한 금괴가 쏟아져 나온다면, 비록 이 선박이 한국의 영해 내에서 발견되었을지라도 국제적 분쟁으로 비화될 사건이며, 그 경우 한국의 입지는 솔직히 불안스럽다. 미국과 영국 등도 러시아의 권리주장을 지지할 것이다.

---

25 2001 Convention on the Protection of the Underwater Cultural Heritage. 2009년 발효.
26 「동아일보」 2000. 12. 8. 29면.

8

이근안·수지 김 사건은 인도에 반하는 죄에 해당하는가

이근안은 과거 경찰로, 특히 1970년대와 1980년대 여러 사건의 수사과 정에서 고문 기술자로 알려졌다. 이후 6공 정부가 출범하여 과거 고문혐 의 사건이 수사대상에 오르자 1988년 12월부터 잠적했다가, 근 11년 만인 1999년 10월 28일 자수하였다. 조사를 통하여 이근안이 과거 여러 사건 에서 피의자를 고문한 사실이 확인되었으나, 대부분의 사건에 관하여 공 소시효가 이미 지나 검찰은 공소권이 없다고 결정하였다. 다만 피납어부 김성학 씨 고문사건에 대하여는 법원이 도피기간 중인 1998년 10월 이근 안에 대한 재정신청을 받아들였기 때문에 공소시효가 연장되어 그 사건 에 대하여만 기소할 수 있었다. 이 사건으로 인하여 이근안은 대법원에서 징역 7년에 자격정지 7년을 선고받았다.

수지 김(본명 김옥분)은 홍콩에서 살던 평범한 일반인이었다. 1987년 1월 남편 윤 모 씨와 말다툼 끝에 남편에 의하여 살해되었다. 남편 윤 씨는 싱 가포르로 도망가서 북한 대사관에 월북을 신청하였으나 거절당했다. 다 시 미국 대사관에 망명을 신청하였다가 한국 대사관으로 인계되었다. 그 는 간첩인 부인과 북한 공작원에 의하여 납북될 뻔했으나 간신히 탈출하 였다고 주장했다. 현지 한국 공관은 그의 주장을 믿지 않았다. 그러나 이 소식을 접한 장세동 당시 안기부장은 정치적으로 활용할 수 있는 소재라 고 생각하고, 김옥분이 조총련 공작원이었으며 남편 윤 씨를 월북시키기 위하여 위장 결혼하였다고 발표했다. 이후 국내에 있던 김옥분의 가족들 은 간첩의 가족이라는 질곡 속에서 이루 말할 수 없는 고통을 겪었다. 그 녀의 남매는 거의 다 이혼하였다고 한다. 반면 남편 윤 씨는 사업가로 성공하였다.

후일 언론에 의하여 이 사건에 대한 의문이 제기되자 2000년 경찰청은 재수사에 착수하였다. 그러나 국가정보원 간부가 경찰청장을 방문하여 수사를 중단하라고 요청하자 수사를 중단하였다. 한편 검찰은 비공개리에 수사한 끝에 이 사건이 안기부에 의하여 각색되었다고 결론 내리고, 2001년 10월 남편 윤 씨를 살인혐의로 기소하였다. 아울러 국정원의 사건 은폐와 경찰의 수사중단은 국가기관으로서의 고유 권한을 포기한 국기문란 사건이라고 판단하고 수사중단에 관여한 경찰청장과 국정원 간부 역시 기소하였다. 그러나 1987년 애초에 사건조작을 지시한 장세동 안기부장 등은 공소시효가 지나 기소할 수 없었다.

수지 김 사건의 조작 주역과 이근안이 공소시효 만료로 인하여 제대로 처벌받지 않게 되자, 이근안의 고문행위나 수지 김 사건의 조작 및 남은 가족에 대한 박해는 인도에 반하는 죄crime against humanity로서 국제관습법상 공소시효의 적용이 배제되어 여전히 처벌할 수 있다고 주장하는 고발장이 민주사회를 위한 변호사모임(민변) 변호사를 중심으로 작성되어 검찰에 제출되었다. 고발인 중에는 후일 법무장관이 된 변호사도 포함되어 있었다. 국제법을 국내법으로 수용한 헌법 제6조 제1항에 따라 이 사건에는 국제법상 인도에 반하는 죄가 적용되어 형사소송법의 공소시효 조항은 적용이 배제된다는 주장이었다. 이러한 주장은 검찰에 의하여 받아들여지지 않았지만, 그럼 과연 이들의 행위가 국제법상의 인도에 반하는 범죄였는가?

이 두 사건이 내용적으로 볼 때 매우 반인륜적이요 반인도적인 행위였음에는 누구도 이의가 없을 것이다. 그렇다고 하여 모든 고문이나 박해가 곧바로 국제법상의 인도에 반하는 죄에 해당하는 것은 아니다.

국제법상 인도에 반하는 죄가 실제 처벌의 대상이 된 계기는 제2차 세계대전이었다. 전후 연합국은 독일과 일본의 수뇌부들이 전쟁 전과 전쟁

도중 민간인에게 자행한 살인, 말살, 노예화, 추방, 정치적·인종적·종교적 이유에 의한 박해 등을 인도에 반하는 죄라고 규정하고 처벌하였다. 1993년과 1994년 각각 설치된 구유고 국제형사재판소와 르완다 국제형사재판소에서도 유사한 범죄행위를 인도에 반하는 죄로 처벌하였다. 인도에 반하는 죄에 관한 국제사회의 의사가 좀 더 구체적으로 표시된 것은 1998년 채택된 국제형사재판소 규정이다. 이 규정 제7조는 살해, 절멸, 노예화, 주민추방, 고문, 강간 등 성범죄, 박해, 강제실종, 인종차별 등을 인도에 반하는 죄로 규정하고 있다. 오늘날에는 국제형사재판소 규정상의 인도에 반하는 범죄의 개념이 가장 표준적인 판단기준으로 수락되고 있다.

그러나 모든 살인이나 고문이 바로 국제법상 인도에 반하는 죄는 아니다. 예를 들어 대부분의 살인이나 고문, 박해 등의 행위는 일반 범죄에 불과하다. 이것이 특별히 국제법상의 범죄로 되기 위해서는 좀 더 엄격한 성립요건이 요구된다. 우선 국제법상 인도에 반하는 죄에 해당하려면 '민간인 주민'에 대한 '광범위하거나 체계적인 공격'의 일부로서 범행이 실행되어야 한다. 즉 범행의 대상이 개인이 아닌 일정한 집단이 되어야 한다. 바꾸어 말하면 인도에 반하는 죄의 희생자는 그가 특정한 민간인 집단에 소속되었기 때문에 공격목표가 된 경우이다. 특히 박해행위는 정치적·인종적·국민적·민족적·문화적·종교적·성별 등의 사유로 인하여 구별되는 '집단'에 대한 박해만이 국제법상 인도에 반하는 범죄에 해당한다.

이상의 기준에 비추어 본다면, 수지 김 사건에서 장세동이나 안기부 간부들의 행위가 그녀의 남은 가족에 대한 사회학적 의미의 박해였다고는 할 수 있으나, 국제법상 인도에 반하는 죄에 해당하는 박해라고 보기는 어렵다. 이근안의 고문행위도 매우 반인도적 행동임에는 틀림없으나, 민간인 집단에 대한 광범위하거나 체계적인 공격의 일부로 진행된 것이라고는 볼 수 없다. 국제법상의 범죄는, 인간의 모든 나쁜 행동을 처벌하려고 고

안된 것이라기보다는 범죄의 규모나 야만성에 비추어 볼 때 단순히 한 국가 내의 문제라고만 보기 어려울 정도로 국제사회에 충격을 주는 사건을 국제법이 직접 처벌하기 위하여 만들어진 개념이다. 자연 모든 반인륜적 행위나 반인도적·반인권적 행위가 국제법상 인도에 반하는 죄에 해당하지는 않는다.[27]

이 점은 흔히 집단학살이라고 번역하는 제노사이드genocide의 경우도 마찬가지이다. 다수의 사람을 죽였다고 하여 바로 국제법상의 제노사이드 범죄에 해당하지 않는다. 제노사이드는 '국민적·민족적·인종적 또는 종교적 집단'의 전부 또는 일부를 파괴할 목적으로 행하여진 범죄를 가리킨다.[28] 이 역시 희생자는 특정한 집단에 소속되었기 때문에 범행의 목표가 된 경우이다. 이러한 집단의 파괴를 목적으로 하는 행위의 일부였다면 단 1명을 죽여도 제노사이드 범죄에 해당한다. 반드시 대상자를 죽이지 않아도 집단의 아동을 강제로 타 집단으로 이주시켜 버려 차세대의 육성을 불가능하게 만든 행위도 제노사이드 범죄에 해당한다. 그러나 만약 이 같은 의도 없이 단순히 일시에 많은 사람을 죽였다는 것만으로는 국제법상 제노사이드 범죄에 해당하지는 않는다. 이는 일반 살인범일 뿐이다.

27 이에 관한 상세한 내용은 정인섭, 「국제법상 인도에 반하는 죄와 이근안·수지김 사건」, 『법학』 제43권 제1호(2002), 159~179쪽 참조.
28 제노사이드 협약 제2조 및 국제형사재판소 규정 제6조.

9

천안함 침몰 사건에 자위권을 행사할 수 없는가

2010년 3월 26일 밤 한국 해군 제2함대 소속의 초계함인 1,200톤급 PCC-772 천안함이 서해 백령도 인근에서 침몰하여 모두 46명의 해군 장병이 사망하였다. 침몰 원인이 현장에서 바로 밝혀지지는 않았다. 이에 한국을 포함한 미국, 영국, 오스트레일리아, 스웨덴 등 5개국 전문가로 국제합동조사단이 구성되어 사고 원인을 조사하였다. 약 2개월의 조사 끝에 국제합동조사단은 천안함의 침몰 원인이 북한 측의 어뢰공격이었다고 발표하였다. 이 사건과 관련하여 여러 논의가 있었는데, 그중 하나는 조사 결과의 발표 후 피해국인 한국이 북한을 상대로 자위권을 행사할 수 있느냐 여부였다. 물론 한국 정부가 군사력을 사용한 자위권의 행사를 구체적으로 검토하였다기보다는 이론적 차원에서 논의된 수준이었다.

이 같은 논의가 제기된 배경은 다음과 같다. 유엔 헌장은 국제사회에서 개별국가의 무력사용을 일반적으로 금지하고, 단지 자위권만을 각국이 독자적으로 무력을 행사할 수 있는 근거로 인정하고 있다. 유엔 헌장 제51조는 자위권을 무력공격armed attack이 발생한 경우에만 행사될 수 있으며, 그것도 안전보장이사회가 국제평화와 안전을 유지하기 위하여 필요한 조치를 취할 때까지만 행사될 수 있으며, 그 행사내용은 즉각 안전보장이사회에 보고되어야 한다고 규정하고 있다. 이는 과거 역사에서 침략적 무력사용의 경우에도 자위권이 주장되는 등 남용의 사례가 많았던 경험에서 비롯된 것으로서, 유엔 헌장 제51조는 일단 자위권이 각국의 고유의 권리임을 인정하면서도, 그 발동에 관하여는 엄격한 요건을 부과하고 있는 것이다.

천안함 침몰 사건은 국제법적으로 어떻게 해석하여야 할 것인가? 1,200톤급 대형 함정을 어뢰로 공격하여 침몰시키고 46명의 사망자를 발생시킨 행위가 무력공격이라는 평가에는 별다른 이견이 없을 것이다. 한국군이 현장에서 공격주체를 확인할 수 있었으면 바로 무력대응을 할 수 있는 권리가 인정된다. 사건 직후에도 북한이 제1차적 책임자로 의심은 되었으나, 한국 정부가 공식적인 대응은 하지 않았다. 이 사건의 공격 책임자가 국제합동조사단에 의하여 공식 확인된 것은 약 2개월 후이다. 그럼 이때부터 한국은 북한을 상대로 자위권을 행사할 수 있는가? 당시 국내 일각에서는 천안함 침몰 사건과 같은 경우 2개월이 지났을지라도 한국이 자위권의 행사를 개시할 수 있다는 주장이 제기되었다. 그 근거는 대체로 2가지였다.[29]

첫째, 천안함 침몰 사건처럼 원인을 바로 알 수 없는 경우에는 공격주체를 확인하기 위하여 필요한 시간을 '정당화될 수 있는 지연'으로 보아야 하며, 피격의 원인이 밝혀진 시점에서 자위권 행사가 가능하다는 주장이다.

그러나 자위권은 성격상 즉각 발동되어야 하는 권리이다. 유엔 체제가 국제사회에서의 무력사용에 관한 전반적 통제권을 안전보장이사회에 부여하면서도 개별국가의 자위권을 고유의 권리로 인정할 수밖에 없었던 이유는, 무력공격을 받은 국가는 현장에서 즉각 반격을 하여야 하므로 자위권 발동의 필요 여부는 1차적으로 개별국가가 판단할 수밖에 없기 때문이다. 적국의 무력공격이 아직도 지속되고 있다든가 적국이 우리 영토를 계속 점령하고 있다면 모를까, 이미 종료된 무력공격에 대하여 피해국이 2개

---

29 천안함 사건 보고서 발표 이전에 제시되었지만 대체로 김찬규, "천안함 사건의 국제법적 해석", 「국민일보」 2010. 4. 22. 23면; 이창위, "천안함 대응조치 국제법적 문제들", 「조선일보」 2010. 4. 9. A38면; 이창위, "천안함 침몰 제재방안 국제법적 논쟁", 「조선일보」 2010. 4. 20. A33면 등이 이러한 기조에 입각하고 있다.

II. 우리 생활 속의 국제법 ▪ 81

월 후 자위권을 행사할 수는 없다. 과거 유엔 체제 이전에는 그 같은 사후 징벌적 대응이 무력복구reprisal 라는 명목으로 합리화되었지만, 오늘날에는 무력복구가 금지되어 있다. 북한 측의 단발 공격이 이미 종료된 천안함 침몰 사건에 있어서 2개월 후라면 피격국이 독자적인 자위권을 행사할 긴급성은 일단 사라진 상황이다. 이러한 경우에는 사태를 안전보장이사회에 회부하여 해결책을 모색하라는 것이 유엔 헌장의 취지이다.

두 번째 근거는, 과거 북한 측이 저지른 무수한 소규모 위법행위(무장공비 파견, KAL기 폭파, 아웅산 테러 사건 등)를 누적적으로 종합할 때, 천안함 침몰 사건에 대하여 한국이 무력행사를 할 수 있다는 주장이다. 테러행위와 같이 바로 책임자를 규명하기 어려운 사건의 경우, 이런 단발성 공격이 여러 차례 반복되어도 피해국의 즉각적인 자위권 발동이 용이하지 않다는 점에서 사실 이러한 해석이 현실적으로 필요한 측면도 있다. 그러나 아직 누적사건이론은 국제법상 확립된 주장이라고 할 수 없다. 이러한 이론을 긍정한다면 역사적으로 갈등을 많이 겪은 국가 간에는 과거사를 이유로 언제라도 무력행사가 가능하다는 위험한 결론이 나올 수도 있다. 이 역시 유엔 헌장 체제의 취지와는 동떨어진 해석이 된다.

국제합동조사단의 발표 직후 한국 정부는 천안함 침몰 사건을 유엔 안전보장이사회에 회부하였다. 안전보장이사회는 2010년 7월 9일 채택한 의장 성명을 통하여 "천안함 침몰을 초래한 공격을 규탄" 하였으나, 그 공격의 주체가 북한이었음을 명시하지는 않았다. 그리고 "한국이 자제를 발휘한 것을 환영하고, 한반도와 동북아 전체에서 평화와 안정을 유지하는 것이 중요함을 강조" 하였다.

만약 당시 한국이 천안함 침몰 사건에 대한 자위권 행사를 이유로 유사한 규모의 북한 측 해군함정 하나를 격침시키는 공격을 이후 어느 시점에 감행하였다면 이 사건은 국제법적으로 어떻게 평가되었을까? 천안함 피격과 한국의 반격행위가 함께 국제재판소에 회부되고 그곳에서도 여전히 천안함 공격의 책임자는 북한이었다는 결론이 난다고 전제하더라도, 판결에서는 아마 북한과 한국 양측이 모두 국제법을 위반하였다는 결론이 날 것으로 예상된다. 즉 천안함 공격이 북한의 국제법상 위법한 공격행위임이 명백하더라도, 한국의 반격 역시 정당한 자위권의 행사 범위에는 속하지 않는다는 결론이 제시될 것으로 본다.

10

금양호 침몰 사건

2010년 3월 26일 해군의 천안함이 침몰한 후 실종자 수색작업에 참여하였던 어선 제98 금양호가 4월 2일 밤 서해 대청도 남서방 약 30해리 해상에서 캄보디아 화물선 타이요호와 충돌하여 선원 9명 전원이 사망하거나 실종되는 사건이 일어났다. 그중에는 인도네시아인 선원도 2명이 포함되었다. 당시 금양호는 당국의 요청을 받고 2일 낮 2시 20분경부터 혹시 바다 밑에 가라앉아 있을지 모르는 실종자를 어망으로 훑는 수색에 참여하였으나 별다른 성과는 거두지 못한 채 귀환 중이었다. 천안함 침몰 사건으로 온 국민이 큰 충격에 빠져 있는 상태에서 실종자 구조에 참여하였던 어선이 또 침몰하고 여러 명의 사망자가 발생하여 국민을 재차 안타깝게 만들었다. 해경은 사고를 일으킨 뒤 중국으로 향하던 캄보디아 선박을 추적하여 이를 대청도 항구로 예인해 왔다. 조사를 통하여 이 배의 머리 부분에서 금양호와 충돌할 때 묻은 것으로 보이는 페인트 자국을 찾았다. 선장은 사고 무렵 약간의 충격이 있었던 것 같으나 별다른 일이 아닌 것으로 생각하고 항해를 계속하였다고 한다.[30]

망망대해에서 소형 어선을 들이받아 침몰시키고 몰랐다고 주장하며 구조작업도 없이 그냥 지나가 버린 화물선 책임자는 엄한 처벌을 받아야 마땅하다는 것이 당시 국민의 안타까운 마음이었을 것이다. 한국의 관할수역에서 사고가 발생하였고, 한국 국민과 선박이 피해를 당하였고, 한국 관헌이 가해자의 신병을 확보하고 있었으므로, 아마 국민은 우리 법정에

---

30 「조선일보」 2010. 4. 3. A1면 및 2010. 4. 5. A8면.

서 이들의 형사책임을 물을 수 있으리라고 생각하였을 것이다. 그러나 결론부터 말하면 사고를 낸 캄보디아 선박 관계자는 아무런 처벌을 받지 않고 풀려났다. 그 이유는 무엇이었을까?

만약 사고가 바다에서의 선박 충돌사고가 아니고 육지에서의 교통사고였다면 아무리 운전자가 외국인이라도 한국 법원에서 재판받는 것이 당연하다. 그런데 당시 사고 지점은 한국의 배타적 경제수역EEZ 내였다. 배타적 경제수역에 대하여 연안국은 주권적 권리를 행사할 수 있으나, 육지 영토와는 달리 여러 제한이 가하여진다. 배타적 경제수역은 연안국의 경제적 목적의 활동을 보장하기 위하여 1982년 유엔 해양법협약에 의하여 도입된 제도이다. 여기서 연안국은 생물자원과 무생물자원을 탐사·개발하고, 에너지를 생산하고, 과학적 조사 등을 할 권리를 가지나(협약 제56조), 외국 선박이나 항공기의 항해나 비행의 자유를 보장하여야 하며, 외국이 해저전선을 부설하는 자유도 인정하여야 한다(협약 제58조 제1항). 특히 해양법협약에서 배타적 경제수역에 관한 연안국의 권리라고 별도로 규정되지 않은 항목에 관하여는 상당 부분 공해에 관한 법원칙이 적용된다(협약 제58조 제2항).

공해에서 선박의 충돌이나 기타 항행사고가 일어나 선장이나 그 밖의 선원에게 형사책임이 발생하는 경우, 이에 관하여는 선박의 기국이나 해당자의 국적국만이 재판관할권을 행사할 수 있다(협약 제97조 제1항). 즉 피해국은 형사재판권을 행사할 수 없다. 배타적 경제수역에서의 충돌사고에 관하여는 해양법협약에 별다른 조항이 없기 때문에, 공해에서의 충돌관련조항이 그대로 적용된다. 즉 한국의 배타적 경제수역에서 금양호를 침몰시킨 책임자에 대하여는 가해 선박의 기국인 캄보디아나 개별 선원의 국적국만이 형사책임을 물을 수 있으며, 한국의 관헌은 그들을 형사처벌할 권한이 제한된다. 결국 금양호 침몰 사건과 관련하여 한국의 사법당국은 사건기록을 캄보디아로 이첩하고 예인한 선박을 풀어 주는 방식으로 조용히 마무리 지을 수밖에 없었다. 그 후 금양호 선원들에게는 보국포장이 수여되었고, 2012년 3월 이들은 의사자로 인정되었다.

사실 유사한 사건은 그 전해에도 발생하였다. 2009년 11월 제주도 서귀포시 동남방 약 130km 거리의 한국 측 배타적 경제수역 내에서 홍콩선적의 대형 화물선이 한국의 소형 어선을 들이받아 침몰시켰다. 이 사고로 한국 선박의 선원 7명이 사망하거나 실종되었다.[31] 한국 해경은 사고 직후 홍콩 화물선을 추적하여 제주도로 예인해 왔다. 그러나 위와 같은 이유에서 한국 관헌은 홍콩 선박의 책임자에게 형사책임을 물을 수 없었고, 그대로 석방하였다. 약 반년 전의 이 사건의 경험으로 금양호 사건 때는 한국 관헌이 비교적 신속한 국제법적 판단을 할 수 있었다.

---

31 「조선일보」 2009. 11. 16. A10면.

11

독도 — 문제인가 분쟁인가

일본 외무성 홈페이지에는 "다케시마 문제를 이해하기 위한 10개의 포인트"라는 주장이 각국어 판으로 제시되어 있다. 여기서 다케시마竹島가 독도를 가리키는 말이라는 것은 국내에도 잘 알려져 있다. 일본 정부는 과거에도 1954년 9월과 1962년 3월 두 차례 독도문제를 국제사법재판소에 회부하여 사법적 판단을 받자고 한국 정부에 제안했었고, 2012년 8월 10일 이명박 대통령이 독도를 방문하자 8월 17일 다시 이 문제를 국제사법재판소에 공동으로 회부하자는 구상서를 보내 왔다. 물론 한국 정부는 이에 일절 응하지 않았다. 2008년 8월 8일 한국 외교통상부가 발표하여 현재도 유지되고 있는 "대한민국 정부의 독도에 대한 기본입장"에 따르면, "대한민국 정부는 우리 고유의 영토인 독도에 대해 분쟁은 존재하지 않으며, 어느 국가와의 외교교섭이나 사법적 해결의 대상이 될 수 없다는 확고한 입장"을 가지고 있다.[32]

국내에서는 독도문제를 '독도분쟁'으로 표기하지 말아야 한다는 인식이 널리 퍼져 있다. 일본은 독도를 국제 분쟁 지역화하여 궁극적으로는 국제재판에 회부하려는 전략을 추진 중이므로, 한국이 이에 말려들지 않기 위해서는 '독도분쟁'이라는 용어조차 쓰지 말아야 한다는 논리이다. 누가 독도분쟁이라는 용어를 사용하면 생각 없이 일본 측 전략에 넘어가고 있다고 비난하거나 심지어 친일파 아니냐며 비아냥거리기도 한다. 국내 전

---

32 이 입장은 지금도 외교통상부 홈페이지에 각국어 판으로 그대로 공시되고 있다. http://www.mofat.go.kr/trade/keyissue/dokdo/basic/index.jsp?menu=m_30_40.

국 종합일간지의 기사작성 태도를 보아도 이 같은 현상을 읽을 수 있다. 1996년 이후 2011년 사이 전국 종합일간지에서 '독도문제'라는 용어가 기사제목에 등장하는 건수는 348건이나 되는데, '독도분쟁'이라는 용어는 40건밖에 등장하지 않는다. 같은 기간 전국 종합일간지 사설의 제목에서 '독도문제'가 등장하는 건수는 19건인데, '독도분쟁'은 한 번도 발견되지 않았다.[33] 이는 분명히 국내 일간지가 독도에 관한 한 '문제'와 '분쟁'을 가려 쓰고 있음을 보여 준다.

그러면 현재 독도 영유권에 관한 한일 간의 갈등은 독도문제인가 독도분쟁인가? 독도는 역사적으로나 국제법적으로 명백히 우리 고유의 영토이므로 이에 관한 '분쟁'은 존재하지 않는다고 하여야 하나? 특히 우리도 독도분쟁이라는 용어를 사용하다 보면 이 문제가 자칫 국제사법재판소에 회부될 명분을 제공할 우려가 있는가?

분쟁이란 법률이나 사실의 문제에 관한 입장의 불일치, 법적 견해나 이해관계의 충돌로서, 한 당사국의 주장이 다른 당사국의 적극적인 반대에 부딪히면 그것이 바로 국제법상의 분쟁이다.[34] 한 당사국이 단순히 분쟁이 있다고 주장한다고 하여 분쟁이 바로 존재하는 것은 아니며, 다른 당사국이 분쟁의 존재를 단지 부인한다고 하여 분쟁이 존재하지 않게 되는 것도 아니다. 분쟁의 존재 여부는 당사자의 주장을 떠나 객관적으로 결정될 문제이다.[35] 결국 일본이 독도 영유권을 주장하며 독도의 반환을 요구하고 한국이 이를 근거 없는 주장이라고 반박하는 입장의 대립이 지속된다면 객관적으로 독도문제에 관한 국제분쟁은 존재하게 된다. 어느 측의 주장

---

33 이는 한국언론진흥재단의 기사통합검색 Kinds(http://www.kinds.or.kr)와 이에 포함되지 않는 「조선일보」 및 「중앙일보」는 자체 홈페이지 기사검색을 통하여 확인함.
34 South West Africa cases(Preliminary Objections). 1962 ICJ Reports 319, 328. 이러한 입장은 국제사법재판소에 의하여 이후에도 여러 차례 반복되었다.
35 Interpretation of Peace Treaty with Bulgaria, Hungary and Romania(First Phase). 1950 ICJ Reports 65, 74.

이 타당한가와 상관없이 그것 자체가 분쟁이기 때문이다.

그러면 일본이 독도 영유권을 주장하여도 한국 정부가 터무니없는 소리라며 이를 일체 무시하고 아무런 대꾸도 하지 않으면 양국 간 분쟁은 존재하지 않게 되는가? 즉 주장에 대한 적극적 반론을 제기하지 않으면 분쟁은 성립되지 않는가? 일방 당사자가 국제법상 자신의 행위를 정당화하기 위한 아무런 주장을 하지 않을지라도 당사자들이 대립된 태도를 보인다면 국제분쟁의 발생을 막을 수 없다.[36] 비록 한국이 적극적으로 일본 측 주장에 반박하지 않더라도 한국 정부가 독도를 계속 실효적으로 지배하며 일본에 넘겨주지 않는 한 국제분쟁은 객관적으로 성립되는 것이다.

결국 우리가 독도분쟁이라는 용어를 사용하지 않고 독도문제라고만 호칭하느냐 여부는 한일 간 독도분쟁의 성립 여부와는 아무런 관계가 없다. 제3자의 입장에서 보면 한일 간에는 이미 오래전부터—아무리 늦추어도 한국이 1952년 평화선을 선언하여 독도를 이 수역 내에 포함시키고, 일본이 즉각 이에 반박하기 시작한 시점부터—독도분쟁이 발생하여 오늘날까지 계속되고 있다. 이를 독도문제라고 부른다 하여 분쟁의 존재를 부인할 수 있다거나, 독도에 관한 한국의 입장이 강화되는 것은 아니다. 또한 독도분쟁이라 부른다 하여 한국 측의 입장이 약화되는 것도 물론 아니다. 한국이 국내에서 독도문제를 '분쟁'으로 부르든 '문제'로 부르든 국제사회는 아무런 신경도 쓰지 않을 것이다. 서양 언론에서는 독도문제를 통상 'territorial dispute(영토분쟁)'으로 표기하고 있다.

독도 영유권 문제가 '독도분쟁'으로 되면 국제사법재판소에 회부될 가능성이 높아지는가? 국제사법재판소는 회부된 분쟁disputes을 국제법에 따라 재판함을 임무로 한다(국제사법재판소 규정 제38조 제1항). 단 국제사법재

---

36 Application of the Obligation to Arbitrate under Section 21 of the United Nations headquarters Agreement of 26 June 1947. 1988 ICJ Reports 12, para.38.

판소는 양 분쟁 당사국 모두가 재판관할권 행사에 어떤 방법으로든 동의하는 사건에 관하여만 재판을 진행할 수 있다. 일본이 재판소 회부를 제안하여도 한국이 응하지 않으면 재판소의 관할권 행사는 불가능하다. 독도문제를 어떠한 용어로 부르는지와 국제사법재판소로의 회부 문제는 별개의 문제이다.

독도와 관련하여 한국이 보다 유의하여야 할 사항은 '문제'냐 '분쟁'이냐 하는 국내적 용어 사용이 아니라, 국제사회가 독도에 대한 지나친 관심을 가질 행동을 삼가야 한다는 점이다. 일반적으로 국제사회는 개별국가 간의 영토분쟁에 잘 개입하려 하지 않는다. 당사국들 간의 문제로만 생각하고 알아서 해결할 것을 기대한다. 그러나 독도에 관한 한일 양국 정부나 국민 간의 마찰이 자주 발생하고 혹시라도 물리적 충돌까지 발생한다면 국제사회는 점차 독도문제를 심각한 분쟁으로 인식할 것이다. 그러면 한일 양국에게 무언가 평화적 해결책을 모색하라는 압력이 들어올지도 모른다. 만약 독도문제에 관한 한일 양국의 대립이 심각한 충돌상황에 이르게 된다면 유엔 안전보장이사회가 이 문제를 국제사법재판소에 회부하라고 권고할 수도 있다(유엔 헌장 제33조 및 제36조 제3항 참조). 이는 한국 정부가 가장 원하지 않는 시나리오가 된다. 결국 한국으로서는 독도문제가 가급적 외부로 표출되지 않도록 조용히 관리하여 현재의 평화적 지배상태를 지속시키는 한편, 배후에서 필요한 연구를 착실히 진척시키는 것이 현명하다.

12

독도 유인도화 주장과 배타적 경제수역

국내 신문에는 한국의 독도 영유권을 강화하고 독도가 자신의 배타적 경제수역EEZ을 갖기 위해서는 이를 유인도로 만들어야 한다는 보도가 종종 등장한다.[37] 또한 독도가 국제법상 유인도가 되기 위해서는 주민, 식수, 나무(숲)의 3개 요건을 갖추어야 한다거나, 특히 주민이란 '2가구 이상의 주민'을 의미한다는 기사가 자주 보도된다.[38] 독도가 유인도가 되면 일본과의 영유권 분쟁이 한국 측의 승리로 귀결될 것이라는 보도나 활동가들의 주장도 심심치 않게 접할 수 있다.[39] 이의 영향인지 국내에서는 독도를 국제법상의 섬으로 만들기 위한 노력의 일환으로 여러 민간단체들이 독도 주민 추가 확보 운동, 식목운동, 식수 확보 운동 등을 전개해 왔다.

이러한 주장이 나오게 된 배경에는 유엔 해양법협약이 있다. 이 협약 제121조는 모든 섬island은 영해와 접속수역을 가지나, 단 "인간이 거주할 수 없거나 독자적인 경제활동을 유지할 수 없는 암석rocks"은 배타적 경제수역이나 대륙붕을 가질 수 없다고 규정하고 있다(제3항). 이에 독도가 자

---

37 예를 들어 「동아일보」 1990. 4. 14. 1면; 「동아일보」 1991. 2. 21. 1면; 「동아일보」 1991. 3. 10. 14면; 「동아일보」 1991. 11. 10. 15면; 「중앙일보」 1992. 10. 12. 13면; 「세계일보」 2000. 1. 13. 1면; 「서울신문」 2005. 3. 14. 31면; 「중앙일보」 2005. 3. 19. 30면; 「조선일보」 2007. 2. 15. A14면; 「문화일보」 2008. 8. 5. 31면 등.

38 예를 들어 「동아일보」 1990. 4. 14. 1면; 「동아일보」 1991. 2. 21. 1면; 「동아일보」 1991. 3. 10. 14면; 「동아일보」 1991. 11. 10. 15면; 「조선일보」 1992. 4. 5. 19면; 「중앙일보」 1992. 10. 12. 13면; 「중앙일보」 2000. 1. 19. 23면 등. 유사한 내용으로 「내일신문」 2006. 4. 18. 7면.

39 예를 들어 「동아일보」 1996. 2. 11. 3면; 「세계일보」 1996. 3. 28. 29면; 「세계일보」 2000. 1. 13. 1면; 「국민일보」 2000. 7. 7. 27면; 「문화일보」 2004. 2. 11. 29면; 「중앙일보」 2005. 3. 19. 30면; 「중앙일보」 2008. 7. 17. 27면; 「문화일보」 2008. 8. 5. 31면.

신의 배타적 경제수역과 대륙붕을 갖는 섬으로 인정받기 위해서는 주민, 식수, 나무를 갖추어야 한다는 주장이다.

독도에는 1980년 이래 한 가구의 주민이 거주하고 있다. 처음에는 최종덕 씨 부부가, 이어 그의 사위 조준기 씨 부부가, 그리고 1991년 이후에는 김성도 씨 부부가 독도를 주거지로 주민등록을 하여 살고 있다. 이외에도 정부의 등대관리인 1명과 실제 거주는 하지 않는 1명 등 모두 4명이 독도에 주민등록을 하고 있다. 이에 일각에서는 독도에 1가구를 더 이주시켜 실제 2가구의 민간인이 거주하도록 만들자고 주장한다. 독도는 기후 때문에 민간인이 외부 지원 없이 1년 내내 살기는 어렵다고 한다. 그 밖에도 독도 수호운동의 일환으로 과거 약 2,000명 이상이 독도를 본적지로 삼았었다.

한편 1970년대 초반부터 독도에 나무심기 운동이 시작되었다. 처음에는 단순히 독도를 녹화하자는 의도에서 출발하였으나, 해양법협약이 채택된 이후에는 점차 독도의 국제법적 지위를 강화하려는 운동으로 변화하였다. 이후 국내 일간지에는 독도에 나무심기 운동에 관한 내용이 자주 소개되었다.[40] 푸른 독도 가꾸기 운동은 공해상의 암초인 독도를 지키기 위한 운동이라거나,[41] 나무는 "독도가 국제법적으로 완벽한 섬으로 되는 마지막 관문"이라는 보도까지 등장하였다.[42]

또한 독도에서의 부족한 식수 문제를 해결하기 위하여 대형 정수기를 설치하고 이를 운영할 태양열 발전기의 구입을 위한 모금운동도 벌어졌다.[43]

---

40 「조선일보」 1990. 4. 18. 18면; 「조선일보」 1992. 4. 5. 19면; 「조선일보」 1996. 3. 21. 29면; 「조선일보」 1996. 4. 5. 39면; 「중앙일보」 1997. 7. 30. 21면; 「조선일보」 1998. 1. 25. 15면; 「조선일보」 2000. 6. 2. 34면; 「국민일보」 2000. 7. 7. 27면; 「내일신문」 2006. 4. 18. 7면.
41 「조선일보」 1992. 4. 5. 19면.
42 「동아일보」 2007. 6. 21. 31면. 보도에 따르면 1973년부터 1996년 사이 독도에 대한 각종 식목운동을 통하여 22,339그루의 나무를 심었으나, 실제 생존한 나무는 50여 그루에 불과하였다고 한다. 「세계일보」 2008. 9. 8. 10면.
43 「동아일보」 1991. 11. 10. 15면; 「중앙일보」 1992. 10. 12. 13면 등.

이상은 모두 독도를 해양법협약 제121조 제3항상의 암석rock이 아니라 섬island으로 만들려는 노력의 소산이다. 이 같은 주장과 운동은 과연 국제법적으로 타당성을 갖는가?

해양법협약 제121조 제3항에서 말하는 '인간의 거주 가능성'을 충족시키기 위하여 어느 정도 규모의 주민이 살아야 하는지에 관한 국제적 기준은 없다. 1가구다 2가구다 하는 주장은 애초부터 아무 법적 근거가 없는 주장이었다. 대부분의 학자는 섬이 자신의 배타적 경제수역을 가질 수 있느냐 여부가 현재의 주민의 수로 결정될 것은 아니라고 본다. 그보다는 섬의 객관적 여건이 인간의 거주 가능성이나 독자적 경제활동을 유지할 수 있느냐에 따라 판단하여야 한다고 본다. 따라서 인간의 거주 가능성이 인정된다면 그 섬에 실제 사람이 살지 않아도 자신의 배타적 경제수역을 가질 수 있다. 반면 몇몇 주민이 있더라도 생활의 수단과 편의를 외부의 지원에 의존하며 체류하는 경우는 이를 해양법협약 제121조 제3항에서 말하는 인간의 거주라고 보기 어렵다.

섬이 배타적 경제수역을 갖기 위해서는 나무(숲)가 있어야 하는가? 독도가 배타적 경제수역을 갖기 위하여 숲이 있어야 한다는 주장이 왜 제기되었지 그 기원을 찾기 어렵다. 암석에는 통상 나무가 생장하기 어려우므로, 독도에 숲을 가꾸는 데 성공하면 더 이상 암석이란 칭호를 듣지 않을 것이라는 추론에서 제기된 주장이 아닌가 싶다. 그러나 해양법협약 제121조 제3항상의 '암석'이 반드시 지질학적 의미의 돌로 구성되어 나무가 생장하기 어려운 암도岩島만을 지칭하지는 않는다. 이 조항은 입법취지에 비추어 볼 때 암석으로서의 물리적 구성 그 자체보다는 섬의 규모에 주안점이 있는 표현으로 해석된다. 즉 인간의 거주 가능성이 없거나 독자의 경제활동이 불가능한 '작은' 암석이라는 사실이 더욱 중요하다. 매우 작은 섬이라면 일반 흙, 모래, 점토 또는 산호초로 구성된 섬도 해양법협약 제121조 제3항의 암석에 해당하며, 그 섬에 나무가 자라고 있느냐 여부가 배타적 경제수역의 확보에 결정적 요건은 아니다.

사실 해양법협약 제121조 제3항의 '암석'이 무엇인가에 대하여는 국제법학계에서도 논란이 많다. 아마도 일정 수준의 주민, 식수, 나무 등이 있는 섬은 인간의 거주 가능성이 있다고 판단될 수 있고, 따라서 자신의 배타적 경제수역을 가질 가능성이 높을 것이다. 그러나 국제법상 유인도에 관한 특별한 정의는 없다. 유인도이냐 무인도이냐를 기준으로 섬의 법적 지위가 구별되지도 않는다. 해양법협약을 비롯한 어떠한 국제조약에도 주민, 식수, 나무의 3요소를 갖추어야 섬이 자신의 배타적 경제수역을 가질 수 있다고 제시된 예가 없다. 특히 2가구 이상의 주민이 있어야 독자의 배타적 경제수역을 가질 수 있다는 보도는 국제법상 출처불명의 주장에 불과하다.

이상을 종합해 보면, 독도가 주민, 식수, 숲을 갖춘 유인도가 되어야만 배타적 경제수역의 기점이 될 수 있다는 그간 일간지의 보도는 구체적인 국제법적 근거가 없다. 배타적 경제수역의 확보를 위한 독도 유인도화에 관한 그간의 보도는 협약의 '인간의 거주 가능성'을 나름대로 해석하여 만들어낸 우리끼리의 국내용 캠페인에 불과하다.

13

동해의 EEZ 경계는 독도-오키도 중간선이 될 것인가

한국과 일본은 모두 1996년 유엔 해양법협약을 비준하고 200해리 배타적 경제수역EEZ을 선포하였다. 자연 동해에서의 양국 간 EEZ 경계획정이 현안으로 떠올랐다. 양국은 1996년 8월부터 EEZ 경계협상을 시작하였다. 회담 초기 한국은 울릉도-오키도隱岐島 중간선을 EEZ 경계로 하자고 주장하였고, 일본은 독도-울릉도 중간선을 경계로 하자고 주장하였다. 울릉도-오키도 중간선을 경계로 하여도 독도는 경계선으로부터 18해리 정도 한국 측 수역에 위치하게 된다. 그러나 일본이 독도 영유권을 주장하는 한 협상타결은 어려울 수밖에 없었다.

국내 일각에서는 일본은 독도를 자국 측 EEZ의 기점으로 주장하는 데 반하여 한국은 울릉도를 EEZ 기점으로 제시하면, 마치 한국이 독도 영유권을 주장하지 않는 것처럼 오해를 살 수 있다고 비판하였다. 이후 1998년 일본의 한일어업협정 파기와 신한일어업협정 체결, 2005년 일본 시마네현島根縣 의회에서의 '죽도竹島의 날' 조례 제정, 2006년 일본 선박의 독도 주변 해저지형 탐사 시도 등의 사건을 거치며, 국내여론은 강경론으로 치달았다. 드디어 2006년부터 한국 정부는 독도-오키도 중간선을 동해 EEZ 경계로 삼자고 주장하였다. 한국 정부가 그 이전에는 독도가 독자의 EEZ를 갖는 섬인가를 명확히 하지 않았다면, 2006년부터는 독도도 자신의 EEZ를 갖는 섬으로 주장하기 시작한 것이다.

한국령 독도가 국제법적으로 자신의 EEZ를 갖는 섬으로 인정되면 독도-오키도 중간선이 동해의 EEZ 경계가 될 것인가? 아마 국내 언론과 여론은 독도-오키도 중간선을 당연한 귀결로 생각하는 듯 보인다. 그러나 현재 국제사회에서의 실행에 비추어 본다면 독도-오키도 중간선이 한일 간 EEZ 경계로 인정될 가능성은 매우 희박하다.

유엔 해양법협약은 EEZ 경계획정을 "공평한 해결에 이르기 위하여 국제사법재판소 규정 제38조에 언급된 국제법을 기초로 하는 합의에 의하여" 달성하라는 매우 막연한 기준만을 제시하고 있다. 아마 통상적인 지형에서는 중간선이 가장 공평한 경계를 이루는 경우가 많을 것이다. 그러나 EEZ나 대륙붕 경계획정에 관한 근래 국제실행에 비추어 볼 때, 소규모 섬의 존재로 인하여 관할수역의 범위가 크게 영향을 받는다면 그 섬은 아예 고려사항이 되지 않거나 제한적 효과만 부여되는 경향이 현저하다. 국제재판에 회부되었던 여러 건의 해양경계획정 사건을 살펴보아도 육지로부터 멀리 떨어진 작은 도서나 암초는 종종 무시되었다.

특히 2009년 국제사법재판소의 우크라이나와 루마니아 간 흑해 해양경계획정 판결은 독도문제와 유사성이 많아 우리의 주목을 끌었던 사건이다. 이 사건에서는 우크라이나의 세르팡 섬Serphents' Island이 양국 간 해양경계에 있어서 어떠한 역할을 하느냐가 검토되었다. 해안에서 20해리 떨어진 이 섬은 크기가 0.17km²이며, 일반 주민은 없고 연구원만 100여 명 체류하고 있었다. 국제사법재판소는 세르팡 섬이 우크라이나의 해안을 구성하지 않는다고 보고, 이 섬의 존재는 완전히 무시하고 일반 해안선만을 기준으로 등거리선을 획정하여 양국 간 해양경계로 제시하였다. 세르팡 섬이 독자의 EEZ를 갖느냐 여부와 상관없이 해양경계획정에서는 무시되어야 한다고 판단한 것이었다.[44]

독도는 울릉도에서 47.2해리, 경북에서 117.1해리 거리이며, 크기는 0.187km²이다. 독도는 세르팡 섬과 크기는 비슷하나, 인근 한국 영토와의 거리라는 측면에서는 더 불리한 위치에 있다. 다른 환경 역시 유리한

---

44 Maritime Delimitation in the Black Sea, Romania v. Ukraine, 2009 ICJ Reports 61.

점은 하나도 없다. 국제사법재판소의 법리를 그대로 적용하면 설사 독도가 자신의 EEZ를 갖는 섬으로 인정된다 할지라도, 한일 간 해양경계획정에서는 그 존재가 무시될 가능성이 농후하다.

또한 국제재판까지 가지 않고 당사국 간의 합의로 해양경계가 타결된 사례에서도 독도처럼 양측의 중간 부근에 위치의 섬들은 독도보다 수십 배나 크고 많은 인구를 가진 경우에도 해양경계획정에서 그 존재가 무시되거나 매우 제한적인 역할만을 인정받은 예가 많았다.[45]

해양경계획정 시 양국 간 중간 부근에 위치한 작은 섬들이 무시되는 이유는, 우연한 위치의 특정 소도로 인하여 전반적인 해양관할권 분배에 있어서 불공평이 초래된다고 보기 때문이다. 따라서 동해 EEZ 경계획정이 제3자적 판단에 맡겨진다면 현재의 국제법 실행에 비추어 볼 때 독도-오키도 중간선으로 결정될 가능성은 전혀 없다고 평가된다. EEZ 경계획정은 본질적으로 국제법을 바탕으로 해결될 사안이다. 국제법을 무시한 감정적 접근이나 여론 몰이는 헛된 국민적 기대를 불러일으키고 정부 외교의 운신의 폭을 좁혀 합리적 타결을 방해할 뿐이다.

---

45 이상에 관한 상세한 내용은 정인섭, 「한일간 동해 EEZ 경계획정분쟁에 관한 보도의 국제법적 분석」, 『저스티스』 제126호(2011. 10.), 150~176쪽 참조.

14

독도 부근 해저탐사를 하는 일본 선박을 나포할 수 있나

일본 해상보안청은, 2006년 4월 14일에서 6월 30일 사이 울릉도 동쪽 독도 인근 해역의 수로측량을 하겠으며, 이러한 계획을 국제수로기구IHO 에도 통보하였다고 발표했다. 이 소식이 전해지자 당시 한국사회가 발칵 뒤집힐 정도로 격한 반발이 일어났다. 일본이 조사하겠다는 대상수역에 독도 주변을 포함하여 한국이 우리 측 배타적 경제수역이라고 생각하는 지역이 상당 부분 포함되었기 때문이었다. 한국사회는 일본의 이러한 행동이 독도 부근에서 문제를 일으켜 독도문제를 국제 분쟁화하고, 독도에 대한 자신의 권리주장을 강화하려는 포석의 일종이라고 받아들였다. 또한 한국이 독도 인근 해저지형에 한국식 이름을 붙여 국제기구에 등재하려는 계획에 대한 일종의 맞불이라고 생각하였다.

문제의 발단은 해당 수역을 한일 양국이 서로 자국 측 배타적 경제수역이라고 주장하는 데 있었다. 양국은 모두 1996년 200해리 배타적 경제수역을 선언하였는데, 동해에서의 경계에는 합의를 보지 못하고 있었다. 그 핵심근저에는 독도 영유권에 관한 이견이 자리 잡고 있음이 물론이다. 이에 잘 알려진 바와 같이 1999년 1월부터 발효한 신한일어업협정도 동해에서는 경계획정 대신 중간수역만을 설정하고 있다.

2006년 봄 국내 언론은 연일 일본의 조사계획을 비난하는 기사를 토해냈다. 국내법인 해양과학조사법이나 배타적 경제수역법 등에는 허가 없이 외국 선박이 과학조사를 하면 정선·검색·나포 등을 할 수 있다고 규정하고 있음을 지적하며 강경대응을 촉구하였다. 또한 익명의 정부 관계자의 말을 인용하는 방식으로 한국 정부는 일본 조사선이 독도 인근의 한국 측 배타적 경제수역에 진입하면 나포를 포함한 실력저지를 할 태세임을 전하였다.[46] 적지 않은 중앙일간지가 사설을 통하여 일본 선박이 실제 독도 인근 수역으로 진입하면 정부는 나포를 포함한 단호한 대처를 하여야 한다고 요구했다.[47] 일본 측에 대한 항의의 표시로 탑골공원에서 할복을 시도하는 사람까지 발생하는 등 적어도 국내 여론은 대일 강경론 일색이었다. 반면 일본 정부는 수로조사행위가 국제법상 아무런 문제가 없으며, 이에 대하여 한국 측이 어떠한 조치를 취하는 것을 받아들일 수 없다고 반박하였다.

실제로 한국 해양경찰청은 5천 톤급 삼봉호를 비롯하여 모두 18척의 함정을 독도 인근 수역에 배치하고, 초계용 항공기도 인근 강릉 공항에 대기시키었다. 약 30명의 특공대를 선발하여 일본 선박이 진입하면 헬기와 보트로 이를 투입하여 나포한다는 계획을 세우고 대비훈련도 하였다. 마치 전쟁준비를 방불케 하였다.

극단으로 치달을 것 같던 양국의 대립은 4월 22일 야치 쇼타로谷內正太郞 일본 외무성 차관이 방한하여 한국 정부와 마라톤협상을 한 끝에 봉합되었다. 즉 일본은 독도 인근 수역에서의 수로측량계획을 일단 중지하고, 한국도 독도 부근 해저지형의 지명 개정 신청을 적절한 시기까지 연기하기로 합의하여 사건은 일단 봉합되었다.

그러나 만약 일본 해상보안청 조사선이 독도 인근 수역의 한국의 배타적 경제수역으로 진입하고 한국이 물리력을 동원하여 나포하였다면, 이는 국제법적으로 어떻게 평가될 것인가? 비록 동해에서 배타적 경제수역의 경계가 확정되지는 않았지만 독도가 한국령이고 인근 수역도 한국의

---

46 「중앙일보」 2006. 4. 15. 1면; 「서울신문」 2006. 4. 15. 1면; 「동아일보」 2006. 4. 15. 3면; 「한겨레」 2006. 4. 15. 1면; 「서울신문」 2006. 4. 17. 4면; 「한국일보」 2006. 4. 18. 3면; 「동아일보」 2006. 4. 18. 1면 등.

47 「문화일보」 2006. 4. 15. 23면 사설; 「중앙일보」 2006. 4. 17. 30면 사설; 「문화일보」 2006. 4. 18. 23면 사설; 「서울신문」 2006. 4. 19. 31면 사설.

배타적 경제수역임을 당연한 전제로 하여 당시 국내에서 제기된 주장을 검토해 보자.

한국과 일본이 모두 당사국인 유엔 해양법협약에 따르면, 연안국은 외국의 군함이나 비상업용 정부 선박이 자국 영해에서 연안국의 법령을 위반하는 행위를 할지라도 나포할 수 없다. 오직 시정과 퇴거 요구만이 가능하다(제30조 및 제32조). 이에 따라 우리 국내법인 영해 및 접속수역법도 외국의 군함이나 비상업용 정부 선박이 법령을 위반할 경우 시정이나 퇴거를 요구할 수 있을 뿐, 일반 민간 선박과 같이 정선·검색·나포 등의 행위를 할 수 있다는 규정을 두고 있지 않다(제6조 및 제8조). 문제의 해상보안청 조사선이 나포에서 면제되는 비상업용 정부 선박임은 물론이다. 영해에서조차 이러하니 연안국의 권리가 더욱 제한되는 배타적 경제수역에서는 더 말할 것조차 없다. 배타적 경제수역에서 모든 외국 선박은 항해의 자유를 가진다(해양법협약 제58조). 특히 "국가가 소유하거나 운영하는 선박으로서 정부의 비상업적 업무에만 사용되는 선박"은 배타적 경제수역이나 공해에서 "기국 외의 어떠한 국가의 관할권으로부터도 완전히 면제된다."(해양법협약 제58조 제2항 및 제96조) 따라서 일본 해상보안청 선박이 설사 한국의 배타적 경제수역 내에서 국내법을 위반하는 행위를 할지라도 한국은 이를 나포할 수 없으며 시정과 퇴거 요구만을 할 수 있다. 만약 위법한 행위로 인하여 한국에 손해를 발생시키면 이에 대한 손해배상을 요구할 수는 있다. 또 다른 국내법인 배타적 경제수역법과 해양과학조사법에 따라 이를 위반한 외국 선박을 정선·검색·나포할 수 있다는 조항 역시 외국 정부의 비상업용 선박에는 적용되지 않는다고 해석하여야 한다. 따라서 만약 한국 해경이 일본 조사선을 나포하였다면 국제법은 물론 국내법에도 위배된다.

당시 한국 정부 관계자들이 이러한 사항을 몰랐을까? 적어도 외교부 담당자들은 이 점을 익히 잘 알았으리라고 추측한다. 왜냐하면 이러한 내용은 너무나 명백하고 상식적인 국제법 원리이므로 모를 리가 없기 때문이다. 그러면 정부에서는 왜 그런 소리가 나오지 않았을까? 한국에서는 대일 감정에 관한 한 일반 상식이 통하지 않는 경우가 가끔 있다. 때로는 정부 담당자들도 여론에 압도되어 합리적 대응을 포기하기도 한다. 내일 하늘이 두 쪽이 나더라도 오늘은 어쩔 수 없다는 심정이었을 것이다. 당시 국내에서는 한 신문만이 "아무리 일본이 괘씸하더라도 영해도 아닌 EEZ에서 외국 정부 선박에 물리력을 행사하는 것은 국제법 위반이 될 수 있다. …… 정부와 사회 모두 이쯤에서 냉정한 사리분별을 촉구하는 국제법 전문가의 고언에 귀 기울이기 바란다"라는 사설을 게재하였을 뿐이다.[48]

한편 한일 간의 갈등이 절정으로 치닫고 있을 때인 4월 18일 한국 정부는 해양법협약 제298조에 의한 분쟁해결제도 적용배제 선언을 하였다고 발표했다. 이에 대하여 국내 신문들은 "일 선박 나포 국제법적 근거 마련",[49] "측량선 나포 때 일 제소근거 차단"[50] 등의 제목으로 보도하며 한국이 일본 선박을 나포하여도 국제재판에 회부되지 않게 되었다고 보도하였다.[51] 한국이 일본 정부 선박을 나포하여도 국제법적으로 별 탈이 없게 되는 무슨 묘안이라도 있었는가?

이 문제를 이해하려면 유엔 해양법협약의 내용을 좀 더 알아야 한다. 방대한 내용의 유엔 해양법협약에는 당사국 간의 분쟁에 관하여 일정한 강제적 해결절차가 도입되어 있다. 즉 당사국은 협약의 해석과 적용에 관한 분쟁이 발생하면, ① 국제해양법재판소, ② 국제사법재판소, ③ 중재재판, ④ 특별중재재판 등 어느 방법에 의하여 분쟁을 해결할지를 선택할

48 「한국일보」 2006. 4. 20. 31면 사설.
49 「한겨레」 2006. 4. 21. 1면.
50 「동아일보」 2006. 4. 21. 5면.
51 기타 「서울신문」 2006. 4. 21. 3면 및 「조선일보」 2006. 4. 21. A3면 등.

수 있다. 아무런 선택을 하지 않을 경우 ③의 중재재판을 수락한 것으로 간주된다. 적어도 중재재판에 회부되는 것은 회피할 수 없게 되어 있다. 다만 전통적인 국가주권 존중의 원칙에 따라 일정한 분쟁에 대하여는 이상과 같은 강제절차의 적용을 완전히 배제하겠다고 선언할 수 있다. 예를 들어 해양경계획정, 군사활동, 해양과학조사나 어업에 관한 법집행활동, 유엔 안전보장이사회의 권한 수행 등과 관련된 분쟁에 관하여는 해양법협약상의 강제적 분쟁해결절차에 복종하지 않겠다고 선언할 수 있다. 해양법에 관한 분쟁이라도 민감한 일부사항에 관하여는 무조건 도피할 수 있는 비상구를 마련해 준 것이다. 당시 한국 정부는 바로 이에 따른 배제선언을 한 것이다.

이러한 선언은 한국이 해양법협약상의 강제적 분쟁해결절차에 회부될 가능성을 봉쇄하겠다는 취지이지, 이로 인하여 일본 정부 선박의 나포라는 국제법 위반행위가 합법화된다는 의미는 결코 아니다. 여전히 한국 정부는 국제법 위반의 비난과 책임을 회피할 수 없게 된다. 또한 한국 정부가 일본 정부 선박을 나포하여도 과연 이 선언으로 인하여 해양법협약상의 강제절차를 회피할 수 있는가는 의심스럽다. 주권면제를 향유하는 정부 공선을 나포하는 행위는 단순히 해양과학조사에 관한 분쟁이라고 할 수 없기 때문이다. 일본 정부가 요구하면 한국 정부는 여전히 강제적 분쟁해결절차에 회부될 수밖에 없었을 것이고, 그 결과 한국의 나포행위는 국제법 위반이라는 판정이 내려졌을 것으로 예상된다.

일본 측의 동해 수로조사계획으로 발발된 분쟁은 4월 22일 양국 외무차관 회담을 통하여 일단 봉합되었으나, 이후 4월 25일 노무현 대통령은 대일관계에 관한 강경담화를 발표하였다. 일본사회는 이 담화가 그때 인기가 바닥이던 한국 대통령의 국내용 담화라고 깎아내렸다. 후일 알려진 사실이지만 전 청와대 김병준 정책실장의 회고에 의하면 노무현 대통령은 일본 선박이 독도 부근으로 오면 당파(배로 밀어 깨뜨리는 짓)하라고 지시하였

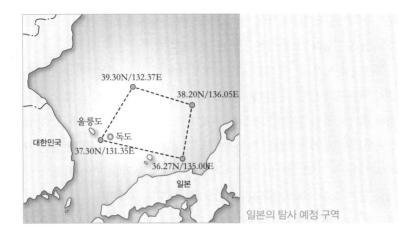

일본의 탐사 예정 구역

다고 한다.[52]

　만약 한국 경비함이 일본 조사선을 들이받아 파손시키고 침몰하는 사태가 발생하였다면 어떻게 되었을까? 국내 여론은 열광하였을지 모르나, 국제사회도 과연 이를 한국이 국가 주권을 지키려는 정당한 몸부림으로 이해하였을까? 무장 경비함이 외국의 비무장 과학조사선을 고의로 들이받아 파손시키거나 침몰까지 시키는 행위는 유엔 헌장에 의하여 금지되고 있는 무력사용에 해당한다. 이는 심각한 국제법 위반행위임은 물론, 독도 문제와 관련하여 국제사회에서 일본에게 천하에 없는 호기를 제공하는 한국 측 자해행위가 되었을 것이다.

　당시 한일 갈등과 관련하여 나중에 알려진 또 다른 일화가 있다. 폭로전문 사이트인 위키리크스를 통하여 공개된 미국의 비밀전문이다. 갈등이 한창이던 4월 20일 토머스 시퍼 주일 미국대사는 일본 외무성 차관을 만난 자리에서 "미국 정부는 한국이 (독도와 관련하여) 정신 나간 짓something crazy을 하거나 중대한 문제를 일으킬까causing a major problem 우려하고 있

다", "일본은 국제법에 맞게 권리를 행사하고 있지만 한국은 비이성적으로 행동하고 있다"고 발언한 것으로 알려졌다.[53]

국내 신문들은 이 기사를 보도하면서 시퍼가 일본 전문가가 아님에도 부시 대통령의 선거지원을 한 공로로 임명된 자라며 은근히 그를 깎아내리는 설명도 곁들였다. 물론 일본 주재 대사인 시퍼가 가급적 일본 측 입장에서 문제를 바라보았을 가능성이 높다. 그러나 시퍼 대사의 발언은 아마 제3자로서 미국 정부의 시각이 투영된 것으로 보인다. 만약 한국이 실제로 일본 정부 선박을 나포하거나 당파하였다면 국제여론은 한국을 이해하지 못하였을 것이며, 독도문제에 관하여도 한국 측 입장만 어려워졌을 것이다. 한국이 국제법을 무시한 행동을 통하여 얻을 것은 별로 없었을 것이다.

---

53 「동아일보」 2011. 9. 7. 10면.

15

10만 원권 화폐와 독도

　현재 국내 화폐 중 가장 큰 단위는 5만 원권이다. 원래 정부는 2009년부터 5만 원권과 10만 원권을 함께 발행하기로 하고 필요한 준비작업을 하고 있었다. 그 이전에는 1973년부터 발행된 1만 원권이 가장 큰 단위의 화폐였는데, 그로부터 수십 년이 흘러 국민소득이 약 150배에 이르도록 더 큰 단위의 화폐를 발행하지 않았다. 그러다 보니 일상생활에 불편이 있는 것도 사실이었고, 10만 원권 수표가 거의 현금과 같이 통용되기도 하여 위조수표가 자주 나돌기도 하였다.

　이에 5만 원권이나 10만 원권과 같은 고액권의 발행이 필요하다는 논의는 이미 오래전부터 제기되어 왔다. 그러나 10만 원권 화폐가 발행되면 부정한 자금거래에 활용되기 좋고 인플레 심리가 조성될 것이라는 반론도 만만치 않아 그동안 실현되지 못하였다. 마침내 2007년 5월 한국은행은 2009년부터 10만 원권을 발행하겠다고 발표하였다. 여론도 반대론보다 찬성론이 훨씬 우세하였다. 10만 원권 화폐의 도안을 무엇으로 하냐에 관하여 국민여론조사까지 하여 앞면에는 백범 선생의 초상을, 뒷면에는 김정호의 대동여지도를 넣기로 하였다.

　그런데 10만 원권의 발행은 경제문제와는 아무 관계도 없는 전혀 예기치 못한 암초에 부딪혀 계획이 중단되었다. 뒷면에 들어갈 대동여지도에 독도가 없다는 이유였다. 한국이 자랑하는 최고의 지도라고 하는 대동여지도에 독도가 없다니? 유감스럽지만 사실이다. 대동여지도의 정본이라고 할 수 있는 판각본에는 독도가 등장하지 않는다. 대동여지도가 제작될 무렵에는 이미 독도가 그려진 조선의 지도가 적지 않았기 때문에 김정호 선생이 이를 몰라서 독도를 빠뜨리지는 않았을 것으로 추측된다. 하여간 당국으로서는 10만 원권 화폐의 도안으로 독도가 없는 고지도를 사용하는 것은 곤란하다고 판단했다. 그래서 독도의 위치에 추가로 이를 그려 넣은 도안을 사용할 것을 검토하기도 했다고 한다. 실제로 조선 말에 대동여지도를 필사한 지도에는 울릉도 밖에 독도를 추가한 지도도 있었다.[54] 그러나 일국의 화폐 도안을 이런 방식으로 한다면 오히려 국제적 웃음거리가 될 것이다. 결국 정부는 2009년 초로 예정하였던 10만 원권 화폐의 발행 계획을 중단하고 5만 원권만 발행하기도 하였다.[55] 독도는 한국사회에서 그만큼 민감한 문제인 것이다.

독도 지도에 관하여는 또 다른 어려움이 있다. 국내 신문을 보면 독도가 조선령이라고 표시된 지도가 발견되었다는 보도가 가끔 나온다. 그리고 수백 년 전 지도에도 독도가 조선령이라고 표기되었으니 이제 일본은 독도가 자신의 고유의 영토라고 더 이상 주장할 수 없을 것이라는 설명이 첨부되곤 한다. 일반인들은 그때마다 독도는 역사적으로 우리 고유의 영토라는 생각을 더욱 단단히 할 것이다. 그러나 여기에는 제대로 보도되지 않는 약점이 있다.

독도獨島라는 명칭은 조선에서도 20세기 들어서야 문서에 등장하며, 조선시대에 독도를 가리키는 가장 일반적인 명칭은 우산도于山島였다. 『세종실록지리지』에서도 "우산과 무릉이 거리가 멀지 않아 일기가 청명하면 서로 바라볼 수 있다"라고 설명하고 있고, 여기의 우산이 독도라는 해석이다. 이 우산도는 조선 전기 지도에서부터 등장한다. 그런데 문제는 우산도의 위치와 크기이다. 실제 독도는 울릉도 동남동 방향 약 90km에 좀 못 미치는 위치에 있는데, 조선 전반기의 지도에는 우산도가 울릉도와 강원

---

54 「동아일보」 2011. 5. 13. A2면.
55 「조선일보」 2008. 10. 8. A2면.

도 중간 정도 위치에 울릉도와 거의 같은 크기의 섬으로 등장한다. 지리적 사실을 바탕으로 한다면 당시 지도의 우산도가 오늘날의 독도라고는 전혀 할 수 없는 것이다.

우산도가 한반도를 기준으로 울릉도 외곽에 그려진 지도로는 정상기 (1678~1752)의 동국지도東國地圖가 처음이었다고 한다. 그런데 그것도 울릉도 바로 외곽으로 나갔을 뿐, 독도의 실제 위치와는 거리가 멀다. 이후 차츰 우산도가 울릉도 북단으로 가기도 하고 동단으로 가기도 하며 조선 말기로 올수록 현재의 위치에 가깝게 그려진다. 그 크기도 실제와 가깝게 작아진다. 정상기의 동국지도 이전의 모든 조선의 지도는 하나의 예외도 없이 독도(우산도)가 울릉도와 강원도 사이에 자리 잡고 있다. 일본 측에서는 이를 지적하며 당시 조선이 알고 있던 섬은 울릉도 하나뿐이며, 우산도는 울릉도의 별칭이었다고 주장한다. 『삼국사기』에도 울릉도가 우산국으로 설명되어 있지 않느냐고 지적한다.

사실 조선 중기까지의 지도 속에 우산도의 위치와 크기가 잘못 표시된 사실은 한국 측으로서도 매우 곤혹스러운 난제이다. 본토로부터 울릉도로 가던 도중에 독도를 만나는지, 울릉도를 더 지나야 독도에 도달할 수 있는지조차 혼동을 일으켰다니! 일부의 예외도 아니고 어찌 모든 지도가 동일한 오류를 범하고 있었을까? 제3국 사람들은 이 사실을 과연 어떻게 받아들일까?

답답한 마음에 국내의 어느 저명한 학자는 조선이 독도를 너무나 사랑하였기에 바로 곁에 두고 싶은 심정에서 울릉도보다 본토에 가깝게 그려 넣었다고 설명하기도 했다. 솔직히 코미디 수준의 설명에 불과하지 국제사회에서 그런 주장이 먹힐 리 없다. 조선 후기에는 독도를 더 이상 사랑하지 않아서 울릉도 밖 일본 쪽에 그려 넣었다는 말인가?

보다 과학적으로 설명하려는 입장에서는 해류에 원인이 있다고 주장한다. 조선시대에 울릉도·독도로 몰래 출항하는 어민들은 주로 경상도와 전라도 남쪽 해안 출신이 많았는데, 한반도 남부에서 해류를 타고 북상하다 보면 독도가 위치한 먼 바다를 먼저 거친 다음 울릉도에 도달하게 된다는 설명이다. 즉 울릉도에 가려는 사람의 입장에서는 독도가 먼저 보이는 섬이었다는 것이다. 요즈음이야 울릉도·독도에 갈 때 지근거리인 강원도에서 출발하는 경우가 많지만, 불과 얼마 전까지만 하여도 울릉도로 가는 배는 포항에서만 출발하였던 사실을 기억하는 이도 많을 것이다. 바로 해류를 이용하려면 남쪽에서 가야 한다는 것이다. 그러면 조선시대 울릉도에 갔던 어민이 돌아올 때도 독도 방향 먼 바다로 나갔다가 귀환하였을까? 오히려 그때는 해류를 역류하는 고행이 되지 않았을까? 적어도 돌아올 때는 독도가 울릉도와 강원도 사이에 있지 않다는 사실을 정확히 알지 않았을까? 동양에서 나침판이 사용된 역사가 언제부터인데 18세기가 되어서도 여전히 동서를 구별하지 못하였다는 말인가?

여하간 근 300년 이상 조선의 지도에서 우산도가 울릉도와 강원도 사이에 자리 잡고 있었던 정확한 이유는 알 수 없다. 설사 해류가 원인이었다는 주장이 당시의 사실에 입각한 정확한 설명이라고 하더라도 독도 영유권 문제가 국제재판에 회부된다면 이러한 추론적 주장은 한국 측의 입장을 강화하는 데 아무런 도움이 되지 않는다. 국제재판소는 영토분쟁을 다룰 때 오랜 옛날의 사실로부터 추론된 간접적 가정에는 전혀 무게를 두지 않는다. 오직 해당 도서의 영유와 직접적으로 관련되는 증거만을 중시한다.[56]

따라서 조선 전반기까지의 고지도들은 국제사회에서 독도에 대한 우리의 영유권 주장을 공고히 하는 유리한 증거라기보다는 오히려 독도에 대

---

56 "What is of decisive importance, in the opinion of the Court, is not indirect presumptions deduced from events in the Middle Ages, but the evidence which relates directly to the possession of the Ecrehos and Minquiers groups." The Minquiers and Ecrehos Case(France v. U.K.), 1953 ICJ Reports 47, p.57.

한 당시 조선의 부정확한 인식을 보여 주는 불리한 증거로 작용할 가능성이 더 높다. 이러한 점에 대한 고려 없이 우리 언론에서는 지도에 우산도가 표시만 되어 있으면 무조건 독도가 한국령이라는 것을 입증하는 지도가 발견되었다고 보도한다. 일반인들은 자그마한 지도사진 속에 독도가 제대로 자리 잡고 있는지 구분할 리 없다.

하나 더 추가할 사항은 조선시대 제작된 지도 속에 독도가 제대로만 그려져 있으면 독도에 대한 우리의 영유권이 입증되느냐는 점이다. 지도는 누가 어떻게 제작하였느냐에 따라 그 가치가 달라진다. 조선시대 어느 학자가 재미 삼아 일본과 시베리아까지 조선의 영토로 그려 넣었는데, 수백년 후 이 지도가 발견되면 과연 무슨 의미가 있을 것인가? 지도는 그 내용을 상대국도 공식적으로 인정하였을 때 가장 큰 증거력을 가진다. 일방적으로 제작된 지도는 잘해야 그 국가의 영토인식을 표시할 뿐이지 객관성을 가질 수 없다. 국가 간 영유권 분쟁에서는 유리한 내용의 고지도가 많다는 사실보다는 상대방도 인정하는 객관성 있는 공식 지도 한 장이 더 중요하다.

16

대마도의 날 조례

2005년 3월 16일 일본 시마네현島根縣 의회가 매년 2월 22일을 '죽도竹島의 날'로 지정하는 조례를 제정하였다. 2월 22일은 일본이 1905년 죽도(독도)를 시마네현으로 편입한다는 고시를 공포한 날이다. 당시 국내에서는 전국적인 규탄시위가 벌어졌고, 정부는 이른바 신대일 독트린을 발표하며 강경한 대일외교정책을 발표하였다.[57] 노무현 대통령은 일본의 독도 영유권 주장이 과거 제국주의적 침략을 정당화하고 한국의 식민지 해방과 독립의 의미를 부인하는 것이라며 '각박한 외교전쟁'도 불사하겠다는 성명을 발표하였다.[58] 국회는 2005년 4월 독도의 지속가능한 이용에 관한 법률을 제정하였다. 또한 2005년 4월부터 독도에 직접 상륙이 가능한 일반인 관광이 허용되었다. 2005년에만 약 4만 명의 관광객이 독도를 찾았다. 2005년은 여러모로 한국의 독도정책에 변화가 많은 해가 되었다.

그해 마산시 의회는 매년 6월 19일을 '대마도의 날'로 지정하는 조례를 제정하였다. 이 조례 제1조는 "대마도가 우리 영토임을 대내외에 각인시키고 영유권 확보를 그 목적으로 한다"고 규정하였다. 6월 19일은 세종 때 이종무 장군이 대마도 정벌을 위하여 마산포를 출발한 날이라고 한다. 이 조례는 4월 6일 공포되었다. 반면 쓰시마시는 2006년 9월 28일 마산시 조례에서 대마도가 한국 영토라고 규정한 것은 근거 없는 주장이라며 이

---

57 「동아일보」 2005. 3. 18. 1면.
58 노무현 대통령 "최근 한일관계와 관련하여 국민 여러분에게 드리는 글"(2005. 3. 23.). 「조선일보」 2005. 3. 24, A1면.

의 폐지를 요구하는 결의를 채택하였다.[59]

마산시 조례는 독도가 일본 땅이라는 주장에 대한 반감 차원에서 등장한 것에 불과한가? 아니면 대마도도 우리 땅이라는 주장은 역사적으로나 법적으로 근거가 있는 주장인가?

대마도는 일본의 규슈九州로부터는 147km의 거리이나, 부산으로부터는 불과 47km밖에 떨어지지 않았다. 일본보다 한국과의 거리가 3분의 1에 지나지 않는다. 맑은 날 밤 대마도 전망대에 올라가면 부산 해안 거리의 자동차 불빛을 육안으로도 볼 수 있을 정도로 가까운 거리에 있다. 우리 조상이 해양진출에 좀 더 적극적이었다면 대마도는 우리 영역이 되기 매우 손쉬운 위치의 섬이다. 대마도는 섬 전체가 산지지형이라 예부터 농사가 넉넉지 못하였다. 이에 과거 많은 대마도민이 왜구가 되어 우리의 골머리를 앓게 하였으며, 조선시대에는 조선과 일본 간의 외교를 중개하기도 하였다.

사실 대마도는 워낙 한반도와 거리가 가까워 오래전부터 관계가 깊었다. 이미 11세기 후반부터 대마도는 고려와 진봉관계를 맺고 있었다. 여몽연합국의 일본 정벌 이후 관계가 단절되자 많은 대마도민이 식량을 구하기 위하여 왜구로 나섰다고 한다. 고려 말부터 왜구의 창궐은 심각한 골칫거리였다. 이에 고려 공양왕 시절인 1389년에 박위가, 조선 세종 시절인 1419년에 이종무가 대마도 정벌에 나서기도 하였다. 조선 정부는 매번 군사적으로 제압하기도 어려워 여러 회유책을 제공하였다. 조선은 3포를 개항하고 왜관의 설치를 허용함으로써 대마도가 조선과의 무역을 통하여 경제적 이득을 취할 수 있도록 하였다. 또한 조선 정부는 대마도에 상당량의 세사미를 하사하고, 적지 않은 대마도민에게 관직을 제수하였다. 대마도나 규슈의 주민에게 관직을 부여한 사례는 고려 말부터 있었는데, 조선

---

59 「세계일보」 2006. 9. 29. 2면.

에 들어서는 그 수가 한층 많아졌다. 관직의 내용은 무관 벼슬이었다. 아마 조선은 대마도민이 조선의 울타리를 지키는 사람이라는 상징성을 부여한 것 같다. 조선 전기에는 일본보다 조선과의 교류를 통하여 경제적으로 얻는 것이 훨씬 많았을 정도로 대마도는 조선과의 밀접한 관계 속에서 생활하였다.

이러한 현실 속에서 조선은 대마도가 일본에 속한다기보다는 별도의 변방 정도로 생각하였다. 이종무의 대마도 정벌 역시 조선이 일본을 공격하는 것은 아니라고 생각하였다. 조선의 사서에도 대마도가 본래 우리의 고토라는 설명이 종종 등장하였다. "대마도는 섬으로서 본래 우리의 땅이다.", "대마도는 섬으로서 경상도의 계림에 예속되어 있었던바, 본래 우리 땅이라는 것이 문적에 실려 확실하게 상고할 수 있다.", "조선과 대마도의 관계는 부자관계와 같다." 그러나 대마도가 언제부터 조선의 땅이었다거나 조선이 실제로 통치하였는지에 대한 구체적인 근거나 증거는 제시되지 않았다. 그리고 동아시아의 역사 기록상 대마도가 등장하는 최초의 사서는 중국의 진수陳壽(233~297)가 편찬한 『삼국지』 「위지 동이전」 왜전인데, 여기에도 대마도는 왜국의 일부로 기록되어 있다. 대체로 조선은 관념상으로 대마도가 옛날에는 우리 땅이었으며, 당시도 일본의 일부라기보다는 조선의 울타리 바로 밖에서 조선을 호위하는 특수한 외방 정도로 생각하였던 것 같다. 당시 조선의 지도에 대마도가 자주 등장하는 것도 같은 이유에서였다.

임진왜란 이후 조선은 국력이 쇠락하였지만 일본의 경제력은 크게 성장하였다. 경제적으로 조선에서 얻을 게 없어지면서 대마도의 일본에 대한 예속이 강화되었다. 메이지유신 이후 대마도는 나가사키현의 하위 지방행정단위로 격하되었고, 대마도가 담당하던 대조선외교도 1872년부터는 중앙 정부가 직접 관장하였다.

일본이 독도 영유권을 주장하면, 국내 언론에는 대마도가 본래 한국 땅이었다는 지도가 발견되었다거나 옛 기록에 의하면 대마도가 한국 땅이라는 주장이 종종 등장한다. 1948년 8월 15일 대한민국 정부가 수립되자마자 이승만 대통령은 일제에 대한 배상으로 대마도를 요구하였다.[60] 이 대통령은 이러한 주장을 이후에도 여러 차례 반복하였다. 제헌국회에서는 "대마도 반환 요구에 관한 건의안"이 제출되기도 하였다. 1950년 일본이 대마도에 대한 일련의 행정조치를 취하자 국내 언론은 일본이 대마도를 놓지 않으려는 의도라며 이를 맹비난하기도 하였다. 1951년 9월 샌프란시스코 대일평화조약이 타결되기 직전까지 한국에서는 대마도 할양 요구를 관철시키기 위하여 노력한다는 보도가 나왔다.[61] 그러나 한국의 대마도 할양 요구는 국제적으로 별다른 주목을 끌지 못하였다.

당시 이승만 정부가 대마도 할양을 요구한 것이 고토 회복의 차원에서 주장한 것인지, 패전국에 대한 전승국의 입장에서 영토할양을 요구한 것인지 명확하지 않다. 정말로 대마도를 확보하기 위한 진지한 노력의 일환으로 주장한 것인지, 일본과의 수교교섭에서 유리한 위치를 차지하기 위하여 전략적 차원에서 주장한 것인지 역시 잘 알지 못한다. 그러나 샌프란시스코 대일평화조약을 통하여 대마도는 일본령으로 확인되었고, 한국도 6·25전쟁으로 인하여 당장 국가의 생존이 더욱 시급한 과제가 되면서 더 이상 대마도 할양론은 주장되지 않았다.

결국 대마도 영유권론은 조선인의 머릿속에는 들어 있었으나 구체적인 증거는 없는 상념뿐인 주장이었다. 사서에서 본래 우리 땅이었다는 주장은 현실에서는 더 이상 우리 땅이 아니라는 사실을 전제하는 것이었다. 이종무의 대마도 정벌을 통하여 조선이 대마도를 조선령으로 합병하였다고 생각하지도 않았다. 무엇보다도 대마도 주민 자신이 조선에 속한다는 생

---

60 「조선일보」 1948. 8. 20. 조간 1면.
61 「조선일보」 1951. 7. 5. 조간 1면.

각을 해본 적이 없다.

　이러한 역사적 배경 속에서 마산시 의회의 '대마도의 날' 조례 제정은 법적으로 별다른 의미를 지닐 수 없는 상징적 행위에 불과하다. 일본 시마네현이 '죽도의 날' 조례를 제정하였다고 하여 맞대응으로 이런 조례를 제정한다면 제3국이 보기에는 해외토픽감 정도일 뿐이다.

17

울산대첩

　2005년 6월 세칭 '울산대첩'이라는 사건이 있었다. 사건의 내용은 다음과 같다. 2005년 5월 31일 밤 11시 27분경 한국의 77톤급 장어잡이 통발 어선 신풍호가 일본 측 배타적 경제수역을 3해리 정도 침범하였다며 일본 해상보안청 순시선으로부터 정선명령을 받았다. 그러자 신풍호는 이에 불응하고 한국 쪽으로 달아났다. 당초 일본 해상보안청은 모두 3척의 한국 어선을 발견하고 우선 신풍호에게 정선명령을 내렸는데, 그사이 나머지 2척은 그대로 도주하였다. 밤 11시 35분경 일본 순시선은 신풍호를 따라잡았고, 배타적 경제수역을 침범한 혐의로 조사하겠다며 보안요원 4명이 신풍호로 탑승하려 하였다. 당시 주변은 파도가 2m에 이를 정도로 거셌다. 그러나 신풍호는 보안요원의 탑승을 거부하며 한국 쪽으로 그대로 도주하려 하였다. 이 과정에서 보안요원 1명이 실족하여 바다로 빠졌다. 일본 보안요원 2명이 간신히 신풍호로 올라가 배를 세우라고 하였으나, 신풍호 선원들은 조타실 문을 안에서 걸어 잠그고 계속 도주하려 하였다. 그러자 보안요원들은 조타실 유리창을 깨고 갑판장을 힘으로 제압하려 하였다. 신풍호는 일본 측 보안요원을 태운 채 도주하며 6월 1일 0시 19분경 일본 경비정에 쫓기고 있다고 한국 해경에 신고하였다. 처음에 신풍호는 자신들이 일본의 배타적 경제수역을 침범하지 않았다고 주장하였다. 마침 인근을 순찰 중이던 울산 해경 소속 경비정이 출동하여 1시 55분경 신풍호를 발견하고 신풍호 왼쪽 옆구리에 밧줄을 던져 배를 경비정에 붙들어 묶었다. 약 2분 후 일본 경비정도 신풍호에 접근하여 신풍호 오른쪽 옆구리를 역시 밧줄로 걸어 묶었다. 서로 상대방이 신풍호를 예인해 가지 못하도록 막으려는 시도였다. 대치지점은 한국 측 배타적 경제수역 안쪽으로 약 18해리 해상이었다.

이후 한국 측 경비정 5척, 일본 측 경비정 6척이 신풍호 주위로 집결하고 서로 신풍호를 자신들이 예인해 가겠다고 주장하였다. 이러한 대치는 6월 2일 오전 11시 30분까지 계속되다가 양국 정부 간의 협상이 타결되었다. 신풍호 선장은 일본 측 배타적 경제수역을 침범한 사실을 시인하는 각서를, 선주는 일본 법령에 대한 위반담보금으로 50만 엔을 지불하겠다는 보증서를 각각 일본 측에 제출하기로 했다. 그리고 신풍호는 한국 해경이 인수하여 불법조업이 발견되면 한국법에 따라 처벌하기로 약속했다. 그러나 일본 경비정은 좀 더 확인이 필요하다며 바로 밧줄을 풀지 않았고, 오후 5시가 되어서야 서로 밧줄을 풀고 각자 귀환하였다. 결국 대치 39시간 만에 신풍호는 풀려났다. 신풍호는 한국 해경의 예인을 받으며 2일 오후 9시경 울산항으로 귀환하였다.

국내 언론들은 1일 새벽부터 2일 저녁까지의 대치과정을 중계 방송하듯이 보도하였고, 네티즌들은 신풍호를 구출하라고 아우성이었다. 신풍호에 진입하였던 일본 보안요원이 어민을 마구 폭행하였다며 분노를 쏟아냈다. 항해자유가 보장되는 배타적 경제수역을 지나고 있다는 것만으로 왜 나포하려 하였냐고 일본 측을 비난하였다. 결국 신풍호를 한국 측이 인수하는 것으로 결론이 나자, 네티즌들은 이 사건을 '울산대첩'이라고 부르며 "울산해전 승리", "울산해경의 승전보", "왜구를 물리친 이순신 장군처럼 잘 싸웠다"는 반응을 보였다.[62] 왜 무조건 일본 수역 침범 시인서를 써주었냐며 외교부의 저자세 협상을 비난하기도 했다.

사실 당시 대부분의 국내 신문들의 보도태도도 이런 네티즌의 반응과

---

62 지금도 국내 포털 사이트에서 신풍호, 울산대첩 등으로 검색하면 당시 보도와 분위기를 확인할 수 있다.

대동소이하였다. 한국의 배타적 경제수역에서 한국 어선을 나포하려는 일본을 비난하며 우선 철수부터 요구하였다. 한국 어민이 일본 보안요원에게 폭행당하였다는 소식은 크게 보도되었다. 멋모르는 국민 사이에 반일감정이 일어날 만도 하였다.

이 사건을 국제법적 시각에서 분석해 본다. 첫째, 일본 경비정은 한국의 배타적 경제수역 내에서 한국 선박을 나포해 갈 수 있는가? 둘째, 있다면 무슨 근거로 나포해 갈 수 있는가? 국민은 먼저 일본 경비정이 한국의 배타적 수역 내에까지 들어와 한국 선박을 나포하려는 행위에 흥분하였을지 모른다. 무슨 잘못을 하였는지 모르나 남의 바다에까지 들어와 우리 어선을 나포하는 것은 주권침해라고 생각하였을지도 모른다. 결론부터 말하면 국제법상 일본 경비정은 한국의 배타적 경제수역에서도 한국 어선을 나포할 수 있다. 그 이유는 다음과 같다.

일본 경비정이 신풍호를 조사하려던 혐의는 일본 측 배타적 경제수역을 침범하여 불법조업을 하였는지 여부였다. 나중 한국 해경의 조사에 의해서도 신풍호는 일본 수역을 1.5 내지 3해리 침범한 사실이 밝혀졌다. 신풍호 선원들은 처음에는 일본 측 수역을 침범한 사실이 없다거나 몰랐다고 부인하였으나, 나중에는 냉각기가 고장 나서 지름길로 귀항하기 위하여 일본 측 배타적 경제수역으로 진입하였다고 설명했다. 그러나 한국 측 수산 관계자들도 해도상의 거리로 볼 때 그 같은 이유로 일본 수역에 진입하였다는 주장은 설득력이 없다고 보았다. 하여간 신풍호가 일본 측 배타적 경제수역으로 진입한 것은 객관적 사실이었다. 신풍호 선원들의 오락가락한 주장은 무엇을 감추려 하였구나 하는 의심을 살 만하였다.

신풍호는 일본 측 배타적 경제수역에 전혀 진입할 수 없는가? 유엔 해양법협약상 모든 선박은 타국의 배타적 경제수역에서도 항행의 자유를 갖는다(제58조 제1항). 신풍호 같은 어선이라 하여 예외는 아니다. 단순히 교통로로 지나가는 것은 얼마든지 가능하다. 그럼 왜 일본 경비정은 정선을 명하였는가? 연안국 관헌은 배타적 경제수역의 생물자원을 관리하고 자국법령의 준수를 보장하기 위하여 수역 내 외국 선박에 대하여 승선·검색·나포 및 사법절차를 취할 수 있다(해양법협약 제73조 제1항). 따라서 일본 경비정은 불법어로의 의심이 있는 외국 선박을 발견하면 정선하여 검색할 권한이 있다. 심야에 3척의 어선이 일본 측 수역으로 들어와 있으면 일본 경비정으로서는 불법어로를 의심하는 것도 무리는 아니다. 실제로 평소 한국 어선이 일본 측 수역을 침범하여 불법어로를 하는 빈도가 그 반대의 경우보다 10배는 되었다고 한다. 이는 일본 측이 평소 기르는 어업에 투자를 더 많이 하여 일본 측 수역의 어족자원이 더 풍부하기 때문이었다. 만약 검색한 결과 아무런 불법사실이 발견되지 않으면 일본 경비정은 즉각 이를 놔 줘야 하며, 그로 인한 손실이나 피해가 있었으면 보상을 하여야 한다.

그러나 신풍호는 일본 경비정의 정당한 권한행사에 응하지 않고 도주하였다. 신풍호 선장은 "검문에 걸리면 온갖 핑계로 벌금을 물게 되어 일단 피하려 하였다"라고 주장하였으나, 이는 합리적 설명이 되지 않는다. 불법행위에 대한 의심만 높일 뿐이다. 더구나 그 과정에서 단속하려는 보안요원 1명이 실족하여 바다에 추락하였다. 높은 파도로 생명의 위험이 발생하였는데도 신풍호는 그대로 도주하였다. 그리고 승선한 2명의 보안요원에 대하여 수적으로 더 많은 선원이 물리력으로 저항하여 결국 이들을 태운 채 한국 쪽으로 계속 도주하였다. 정당한 공무집행자에 대한 일종의 감금·납치가 되어 버렸다. 설사 불법어로가 없었다고 하여도 정선명령 이후 신풍호가 보여 준 행동이 위법하다는 사실은 누구도 부인할 수 없다.

외국 선박이 자국의 관할수역에서 연안국 법령을 위반하면 국제법상 이를 공해로까지 추적하여 나포할 수 있다. 이를 추적권이라고 한다. 추적은 도주선박이 자국이나 제3국 영해로 들어갈 때까지 계속할 수 있다

(해양법협약 제111조). 결국 일본 경비정은 신풍호가 한국의 영해로 진입하기 이전에는 한국의 배타적 경제수역 내에서도 이를 추적하여 나포할 국제법상의 권리가 있다. 일본이 왜 한국 측 관할수역에서 한국 어선을 나포하려고 하느냐는 반발은 정당성이 없는 주장이다.

그러면 당시 한국 해경은 신풍호를 무조건 일본 측으로 넘겨주었어야 하였는가? 한국 해경은 우리의 배타적 경제수역에서 신풍호를 만나 바로 밧줄로 잡아매었다. 이는 일본 경비정보다 2분이 빨랐다고 한다. 한국 관헌은 그 위치와 관계없이 한국 선박에 대한 관할권을 행사할 권한이 있다. 그 어선이 외국에서 위법행위를 하였을지라도 기국의 관할권은 부인되지 않는다. 더욱이 신풍호는 한국 측 배타적 수역 내에 있었다. 신풍호를 먼저 장악한 한국 해경이 이 사건을 한국법에 따라 처리하겠다는 주장도 국제법상 아무 문제가 없다. 결국 신풍호 사건의 경우 일본 해경이 이를 나포하여 일본법에 따라 처리하는 것도 국제법상 가능하고, 반대로 한국 해경이 이를 예인하여 국내법에 따라 처리하는 것도 가능한 상황이었다.

이후 울산 해경은 신풍호 선원들을 이틀간 조사한 결과 일본 측 배타적 경제수역 내에서 불법조업은 없었다며 6일 모두 귀가시켰다. 석방되자 신풍호 선원들은 만세를 부르며 경찰서에서 나왔다고 한다.

요즘 우리나라는 중국 어선의 불법조업으로 골치를 썩고 있는데, 이 사건의 신풍호를 중국 어선으로, 일본 해경을 한국 해경으로 각색하여 반대로 가정해 보자. 중국 어선 수 척이 심야에 한국 측 배타적 경제수역에서 발견되어 한국 해경이 정선을 명하니 모두 도주하였다. 겨우 그중 1척을 따라잡아 한국 해경요원들이 승선을 하려 하자, 도주 어선은 이에 협조하지 않고 도주를 계속하였다. 이에 승선과정에서 한국 해경 1명이 2m 높이의 파도가 치는 밤바다로 실족 추락하였다. 간신히 한국 해경 2명이 중국 어선에 승선하였으나 선원들은 계속 저항하며 도주하였다. 한국 해경이 우선 배를 멈추게 하기 위하여 조타실로 들어가려 하니 문이 안으로 잠기었다. 부득이 유리창이라도 깨고 들어가려 하니 수적으로 4배인 선원들이 저항하였고, 이 과정에서 서로 폭행이 벌어졌다. 어선은 계속 도주하여 이제는 오히려 한국 해경 2명이 배에 피랍된 결과가 되어 버렸다. 한국 해경은 동료 해경이라도 구하려고 도주 어선을 전력으로 추적하였고, 마침 중국 경비정과 거의 동시에 문제의 어선을 따라잡을 수 있었다. 중국 어민들은 한국 해경에게 자신들은 잘못한 일이 없는데 왜 우리를 폭행하였냐고 항의하며 잡혀 있는 2명의 요원이나 데리고 그냥 철수하라는 소리만 반복하였다. 결국 하루 반의 대치 끝에 한중 외교부의 협상이 이루어져 중국 어선은 중국 경비정이 데려 갔다. 나중에 들리는 소식에 의하면 중국 어민들은 아무 잘못이 없다며 그냥 석방되었다고 한다. 이들은 만세까지 부르며 경찰서 문을 나왔다고 한다. 한국 해경이 중국 어선의 위법사실을 조사하겠다는 요구가 그렇게 무리한 것이었나?

이런 상황이 발생한다면 국내 여론은 분노에 물 끓듯 흥분하지 않겠는가? 국내 언론이 이 사건을 어떻게 보도할지는 쉽게 상상이 간다. 신풍호 사건의 본질은 신풍호의 위법행위에서 발단되었다. 그러나 대부분의 국내 언론은 아전인수 격의 보도를 주로 하였고, 이 소식만을 접한 한국인, 특히 네티즌들은 맹목적 애국정서에서 이 사건을 바라보았다. 정당한 공무집행을 하려는 일본 보안요원에 대하여 신풍호 선원이 저항하였기 때문에 이를 제압하려는 과정에서 물리력 행사가 있었는데 한국 어민이 폭행당하였다는 사실만 부각되었다. 후일 한국 관헌은 신풍호 선원들에 대하여 아무런 법적 책임도 묻지 않았다. 후일 오직 한 신문만이 이 사건 진행과정에서 나타난 국내현상을 개탄하고 반성하는 칼럼을 게재하였다.[63]

---

63 강병태, "몰상식한 정치와 언론". 「한국일보」 2005. 6. 7. 34면. 같은 필자는 「한국일보」 2010. 12. 27. 38면의 "애국적 보도와 선동"이라는 칼럼을 통하여 같은 경고를 반복하였다. 「경향신문」 2005. 6. 9. 2면 기사도 사태가 일단락된 후 자성의 소리를 담고 있다.

18

이어도는 섬인가

"긴긴 세월 동안 섬은 늘 거기 있어 왔다.

그러나 섬을 본 사람은 아무도 없었다.

섬을 본 사람은 모두가 섬으로 가 버렸기 때문이었다.

아무도 다시 섬을 떠나 돌아온 사람은 없었기 때문이다.

해군 함정까지 동원한 파랑도 수색전은 작전 2주일 만에 완전히 끝이 났다. 마라도 한 곳을 제외하고 나면 제주도 남단으로부터 동지나해 일대의 광막한 해역 안에는 섬 비슷한 것 하나도 떠올라 있는 것이 없었다. 예정된 해역 안을 갈아엎듯이 누비고 다닌 두 주일간의 치밀한 수색전에도 불구하고 배들은 끝내 섬을 찾아낼 수 없었다.

섬은 없었다. 배들은 다시 항구로 돌아왔다.

작전 임무가 끝난 것이다.

보기에 따라서는 도깨비장난 같은 수색이었다. 결과야 어느 쪽이든 한 가지 조그만 사고만 없었더라면, 이제 이 해역 안에 파랑도라는 섬이 실재하지 않는다는 사실이 확인된 이상 작전 임무 자체는 그런대로 원만히 완수되어진 셈이었다."

— 이청준, 「이어도」(『이어도』(열림원))에서 —

위 소설에서 등장하는 이어도 또는 파랑도는 국토의 최남단인 제주도 아래 마라도에서 서남방 약 81해리(약 149km) 지점에 자리 잡고 있는 수중 암초이다. 바다 밑에서 남북으로 약 2km 길이로 펼쳐진 암반으로, 가장 높은 부분도 수심 약 4.6m의 바닷속에 있기 때문에 수면 위로 드러나지는 않는다. 그러나 큰 파도가 칠 경우 일시적으로 수중암초 부분이 노출될 때도 있고, 주변에 흰 파도가 모이기 때문에 멀리서 볼 경우 마치 작은 섬이 있는 것처럼 보인다고도 한다. 1900년 영국 상선 소코트라호가 부근을 지나다가 이를 발견하고 자신의 배이름을 붙여 서양에서는 흔히 이를 소코트라암Socotra Rock이라고 부른다.

우리는 흔히 '섬 도島' 자를 붙여 부르지만 이어도는 과연 섬인가? 한국도 당사국인 유엔 해양법협약 제121조 제1항은 섬이란 "바닷물로 둘러싸여 있으며, 밀물일 때도 수면 위에 있는 자연적으로 형성된 육지지역"이라고 정의하고 있다. 즉 국제법상 섬으로 인정되려면 항상 수면 위로 돌출되어 있는 부분이 있어야 한다. 만조 시에는 수면 아래로 내려가나 간조 시에는 수면 위로 돌출하는 간출지 역시 섬에는 해당하지 않는다. 자연 이어도는 우리가 그 이름을 어떻게 부르든 국제법상으로는 섬으로 인정될 수 없다. 섬으로 인정되는 것과 아닌 것의 차이는 무엇인가? 섬은 국가의 영토의 일부가 되며, 주변 12해리의 영해를 가질 수 있다. 경우에 따라서는 배타적 경제수역과 대륙붕도 가질 수 있다. 수중암초인 이어도는 섬이 아니므로 결국 주변 바다에 대하여 아무런 권리도 가질 수 없다.

한국 정부는 이어도가 우리 측 배타적 경제수역 내에 위치하고 있다고 판단하고, 2003년 6월 수중암반 위에 종합해양기지를 건설하여 운영하고 있다. 해양기지는 수면 위로 약 36m 높이의 시설물이다. 수중암반에 기초를 두고 있어도 수면 위로 해양기지가 건설되어 있다면 이어도가 섬으로 인정될 수는 없는가? 위 해양법협약상의 정의와 같이 국제법상 섬으로 인정되려면 "자연적으로 형성된 육지지역"이어야 한다. 바다에 떠 있는 인공섬이나 이어도 기지와 같이 수중암반 위에 시설물을 설치하였다고 해도 섬으로 인정되지는 않는다. 다만 주변 500m 이내 폭만큼 안전수역을 설정할 수 있을 뿐이다.

2011년 4월 오리엔탈 호프라는 한국의 석탄 운반선이 이어도 부근에서

암초에 걸려 침몰하였다. 한국 측이 예인선을 동원하여 이를 인양하기 위한 작업을 하자 6월 13일과 7월 2일 및 5일 중국 공선이 잇따라 나타나 그곳이 중국 측 배타적 경제수역에 해당하니 인양작업을 중단하라는 경고 방송을 하였다. 이에 서귀포 해경도 경비함을 급파해 그곳은 우리 측 수역이라며 작업을 계속하였다. 후일 중국 정부는 외교경로를 통하여 인양작업의 중지를 요구한 것은 잘못되었다며 한국 정부에 유감을 표시하였다고 한다.[64] 한국이 해양과학기지를 건설할 때도 중국은 이 수역이 자국 측 수역이라며 한국 정부에 항의를 하였다.

이러한 일이 가끔 발생하는 이유는 한중 간에 아직 배타적 경제수역의 경계가 획정되지 않았기 때문이다. 그러나 이어도는 위치상 한국 영토 마라도와 근접한 수역에 위치하고 있다. 제일 가까운 중국 영토인 퉁다오童島는 이어도에서 약 133해리(247km)나 떨어져 있어 한국과의 거리에 비하면 3분의 2 정도 더 멀다. 일본 영토인 도리시마鳥島는 이어도로부터 149해리(약 276km) 떨어져 있다. 한중일 3국 간의 중간선을 그으면 이어도 수역은 당연히 한국 측 배타적 경제수역에 속하게 된다. 그러나 중국은 영토의 크기로 보아 중간선은 오히려 불공평하다며 자국이 더 넓은 수역을 차지하여야 한다는 입장이다. 그렇다고 하여 중국이 이어도를 자국 측 배타적 경제수역에 포함시키는 경계를 공식적으로 제시한 적은 없는 것으로 알려져 있다.

한편 국내 언론에서는 이어도 영유권이란 표현이 종종 등장한다.[65] 그러나 수중암초인 이어도는 영유권의 대상이 될 수 없으므로 이러한 표현은 적절하지 않다. 제2차 세계대전 후 연합국의 샌프란시스코 평화조약 성안과정에서 한국 정부는 제주도, 거문도, 울릉도와 함께 독도와 파랑도에 대

---

64 「서울신문」 2011. 7. 28. 5면; 「동아일보」 2011. 7. 28. 1면.
65 예를 들어 「경향신문」 2009. 10. 19. 14면; 「동아일보」 2011. 7. 27. 3면; 「서울신문」 2011. 11. 7. 29면; 「동아일보」 2012. 1. 26. 10면 등.

한 일본의 권리를 포기한다는 조항을 조약에 명기해 달라고 미국 정부에 공식으로 요청하기도 했다.[66] 당시 한국 정부는 파랑도의 정확한 위치도 제시하지 못하고 존재하지도 않는 섬을 평화조약에 명기해 달라고 요구하여 주장의 신뢰성을 떨어뜨렸다. 한중 양국 정부는 2006년 12월 이어도가 해저암초로서 영토문제의 대상은 아니라는 점을 확인한 바 있다.

---

66 1951. 7. 19. 자 양유찬 대사 발, 애치슨 미국 국무장관 전 공한.

19

중국은 이어도 부근 해역을 순찰할 수 있는가

류츠구이劉賜貴 중국 국가해양국장은 2012년 3월 3일 신화통신과의 인터뷰에서 "중국 관할해역에 대하여 정기적인 권익보호 차원의 순찰"을 할 것이며, "정기 순찰 대상해역에는 이어도가 포함된다"라고 밝혀 국내 언론에 대서특필된 사실이 있다.[67] 이는 2011년 이어도 부근에서 침몰한 한국 선박을 인양하는 행위에 대하여 중국이 이의를 제기하였다는 소식과 연결되어 중국이 이어도 부근에 대한 권리주장을 본격화하는 것으로 해석되었다. "건국 이래 처음 중국의 해양위협 시작됐다"라는 자극적 제목의 기사도 등장하였다.[68]

당시 외교통상부 김재신 차관보는 주한 중국대사를 불러 한중 간 배타적 경제수역EEZ 경계획정 이전이라도 이어도 수역은 우리 측 관할범위에 속한다고 통고하며 중국 측 진의를 물었다. 일단 한중 양국은 이어도 문제가 영토분쟁은 아니라는 점을 재차 확인하였다.[69]

이 문제의 발단은 한중 간 EEZ 경계가 획정되지 않았기 때문이다. 한국은 비록 경계가 미확정이라도 이어도 수역이 한국 측에 훨씬 가까우므로 결국 한국 측 EEZ에 속한다는 판단이다. 반면 중국은 일단 이어도가 중국으로부터 200해리 이내에 있으므로 중국 측 관할에 속한다고 주장하였다.

이어도 수역이 한국 측 EEZ에 속한다고 전제하면 중국의 선박이나 항

---

67 「조선일보」 2012. 3. 10. A1면.
68 「조선일보」 2012. 3. 12. A1면.
69 「조선일보」 2012. 3. 13. A1면.

공기가 정기적으로 이어도 수역을 순찰하는 것은 국제법 위반인가?

　EEZ는 종래 공해에 속하던 수역이나 연안국의 관할확대 추세에 따라 유엔 해양법협약에 의하여 제도화된 것이다. EEZ에서 연안국은 이 지역의 경제적 활용에 관한 주권적 권리를 가지며, 또한 EEZ 내에서 인공섬이나 시설물을 설치할 수 있고, 해양과학조사, 해양환경 보호에 관한 조치를 취할 수 있다(해양법협약 제56조). 반면 다른 국가들도 EEZ 내에서 항해·상공비행의 자유, 해저전선 및 관설 부설의 자유를 포함하여 폭넓은 이용의 자유를 가진다. 즉 EEZ에서는 연안국의 경제적 권리를 침해하지 않는 한 타국도 거의 공해에서와 같은 자유를 누릴 수 있다(해양법협약 제58조).

　따라서 중국의 선박이나 항공기가 단순히 이어도 부근을 지나가는 것은 항해의 자유, 비행의 자유에 속하는 것으로 한국이 이의를 제기할 수 없다. 단순히 통과하는 정도를 넘어 특이한 사항이 없는가 살피면서 지나가는 정도 역시 한국이 이의를 제기할 수 없다. 그러나 중국이 이어도 수역에 대한 과학조사를 실시한다면 연안국의 권리를 침해하는 것이 된다. 중국의 국가해양국장이 '순찰'이라고 표현한 것에 비추어 보면 이러한 정도에는 해당하지 않는 것으로 보인다. 그렇다면 중국 측의 발언내용은 해양법협약상의 범위를 넘어서지 않은 것으로 해석되므로 한국 역시 순찰 중지를 요구하기는 어렵다.

　그런데 좀 더 나아가 중국이 이어도 수역에서 군사적 목적의 정찰 비행을 한다면 어떻게 평가하여야 할까? 중국과 관련된 유사한 예가 있다. 2001년 4월 1일 남중국해 하이난 섬 남동쪽 약 130km 부근 상공에서 미 해군 소속의 첩보기(EP-3)가 정보수집 임무를 하던 중 이를 요격하려 출격한 중국 전투기와 충돌하는 사고가 발생하였다. 기지 귀환이 어려울 정도로 파손된 미군기는 중국 당국의 허락도 받지 못한 채 하이난 섬에 있는 중국 공군기지에 비상착륙을 하였으며, 이 충돌사고로 중국 전투기의 비행사는 실종되었다. 이 사건은 미국 측이 유감을 표명하고 중국 측은 기체와 승무원을 돌려줌으로써 봉합되었다. 당시 중국은 미국의 정찰활동이 주권침해라며 중지를 요구하였으나, 미국은 국제공역에서의 합법적 활동이라며 정찰비행을 계속할 것이라고 선언하였고, 실제 중국 연안에 대한 정찰비행을 재개하였다.[70] 과거 소련의 첩보기도 나토 국가들의 EEZ 상공을 정기적으로 정찰하였으며, 쿠바 역시 미국 연안 EEZ 상공을 순찰하는 것으로 알려져 있다. 이러한 실행에 비추어 볼 때 타국의 EEZ 상공을 군용기가 정찰 비행하는 것이 해양법협약 위반이라고 주장하기는 어려울 것 같다.

이상과 같은 내용을 살펴볼 때 이어도 부근 수역을 중국이 정기적으로 살피는 정도의 순찰을 한국이 중지시키기는 어렵다. 다만 중국 측의 주장이 이어도 부근 수역이 국제법상의 자국의 배타적 관할해역이라는 의미라면 이는 적절하지 않다. 결국 한국과 중국이 이어도 부근 수역에 대하여 예민하게 반응하는 것은 양국 간 EEZ 경계가 획정되지 않았기 때문이다. 하루 빨리 경계가 합의되기를 바란다.

---

70 이 사건에 관한 상세한 내용은 박현진, 「미 EP-3 정찰기와 중국 전투기간 남중국해상 공중충돌 사건」, 『서울국제법연구』 제9권 1호(2002), 75~117쪽.

20

서해 어민은 중국 정부를 상대로
손해배상소송을 제기할 수 있는가

2005년 3월 24일 인천시 옹진군 백령도 등 서해 5도 어민 293명은 중국 정부가 자국 어선의 꽃게잡이를 통제하지 않아 큰 피해가 발생하였다며 중국 정부와 주한 중국대사를 상대로 모두 879억 원의 손해배상청구소송을 서울중앙지방법원에 제기하였다. 어민들은 중국 어선이 꽃게 등을 남획하는데도 한중어업협정을 체결한 중국 정부가 이를 감독하지 않아 2003년 한 해에도 어선 1척당 약 3억 원의 어획량 손실이 발생하였다고 주장했다. 중국 어민들의 불법행위는 우리 영역에서 발생하였으므로 국내법원이 이에 관하여 재판권을 행사할 수 있다는 주장이었다.[71]

사실 한국 부근 수역에서 이루어지는 중국 어선들의 남획문제는 어제오늘의 일이 아니다. 떼로 몰려와 한국 해경의 단속에도 흉기로 저항하는 중국 어선들을 비무장의 어민들로서는 더더욱 대처하기 어려웠을 것이다. 오죽 답답하면 중국 정부를 상대로 민사소송까지 제기할 생각까지 하였을까?

그러면 이러한 소송이 피해 어민들을 위한 효과적인 구제책이 될 수 있는가? 한마디로 별다른 구제책이 되기 어렵다. 국제법상 국가는 외국의 법정에 스스로 제소하든가 자발적으로 응소하지 않는 한 외국법원의 재판관할권에 복종하도록 강제되지 않는다. 이렇듯 국가가 다른 나라 법원의 재판관할권으로부터 면제를 향유하는 법리를 주권면제sovereign immunity 또는 국가면제State immunity라고 한다. 물론 통상의 경우 주권국가 내의 모

---

71 『동아일보』 2005. 3. 25. A10면.

든 사람과 물건은 현지법원의 재판관할권에 복종하여야 하며, 외국인이라 하여 예외가 아니다. 국제법상 대한민국의 관할수역에서 외국 어민이 위법행위를 하면 그는 한국 법원의 재판권에 복종하여야 한다. 그러나 주권국가 자체는 타국 법원의 재판관할권에 복종할 의무가 없다는 것 또한 확립된 국제법 원리의 하나이다. 과거 주권국가는 어떠한 경우에도 외국 법원의 재판관할권으로부터 면제된다는 의미에서 절대적 주권면제가 일반적이었다. 그러나 근래에는 외국의 상업적 활동에 대하여는 주권면제의 인정을 제한하는 제한적 주권면제론이 일반적으로 통용되고 있다.

서해 어민들의 손해배상소송이 위법행위를 한 중국 어민을 상대로 제기되었다면 우리 법원은 이 사건을 재판할 수 있다. 그러나 어민들은 중국 정부와 주한 중국대사를 상대로 소송을 제기하였다. 아마 위법행위를 한 중국 어민을 피고로 구체적으로 특정하기도 어렵고, 설사 확인된다 하여도 손해를 배상할 만한 자력도 없을 것이므로, 서해 어민들은 감독책임 불이행을 이유로 중국이라는 국가를 상대로 소송을 냈을 것이다. 그렇다면 바로 국제법상 주권면제법리에 의하여 중국 정부가 자발적으로 응소하지 않는 한 한국 법원은 이 사건에 대하여 재판권을 행사할 수 없게 된다. 어로행위는 주권면제가 인정되지 않는 상업적 활동이라고 볼 수 없는가? 어로행위는 중국 정부가 아닌 중국 어민들의 소행일 뿐이다. 서해 어민들도 중국 정부의 감독의무 불이행을 문제 삼았다.

주한 중국대사의 경우는 어떠한가? 외교사절 역시 외교관계에 관한 국제법에 따라 현지법원의 어떠한 재판관할권으로부터 면제를 향유한다. 그 역시 중국 정부의 허가를 받아 자발적으로 응소하지 않는 한 우리 법원이 중국대사를 피고로 소송을 진행할 수 없다. 결국 이 소송에서는 중국 어민들이 과연 우리 수역에서 불법조업을 하였는가, 그로 인한 서해 어민들의 피해는 어느 정도인가 등등 사건의 본안내용을 검토하기도 전에 대한민국 법원은 이에 관한 재판관할권이 없음을 이유로 소각하 결정을 할 수밖에 없다.

그 이전에도 유사한 법리가 적용되었던 사건이 있었다. 1979년 4월 노르웨이 오슬로를 방문 중이던 당시 수도여고 교사 고상문 씨가 북한 기관원에 의하여 강제로 납북된 사건이 발생하였다. 그는 원래 네덜란드에 연수 유학 중이었다. 그때만 하여도 교사의 해외연수는 대단한 영광이었다. 고 씨가 오슬로를 방문하였을 때 마침 여권을 분실하였다. 그는 이를 신고하려고 택시를 타고 한국 대사관으로 가자고 하였다. 그런데 택시기사가 남북한을 혼동하여 그를 북한대사관에 데려다 주었다고 한다. 이후 그는 아무 흔적도 없이 노르웨이에서 사라졌다. 젊고 인기 있던 교사인 고 씨가 신혼의 부인을 서울에 팽개치고 자진해서 북한으로 갈 리는 없었다. 한동안 세간의 관심에서 멀어졌던 고상문 씨가 15년 후 다시 국내 뉴스에 등장하였다. 1994년 런던에 본부를 둔 국제사면위원회Amnesty International는 북한의 평안남도 승호리의 정치범교화소 내 수용자 명단 일부를 입수하여 공개하였는데, 그중에 바로 고상문 씨가 포함되어 있었다. 그 직후 북한 당국은 고상문 씨를 북한 방송매체에 출연시켜 자신은 의거 월북하였다는 주장을 하게 하였다. 북한에서 좋은 직장도 얻고 결혼도 새로 하였다고 발표했다. 이 소식을 접한 국내의 한 변호사가 노르웨이 정부는 불법 납치된 고 씨를 송환받을 의무가 있다며 노르웨이 정부를 상대로 한 원상회복 청구소송을 서울지방법원에 제기하였다.[72]

이 사건도 노르웨이 정부가 과연 고 씨를 오슬로로 원상 회복시킬 법적 책임이 있는가 여부와 관계없이 역시 국제법상 주권면제의 법리에 따라 노르웨이 정부가 자발적으로 응소하지 않는 한 한국 법원은 재판관할권을 행사할 수 없다. 노르웨이는 응소하지 않았고, 이 제소는 그해 12월 30일 역시 각하되었다.

---

72 「동아일보」1995. 10. 30. 29면.

후일담으로 단 10개월의 결혼생활밖에 하지 못하였던 고 씨의 부인은 16년을 넘게 납북된 남편을 기다리다가 1996년 10월 자신의 아파트에서 투신자살로 생을 마감하였다. 몇 년 전까지도 고상문 씨는 가끔 북한의 언론매체에 등장하여 의거자로서 김정일의 선군정치를 찬양하고 한국에서 미제의 만행을 비난하곤 하였다. 청년의 나이에 피랍된 그가 아직 살아 있다면 이미 환갑을 넘었다.

21

한국 정부는 소말리아 해적을 불법 구금하였는가

  2011년 1월 21일 전 국민을 시원하게 해준 소식이 들려왔다. 6일 전인 1월 15일 인도양에서 소말리아 해적에게 피랍되었던 삼호주얼리호에 대하여 해군 청해부대 소속 최영함의 특공대가 구출작전을 벌여 21명의 선원 전원이 구출되고 선박을 되찾았다는 뉴스였다. 구출과정에서 해적 8명이 사살되고 5명이 생포되었으나, 해군 측 피해는 경미하였던 것으로 알려졌다.

  당초 한국 정부는 생포된 해적을 인근 국가로 넘겨 재판을 받게 하려 하였으나, 어느 국가도 이들의 재판을 원하지 않아 결국 국내로 압송하여 재판을 진행하게 되었다. 알려진 바에 따르면, 소말리아 해적은 체포되어도 각국이 이들에 대한 정식 재판을 번거롭고 귀찮은 절차로만 여기고 있어 약 9할이 훈방되고 있다고 한다. 때로는 체포된 해적들을 공해 가운데서 작은 보트에 태워 훈방하여 결국은 죽게 만들기도 한다. 현지로부터 해적들을 국내로 이송하기도 쉽지 않아 이명박 대통령과 친분이 깊은 아랍에미리트 왕실의 전용기를 협조받아 국내로 압송하였다. 국내 사법기관은 이들이 도착하기 전날인 1월 29일 미리 법원에 구속영장을 청구했다가 1월 30일 부산에 도착하자마자 구속영장을 집행하였다.

  이에 대하여 우리 정부가 해적을 불법 구금하였다는 주장이 제기되었다. 과거 청와대 사정비서관을 지낸 노 모 변호사가 "국내 형사소송법을 적용하면 체포 직후 48시간 내에 해적에 대하여 구속영장을 청구하여야 하며 그렇지 않으면 석방하여야 하는데, 이런 점에서 불법구속의 소지가 있다"고 주장한 것이다.[73]

이회창 의원도 "피의자 체포 후 48시간 이내에 구속영장을 청구하도록 되어 있는 우리 형사소송법대로 하면 체포된 해적은 그동안 불법구속 상태에 있었던 것"이라고 주장하였다.[74]

장병들의 목숨을 건 작전을 통하여 우리 국민과 선박을 구출하고 해적을 체포하였는데 오히려 불법구금을 하였다는 비판을 받게 된 군이 불쾌한 반응을 보인 것은 충분히 이해할 만하였다.

해적 재판은 어떠한 법적 근거에서 진행되는가? 우선 당시 피랍선박은 부산의 삼호해운 소속으로 알려져 있지만, 그 법적 소속은 다소 복잡하다. 선주는 노르웨이의 Acta그룹이며, 선적국은 지중해의 섬나라 몰타이다. 삼호해운은 이 배를 돈을 내고 빌려서 사용하는 것에 불과하였다. 즉 배 자체는 한국 선박이 아니라 외국 선박에 해당한다. 또 21명의 선원 중 한국인 선원은 8명이며, 13명은 외국인 선원이다.

공해상의 외국 선박에 대하여 한국 해군이 공권력을 행사할 수 있는가? 공해상의 선박은 원칙적으로 선적국의 관할권에만 복종한다. 그러나 해적선은 예외이다. 유엔 해양법협약 제105조는 모든 국가가 공해상의 해적선을 나포하고, 해적들을 체포하고, 그들을 자국 법원에서 재판할 수 있다고 규정하고 있다. 해적의 진압을 위하여 이른바 보편적 관할권의 행사가 인정되는 것이다. 따라서 해적에 의하여 탈취된 삼호주얼리호의 경우 그 선적국이 어디인가와 상관없이 청해부대 최영함은 해적들을 진압하고 이들을 국내로 이송하여 재판에 회부할 수 있다. 삼호해운이 한국 회사가 아니고 선원 중에 한국인이 전혀 없더라도 한국은 여전히 이들을 국내로 데려와 재판에 회부할 수 있는 국제법상의 권리가 인정된다.

국제법은 어느 나라나 해적을 체포하고 처벌할 수 있다는 권한을 인정

---

73 「동아일보」 2011. 1. 31. 4면.
74 「국민일보」 2011. 2. 1. 2면.

하고 있을 뿐, 구체적으로 해적을 어떠한 죄목으로 어느 정도의 형벌에 처할지는 각국이 알아서 할 문제이다. 이에 실제 해적에 대한 처벌은 한국의 국내법에 따라 진행되게 된다. 불법구속이었다는 주장이 제기된 것은 이 대목부터이다. 일각에서는 소말리아 해적진압은 군사작전이므로 일반 국내법이 아니라 전시국제법이 적용된다는 주장도 제기되었으나, 한국이 민간인 신분의 소말리아 해적과 전쟁상태에 있었다고는 볼 수 없기 때문에 전시법 문제는 제기되지 않는다.

우리 형사소송법 제200조의4에 따르면, 검사나 사법경찰이 피의자를 체포한 경우 48시간 내에 법원에 구속영장을 청구하여야 하며, 이 기간 내에 청구를 못하면 피의자를 석방하여야 한다. 소말리아 해적들은 1월 21일 청해부대원에 의하여 제압되었으나, 이송에 시간이 걸려 구속영장이 발부된 것은 국내에 도착한 1월 30일로 약 9일이 경과하였다. 이 점은 어떻게 설명되어야 하나? 형사소송법상 48시간 내에 구속영장을 청구하라는 의미는 검사나 사법경찰이 영장 없이 피의자를 긴급 체포한 경우이다. 그런데 소말리아 해적을 체포한 주체는 군인이지 검사나 사법경찰이 아니다. 따라서 위 조항이 직접적으로 적용되는 경우는 아니다. 대신 형사소송법상 현행범인은 누구든지 영장 없이 체포할 수 있다(제212조). 그리고 현행범을 체포한 자는 즉시 검사나 사법경찰에 이를 인도하여야 한다(제213조 제1항). 결국 소말리아 해적사건에 관하여는 이 조항이 적용되었다. 인도양 공해에서 해적을 체포하자마자 즉시 이들을 국내의 검사나 사법경찰에게 인도하는 것은 물리적으로 불가능하였고, 이들이 국내에 도착한 이후 인도가 가능해졌으므로, '즉시'는 진압 직후가 아닌 국내 도착 이후 즉시로 해석한 것이다. 소말리아 해적 재판을 담당한 재판부 역시 '즉시'를 이렇게 해석하였다.[75]

---

75 "여기서 '즉시'라고 함은 반드시 체포시점과 시간적으로 밀착된 시점이어야 하는 것은 아

해적을 체포한 다른 나라의 경우도 이런 방식으로 법을 운영한다고 한다. 그렇지 않으면 어느 국가도 해적을 정상적으로 처벌할 수 없을 것이다. 언제 있을지 모르는 해적체포에 대비하여 파견된 모든 군함에 검사와 영장을 발부할 판사, 이후 이들을 수감할 별도의 임시 감방 등을 준비시킬 수는 없기 때문이다. '즉시'라고 하기에 9일은 너무 길지 않은가? 이번의 해적 이송과정을 보면 그 정도의 기간은 불가피하였다고 판단된다. 48시간이라는 시간제한이 있다고 하여 망망대해에서 해적을 석방하는 것은 오히려 그들을 죽음으로 내모는 것이 된다.

니고, '정당한 이유 없이 인도를 지연하거나 체포를 계속하는 등으로 불필요한 지체를 함이 없이'라는 뜻으로 볼 것이다. …… 따라서 검사 등이 아닌 이에 의하여 현행범인이 체포된 후 불필요한 지체 없이 검사 등에게 인도된 경우 위 48시간의 기산점은 체포 시가 아니라 검사 등이 현행범인을 인도받은 때라고 할 것이다." 대법원 2011. 12. 22. 선고, 2011도 12927 판결.

22

외교공관의 보호와 집회금지

현행 집회 및 시위에 관한 법률에 따르면, 국회의사당, 법원, 헌법재판소, 청와대 등과 함께 '외국의 외교기관'과 '외교사절의 숙소'의 경우 그 100m 이내에서는 옥외 집회나 시위를 할 수 없다(제11조). 이는 중요한 헌법기관의 경우 그 기능과 권위를 보호하기 위하여 바로 인접지에서의 집회와 시위를 금지시킨 것이다. 외교공관도 이에 포함된 이유는 현지 관헌은 외국을 대표하는 외교공관을 보호할 국제법상의 의무를 지기 때문이다. 외교관계에 관한 비엔나 협약 제22조 제2항은 "접수국은 어떠한 침입이나 손해에 대하여도 공관지역을 보호하며, 공관의 안녕을 교란시키거나 품위의 손상을 방지하기 위하여 모든 적절한 조치를 취할 특별한 의무를 가진다"라고 규정하고 있다. 또한 제30조 제1항은 "외교관의 개인 주거는 공관지역과 동일한 불가침과 보호를 향유한다"라고 규정하고 있다. 현지 관헌이 이러한 보호의무를 다하지 못하면 국제법상의 국가책임이 발생한다.

그런데 과거 국내에서는 특히 '외교공관'에 관한 집시법의 조항이 상당한 정치적 논란의 대상이 되었다. 그 이유는 다음과 같았다.

우리 사회에서는 도심에서의 대형 집회·시위가 적지 않았다. 2000년대 초반까지의 도심 시위에서는 시위대의 화염병, 죽창, 몽둥이, 돌멩이와 이에 대항하는 경찰의 최루탄이 난무하는 경우가 많았다. 한국의 이러한 시위문화는 외국 언론에서도 자주 화제가 될 정도였다. 또 집회·시위에 있어서 물리적 폭력은 행사되지 않아도 대형 스피커로 하루 종일 음악을 틀어대 주변 건물의 사무실에서 업무를 제대로 보기 어렵게 만드는 경우도 많았다. 당시 도심집회의 단골장소 중의 하나가 광화문 네거리에 있는 광화문 빌딩 앞 소광장이었다. 그때는 지금처럼 시청 앞 광장, 청계천 광장, 광화문 광장 등이 조성되기 전이라 도심에서는 그곳이 그나마 넓은 공간이었기 때문이다. 그런데 1999년 여름부터 관할 종로경찰서에서는 광화문 빌딩 앞에서의 집회신고는 수리할 수 없다고 반려하였다. 광화문 빌딩에 외국 대사관이 입주하여 반경 100m 이내에서는 더 이상 집회나 시위를 할 수 없게 되었다는 이유였다. 이후 서울 도심의 대형빌딩에는 외국 대사관이 입주하는 예가 늘어났다. 광화문 정부종합청사부터 광화문 네거리, 시청 주변에서 남대문을 거쳐 서울역 앞까지의 대형 건물 상당수에 외국 대사관이 하나, 둘씩 입주하였다. 단골 집회장소의 하나였던 정부종합청사의 경우도 뒤편 출입문 바로 앞 건물에 외국 대사관이 입주하여 집회가 금지되었다.

한국 외교부와의 업무연락이 많은 외국 대사관들이 업무의 편의상 광화문을 중심으로 한 도심지역에 자리 잡기를 원하는 것은 당연하다. 그렇지만 자기 건물 주위에서 벌어지는 각종 집회·시위에 시달린 건물주들이 일반 입주자보다 유리한 조건을 제시하며 외국 대사관을 초빙하였다는 소문도 파다했다. 서울의 전통적 중심가라고 할 수 있는 광화문-시청-남대문-서울역 앞을 남북으로 잇는 도로와 신문로에서 종각을 잇는 도로 연변 대형 빌딩 상당수에 외국 대사관이 입주하게 되자 집시법 100m 조항에 따라 그런 건물 주변에서는 옥외집회가 불허되었다. 광화문 네거리와 시청 앞, 서울역 등을 통과하는 시위행진은 거의 불가능한 지경이었다. 그러다 보니 집시법상 외교공관 100m 조항은 첨예한 정치적 논란의 대상이 되었다.

어느 나라나 자국 주재 외교공관 주변에서의 집회·시위에 대하여는 경찰이 특별히 유의를 한다. 그런데 국내에서는 외교공관을 직접 대상으로 한 집회와 시위는 거의 없었다. 반면 외국의 경우 외교공관 주변의 시위는 주로 파견국의 외교정책이나 국내정책에 대한 항의성 집회가 많다. 공관의 안녕을 위협할 수 있는 경우는 주로 그런 성격의 시위이다. 공관 앞에서 대규모 시위가 벌어져 외교관의 출입이 제한된다거나, 물건투척이나 공격적 행동으로 공관 측이 업무수행에 위협감을 느끼게 된다거나, 지나친 소음을 일으켜 공관의 업무를 크게 방해하는 경우가 발생하지 않도록 현지 경찰이 유의한다. 경찰은 공관 주변의 지형이나 시위 형태에 따라 합리적 범위 내에서 집회나 시위를 통제한다. 예를 들어 항의성 시위를 하는 경우 공관의 도로 건너편에서만 하도록 하고, 공관 쪽으로는 넘어오지 못하게 하는 방법 등이다. 공관의 업무와 안녕을 크게 방해하지 않는 평화적인 집회나 시위는 민주사회에서 어느 정도 용인될 수밖에 없다.

외교관계에 관한 비엔나 협약 역시 공관 주변에서의 항의성 집회 등을 무조건 봉쇄하도록 요구하고 있지 않다. 국제법상 주재국의 공관 보호 의무는 공관에 대한 '침입', '손해', '안녕 교란', '품위 손상' 등과 같은 결과가 발생하는 경우에만 위반되는 것이다. 따라서 집회나 시위가 공관이나 직원의 안전과 평화, 출입의 자유, 업무수행 등을 위협하지 않는다면 별다른 국제법상의 문제는 발생하지 않는다. 협약에 100m와 같은 구체적 거리 제한도 설정되어 있지 않다.

그러나 우리의 구집시법에 의하면 외교공관의 100m 내에서는 모든 집회와 시위가 일체 금지되었다. 집회·시위의 항의 목표가 외교공관인지 아니면 주변의 다른 국내기관이나 민간회사인지는 구별하지 않았다. 따라서 이는 과잉제한이 아니냐는 소송이 여러 건 제기되었다.

마침내 2003년 헌법재판소는 외교공관 100m 이내에서의 집회·시위를 금지하고 있는 조항이 위헌이라고 선언하였다. 즉 외교기관의 기능보장과 외교공관의 안녕보호도 물론 중요하지만, 민주사회에서 표현의 자유의 일부로서 집회의 자유 역시 중요한 가치이므로, 전자를 위하여 후자를 제한할 때에는 비례의 원칙에 맞게 필요한 범위 내에서만 제한이 가해져야 한다고 전제하였다. 그런데 외교공관 부근에서의 집회나 시위라도 외교공관의 기능을 침해하지 않는 소규모 집회, 공관이 근무를 하지 않는 휴일 집회, 외교공관을 상대로 한 집회가 아니라 우연히 그 부근에 있는 다른 항의대상에 대한 집회들까지 무조건 일률적으로 금지하는 것은 비례의 원칙에 어긋난 과잉제한으로 위헌이라는 결론이었다.[76]

헌법재판소의 이러한 결론은 매우 합리적이고 타당하였다. 그러나 헌법재판소 판결에서 한 가지 간과된 논점이 있었다. 집시법이 외교공관을 특별한 대상으로 보호하려는 이유가 외교기관으로서의 기능과 안녕의 보호라는 지적은 당연히 타당하지만, 또 하나의 근본적인 이유는 그것이 한국의 국제법상의 의무이기 때문이다. 그러한 국제법상의 의무는 한국도 당사국인 외교관계에 관한 비엔나 협약 속에 집약되어 있다. 그렇다면 이 사건을 다루는 재판부로서는 100m 조항의 위헌성을 판단함에 있어서 주재국은 외교공관에 대하여 어떠한 수준의 보호를 할 국제법상 의무가 있는가를 같이 살펴보았어야 하였다. 만약에 비엔나 협약 역시 외교공관 100m 주변에서는 일체의 집회와 시위를 금지할 의무를 당사국에게 요구하고 있는데, 국내 재판소가 100m 조항은 과잉금지라며 위헌을 선언하여 이후 국내법이 보호 범위를 축소하는 방향으로 개정되면 결과적으로 한국은 비엔나 협약을 위반하게 된다. 그런데 헌법재판소는 이 사건을 판단함에 있어서 비엔나 협약은 외교공관에 대하여 어떠한 수준의 보호를 요구하고 있는지를 전혀 고려하지 않고, 순전히 국내법상의 논리전개만으로 결론을 내렸다. 이는 국제법상의 의무를 이행하기 위하여 만들어진 조항을 해석하면서 정작 국제법은 우리에게 어떠한 의무를 요구하고 있는지를 살피지 않고 결론을 내린 셈이었다. 필자로서는 헌법재판소의 이 판결이 국제법에 대한 국내법원의 판사들의 몰인식을 상징하는 사건으로 보였다.

---

76 헌법재판소 2003. 10. 30. 선고, 2000헌바67,83(병합) 결정.

외교공관에 대한 보호의무의 적정성을 논하는 재판에서 외교관계에 관한 비엔나 협약이 이름조차 언급되지 않는 경우는 아마 한국을 제외한 전 세계 어느 나라 법원의 판결에서도 찾아보기 어려울 것이다.

2003년 헌법재판소의 위헌판결 이후 2가지 변화가 있었다. 첫째, 위헌선고를 받은 집시 및 시위에 관한 법률 제11조가 개정되었다. 외교공관이나 외교사절의 숙소 100m 이내에서의 집회와 시위가 금지됨이 원칙이나, 단 다음에 해당하는 경우로서 외교공관이나 외교사절의 기능이나 안녕을 침해할 우려가 없다고 인정되는 때에는 금지할 수 없도록 되었다. 즉 ① 해당 외교기관 또는 외교사절의 숙소를 대상으로 하지 않는 경우, ② 대규모 집회 또는 시위로 확산될 우려가 없는 경우, ③ 외교기관의 업무가 없는 휴일에 개최되는 경우가 그것이다. 둘째, 헌법재판소는 2010년 다시 한 번 외교공관의 보호의무와 관련된 판결을 할 기회를 가졌다. 독도문제와 관련하여 일본 대사관 앞에서 항의집회를 하려는 경우에 관한 판결이었다. 이번에는 헌법재판소도 외교관계에 관한 비엔나 협약을 언급하며 논리를 전개하였다.[77] 진일보한 태도였다.

---

77 헌법재판소 2010. 10. 28. 선고, 2010 헌마111 결정.

23

해외 외교공관은 법적으로 한국의 영토인가

2011년 12월 12일 한국의 배타적 경제수역에서 불법어로 작업 중인 중국 어선을 단속하던 한국 해양경찰 특공대원이 중국인 선장이 휘두른 흉기에 살해된 사건이 있었다. 우리 국민은 중국 어선의 불법어로로 인하여 국내 어민의 피해가 적지 않다는 보도를 접할 때마다 마음이 상하였는데, 해경 피살사건까지 발생하자 중국에 대한 규탄 분위기가 크게 고조되었다. 그러나 그에 대한 반작용으로 중국에서의 반한 감정도 제기되었다. 마침 다음 날인 12월 13일 대낮에 북경 주재 한국대사관 건물에 공기총에서 발사된 것으로 추정되는 쇠구슬이 날아들어 유리창이 파손되는 사고가 발생하였다. 국내 언론은 이 사건을 "한국 영토인 주중 한국대사관, 쇠구슬탄 공격받아" 라는 자극적인 제목으로 보도하였다.[78] 이 보도와 같이 한국의 해외공관은 법적으로 우리 영토와 마찬가지인가?

오늘날 외교사절은 부임국에서 신체의 불가침권을 향유하며, 공관지역 역시 불가침권을 향유한다. 현지 관헌은 공관장의 동의 없이 공관지역에 들어갈 수 없다. 심지어 외교공관에 화재와 같은 긴급사태가 발생하여 소방관이 진화를 위하여 공관에 진입하려는 경우에도 공관장의 동의가 필요하다고 해석되고 있다.[79]

흉악범이 외교공관으로 숨어들어 가도 공관장의 허가가 없으면 현지 경찰이 공관지역으로 들어가 그를 강제로 체포할 수 없다. 외교사절과 공관

---

78 「조선일보」 2011. 12. 15. A4면; 「세계일보」 2011. 12. 16. 23면(사설)도 같은 취지의 주장.
79 정인섭, 「신 국제법강의」 제3판(박영사, 2012), 414쪽.

에 대한 이러한 특별한 대우는 유럽에서 대략 15세기 이후 상주 외교사절
제도가 일반화됨과 동시에 발전하였다고 한다.

외교공관에 대하여 이렇게 특별한 지위가 인정되는 이유는 무엇인가?
일찍이 그로티우스는 치외법권extra-territoriality이라는 가설을 제시하였다.
즉 외교사절은 그를 파견한 주권자(왕)를 대표하여 활동하므로 그가 기능
을 수행하는 공관은 현지 영토의 바깥과 마찬가지라는 이론이었다. 외교
공관은 영토 밖이었으므로 범죄자가 도피하여도 현지 관헌이 강제로 간
섭할 수 없다고 설명하였다. 이러한 특권은 공관 건물 지역에만 인정된 것
이 아니라, 외교사절의 거주지, 임시로 묵는 호텔, 타고 다니던 마차로까
지 확대되었다. 16, 17세기 로마, 제노아, 베네치아, 마드리드, 프랑크푸르
트 등지에서는 공관이 위치한 인근구역 전체에 대한 면제권이 요구되었
다. 현지 관헌은 공관 부근 일대를 지나가지도 말라는 요구도 나왔고, 심
지어 공관 인근지역에 거주하는 주민의 납세의무가 면제되기도 하였다.
어떤 외교사절은 공관구역으로 피신한 도피자들로부터 금전적 대가를 받
은 사례까지 있었다. 이러한 식의 확대된 면제권은 유럽에서 17세기 말을
지나면서 거의 사라졌으나, 일부 국가에서는 19세기 초엽까지 그 흔적이
남아 있었다고 한다. 이는 외교사절은 현지국가의 관할권으로부터 면제
되는 것에 그치지 않고, 공관 내에서는 본국의 관할권이 행사되는 것이라
는 이론에 바탕을 두었다. 그야말로 공관지역은 현지 영토가 아니고 파견
국의 영토와 마찬가지로 간주된 것이었다.

19세기를 지나면서 이러한 이론적 주장은 크게 비판을 받았고, 외교공
관은 일종의 외국 영토인 치외법권 지역이라는 생각은 수그러들었다. 오
늘날은 외교공관도 현지국 영토이며 현지법이 적용되는 지역이라고 해석
하는 데 아무도 이의가 없다. 외교사절과 공관은 현지국의 관할권 적용으
로부터 면제되는 것에 불과하며, 영토 밖이라는 개념에 입각한 치외법권
을 향유한다고 보지 않는다. 예를 들어, 주한 미국대사관 내에서 한국인

임신부가 갑자기 아이를 출산하여도 그 아이는 한국에서 출생한 것일 뿐, 미국에서 출생한 것으로 간주되어 미국국적을 인정받지 않는다. 오늘날 외교사절과 외교공관에게 특별한 특권과 면제가 인정되는 이유는 "국가를 대표하는 외교공관 직무의 효율적 수행을 보장"하기 위해서이다.[80]

이제는 외교관계에 관한 국제조약에서 '치외법권'이라는 용어가 더 이상 사용되지도 않는다. 국가가 해외 공관지역 부지를 매입하였을지라도 현지법에 따른 부동산 소유권을 인정받는 것일 뿐, 그 땅이 파견국의 영토로 되는 것은 아니다. 결국 주중 한국대사관이 한국 영토라는 표현은 매우 구시대적 사고에 입각한 주장인 것이다. 단순히 "주중 한국대사관 건물이 피격되다"와 같이 보도하지 않고, 우리 영토가 공격당하였다고 보도하는 것은 잘못된 개념에 입각하여 국민감정을 불필요하게 자극하는 표현이다.

한편 우리 법원 판결은 1950년대나 1960년대 판결에서는 물론 비교적 최근의 판결에서까지 치외법권이라는 용어를 사용하였다.[81] 1985년 대학생 73명이 서울의 미국 문화원을 점거하고 반미시위를 벌인 적이 있었다. 후일 이들이 재판에 회부되자 변호인은 범행의 장소가 미국 공관지역이니 한국 법원의 재판권이 미치지 않는다고 주장하였다. 이에 대하여 대법원은 "설사 …… 서울에 있는 미국 문화원이 치외법권 지역이고, 그곳을 미국 영토의 연장으로 본다 하더라도" 속인주의에 의하여 피고인에 대한 한국 법원의 재판권이 성립한다고 설시하였다.[82] 여기서 대법원이 미국 문화원을 미국 영토의 연장인 치외법권 지역이라고 전제하고 재판한 것은 물론 아니지만, 현대 국제법의 관점에서는 이러한 설시마저 필요가 없는 것이었다. 즉 주한 외교공관은 치외법권이나 외국 영토의 연장이라고 볼 수 없다고 변호인의 주장을 직접적으로 부인하면 더 간명하였을 것이다.

---

80 외교관계에 관한 비엔나 협약 전문.
81 대법원 1991. 12. 27. 선고, 91후684 판결.
82 대법원 1986. 6. 24. 선고, 86도403 판결.

24

외교관 자녀의 뺑소니 사고

1995년 7월 11일 서울 한남동에서 한 외국인이 몰던 자동차가 다른 차량 2대를 들이받는 사고를 일으키고도 서지 않고 그냥 가려 하였다. 사고를 목격한 행인 김 모 씨가 이를 저지하려고 하니, 사고 차량은 김 씨를 차에 매달고 그대로 질주하여 중상을 입혔다. 나중에 도주 차량을 잡고 보니 운전자는 주한 미국 외교사절의 28살 난 아들이었다. 당시 한국 검찰은 그를 구속하고 미필적 고의에 의한 살인미수 혐의로 기소를 하였다.[83]

국제법을 조금 아는 사람은 당장 외교관의 아들을 어떻게 구속하여 형사재판에 회부하였는가에 의문을 가질 것이다. 그도 그럴 것이 한국도 당사국인 외교관계에 관한 비엔나 협약에 따르면 외교관은 부임국에서 어떠한 형태의 체포나 구금도 당하지 아니하며(제29조), 형사·민사·행정재판 등 모든 재판관할권으로부터 면제를 향유한다(제31조 제1항). 물론 이 사고의 당사자가 외교관은 아니었다. 그렇지만 세대를 구성하는 외교관의 가족도 외교관과 동일한 특권과 면제를 인정받으므로(제37조 제1항), 가족 역시 체포나 구금되지 아니하며 형사재판에 회부되지 아니한다. 그렇다면 당시 한국 검찰은 국제법에 무지하여 실수를 한 것이었는가?

그렇지는 않다. 요점은 사고 운전자를 비엔나 협약상의 외교관과 동일한 특권과 면제를 향유하는 가족으로 보지 않은 것이다. 그럼 의문이 생길 것이다. 세상에 아들을 가족이라고 생각하지 않는 사람이 어디 있겠는가? 우리 민법 제779조도 ① 배우자, 직계혈족 및 형제자매, ② 생계를 같

---

83 「한국일보」 1995. 7. 29. 30면.

이 하는 직계혈족의 배우자, 배우자의 직계혈족 및 배우자의 형제자매를 가족으로 규정하고 있으므로, 직계혈족인 아들은 당연히 법적으로 가족의 일원이다.

그러나 비엔나 협약은 외교관과 동일한 특권과 면제를 부여하여야 할 가족의 범위를 구체적으로 규정하고 있지 않다. 국내 민법의 내용과 상관 없이 대한민국이 외교관으로서의 특권과 면제를 인정할 의무를 지는 가족의 범위에 관하여는 국제법상 통일된 기준이 없다. 그러다 보니 일정한 합리적 수준을 벗어나지만 않는다면 특권과 면제의 부여 대상인 가족의 범위를 각국에서 결정할 재량이 인정된다. 배우자와 자녀는 가장 가까운 가족이 아닌가? 그러나 이 사건에서 유의할 점은 사고 운전자의 나이이다. 당시 그는 28세였다. 미국 정부는 외교관 자녀가 커먼로common law상의 성인 연령인 21세(학생인 경우 23세)를 넘으면 비엔나 협약상의 특권과 면제를 향유할 수 있는 외교관의 세대를 구성하는 가족이 아니라고 해석하고 있다. 미국 법원도 이 같은 해석이 합리적이라고 수용하고 있다.[84]

만약 아직 미성년으로 생계를 전적으로 부모에 의존하고 있는 외교관 자녀를 외교관의 가족에서 제외시킨다면 비엔나 협약의 합리적 해석의 범위를 넘은 국제법 위반이라고 평가될 것이다. 그러나 성인인 자녀를 특권과 면제의 부여 대상에서 제외시키는 것은 불합리한 해석이라고 할 수 없다. 이에 한국 검찰은 외교관 가족의 정의에 관한 별다른 국내법 조항은 없지만, 28세에 달한 주한 미국 외교관 자녀의 경우 미국과 상호주의적 입장에서 구속기소를 한 것이다. 이는 국제법상 전혀 문제 될 것이 없는 사건처리였다. 만약 21세 또는 23세를 넘은 주미 한국 외교관의 자녀

---

84 예를 들어 U.S. v. Al-Hamdi, 356 F.3d 564, 1 A.L.R. Fed. 2d 695(4th Cir. 2004). 이는 학교를 다니지 않는 예멘 외교관의 아들이 불법무기 소지 혐의로 기소된 사건으로, 재판부는 그가 이미 21세 생일이 지났으므로 외교관 가족으로서의 면제를 더 이상 누릴 수 없다고 판단하였다.

가 미국에서 범죄행위를 저지르면 일반인과 동일하게 기소될 것이다.

　가족의 범위는 자녀에 관하여만 복잡한 문제를 일으키는 것이 아니다. 가족의 개념이 바뀌다 보니 근래에는 과거에 없던 새로운 문제들도 생겨난다. 정식으로 혼인을 하지 않은 사실혼 관계의 외교관 배우자도 비엔나 협약상의 외교관 가족으로 인정하여야 하는가? 한국은 중혼을 금지하고 있는데, 일부다처가 가능한 국가의 외교관이 여러 명의 부인과 함께 부임해 온다면 그들을 모두 외교관의 가족으로 인정하여야 하는가? 한국은 법적으로 동성 부부를 인정하지 않는데, 본국에서 법률상 부부로 인정되었다면 동성의 배우자도 외교관의 가족으로 인정하여야 하는가? 이러한 미묘한 부분에 대하여는 아직 확립된 국제법이 있다고 보기 어렵다. 이러한 경우는 현지국의 입장이 크게 반영되어 처리되는 경우가 보통이다.

25

외교관도 음주운전 단속에 응하여야 하나

연말 송년 술자리가 많은 시기에는 경찰의 음주운전 단속도 빈번하다. 다 알다시피 한국의 음주운전 단속은 매우 철저하다. 몇 차선 대로를 완전히 봉쇄하고 모든 차량의 운전자를 일일이 개별 확인한다.

2006년 12월 12일 밤 9시 50분경 서울 서대문구 대현동 이화여대 정문 부근에서도 경찰이 음주운전 단속을 하고 있었다. 마침 중국 대사관 차량이 운주운전 여부 측정을 요구받았다. 당시 차량에는 운전자와 함께 모두 4명이 탑승하고 있었는데, 운전자는 창문도 열지 않으며 음주운전 측정에 불응하였다. 그리고 차문을 안에서 걸어 잠갔다. 외교공관의 차량인가 여부는 번호판을 통하여 쉽게 확인이 가능하나, 운전자가 외교관 신분증을 제시하지는 않았다. 단속 경찰은 일단 차량을 인근 골목으로 유도하여 주차시키고, 음주측정에 응하라고 계속 요구하였다.

이 소식을 들은 다른 중국 대사관 직원이 밤늦게 현장에 찾아와 이들이 외교관이며 외교관에 대한 강제적인 음주측정은 국제법 위반이라고 주장하였으나, 역시 운전자의 신분은 확인되지 않았다. 단속 경찰은 신분확인이나 음주측정 없이 이들을 보내 줄 수 없다고 주장하였다. 일단 경찰은 차량의 진로를 막고 있었을 뿐, 이들을 상대로 직접적인 물리력을 행사하지는 않았다. 이들 간의 대치는 추운 겨울밤 내내 지속되었고, 소식을 듣고 찾아온 한국 외교부 직원의 중재로 중국 대사관 차량 탑승자들은 다음 날 아침 6시 15분에 귀가할 수 있었다.[85] 나중에 알려진 바로 운전자는

---

85 「조선일보」 2006. 12. 14. A9면.

중국 대사관의 3등 서기관인 장 모 씨라고 하였다.

외교사절의 신체는 불가침이다. 외교관은 어떠한 형태의 체포나 구금도 당하지 아니하며, 현지국은 외교관의 신체·자유·품위가 침해되지 않도록 적절한 조치를 취할 의무가 있다(외교관계에 관한 비엔나 협약 제29조). 외교사절의 신체의 불가침은 외교관계에 관한 국제법 중에서도 가장 오래된 법원칙으로 유럽에서는 이미 16세기 말 이전부터 관습국제법으로 존중되었다.

그렇다고 외교관에 대하여는 경찰이 음주측정기를 입에 대고 부는 정도의 요구도 할 수 없는가? 외교관이 음주운전을 하면 무엇보다도 그 자신을 위험에 빠뜨릴 위험이 있지 않은가? 그러나 외교관의 동의 없이는 음주측정기를 불도록 요구할 수 없다고 해석된다. 이 역시 신체에 대한 강제의 일종이기 때문이다. 영국 경찰은 육안으로 취한 것이 명백하지 않는 한 통상 자발적인 음주측정기 불기도 요청하지 않는다. 미국이나 캐나다는 음주운전으로 의심되는 외교관에 대하여 도로를 일직선으로 걷기나 음주측정기 불기를 요구하기도 하나 어디까지나 자발적으로 응하는 경우에만 이러한 측정을 실시할 수 있다.[86] 그런 의미에서 중국 외교관이 음주측정을 거부한 것은 나름대로 근거가 있다. 그러나 위 사례에서 운전자는 경찰에 대하여 자신이 외교관인지를 확인시켜 주지 않았다고 한다. 경찰로서는 외교공관의 차량을 운전하고 있다는 사실만으로 운전자가 외교관이라고 단정할 수는 없었을 것이다.

그러면 외교관이 사실상 만취상태에서 운전하여도 현지 관헌은 이를 제지할 수 없고 바라만 보고 있어야 하는가? 아무리 외교관이라고 하여도 현지 관헌은 그의 위법행위를 저지하기 위하여 일시적인 물리력을 사용할 수 있다. 만약 외교관이 총기를 들고 행인을 위협하면 그를 물리력으

---

86 E. Denza, *Diplomatic Law* 3rd ed.(Oxford University Press, 2008), pp. 266-267.

로 제압할 수 있다. 외교관이 만취상태라면 경찰은 그를 인근 경찰서로 데려가 일시 보호를 하며 술이 깨기를 기다리게 하거나, 자동차만 유치하고 다른 교통편으로 귀가하도록 하거나, 가족이나 친지를 불러 대신 운전하게 할 수 있다.

그러나 음주운전 외교관이 사고를 냈더라도 현지국이 그를 형사처벌 할 수는 없다. 외교관은 현지 법원의 재판관할권으로부터 일반적으로 면제되기 때문이다. 간혹 국내 언론에서는 한국 외교관이 외국에서 음주운전 사고를 냈다는 소식을 전하기도 한다. 2011년 10월 7일 독일 베를린 주재 한국 외교관이 술에 취한 상태에서 자신의 차를 주차장으로부터 빼 귀가하려다 다른 차량 4대와 스쿠터, 자전거를 들이박아 파손시키고 자신도 담벼락에 부딪쳐 겨우 차량이 서는 사고를 일으켰다. 그는 외교관이라 현지에서 별다른 처벌은 받지 않았으나, 한국 정부는 외교관답지 않은 행동을 한 그를 본국으로 소환하였다. 2010년 5월 독일의 다른 한국 외교관이 만취상태에서 운전을 하다가 도로의 중앙분리대를 들이받는 사고를 일으키고 경찰의 조사를 거부한 채 현장을 떠난 예도 있었다고 한다. 그 역시 사고 직후 본국으로 소환되었다. 독일에서는 한국 외교관들의 교통법규 위반 건수가 상위 10개국 안에 계속 든다고 한다.[87]

안전을 위하여 외교관의 신체에 관하여 일정한 물리력이 행사되는 경우의 하나로 공항에서 비행기 탑승 시 하는 보안검사를 들 수 있다. 모든 승객은 탑승 전에 금속탐지기를 통과하도록 요구받으며, 그다음 보안요원이 손으로 간단한 신체접촉검사를 한다. 외교관이 신체의 불가침을 이유로 검사를 거부할 수 있는가? 역시 외교관이 동의하지 않으면 공항 보안요원도 그의 신체를 강제로 검사할 수 없다. 그러나 항공기 기장은 보안요원의 신체검사를 거부한 승객을 태우지 않겠다고 거절할 수 있다. 비행기와 다

---

87 「조선일보」 2011. 10. 12. A13면.

른 승객의 안전이 보장되지 않기 때문이다. 항공사 보안검사를 거부하는 외교관은 다른 교통편을 알아보아야 할지 모른다.

26

외교관 차량의 주차위반

많은 국가에서 외교사절 차량의 교통법규 위반으로 골치를 썩고 있다. 서울시의 발표에 따르면, 2000년 1월부터 2011년 12월 중순까지 교통법규를 위반한 주한 외교공관 차량에 대한 과태료 부과건수는 모두 4만 1,259건(16억 5,238만 원)이나, 이 중 납부비율은 13.4%인 5,545건(2억 3,298만 원)에 불과하였다고 한다. 교통법규를 가장 많이 위반한 국가는 러시아로 4,335건(6.5%. 이하 괄호 안의 %는 납부율)이었고, 그다음 프랑스 2,662건(5.1%), 베트남 1,726건(4.7%), 리비아 1,576건(0.4%), 알제리 1,415건(0%), 중국 1,181건(3.8%) 등의 순이었다.[88]

현재 서울에는 외국과 국제기구의 공관이나 사무소가 170개 정도 설치되어 있다. 이들 외교차량이 불법주차 등 교통법규를 위반하여 단속 경찰이 범칙금을 부과하여도 외교사절에게는 현지 관헌이 강제력을 행사하거나 재판관할권을 행사할 수 없기 때문에 이를 강제로 징수할 방법이 없다. 대개 각국은 주기적으로 각국별 교통법규 위반건수와 과태료 납부율을 발표함으로써 다수 위반국에게 일종의 창피를 주는 방법을 통하여 자발적인 협조를 얻으려 하고 있다. 한국에서는 러시아가 최다 교통법규 위반국으로 발표되었는데, 러시아는 어느 나라에서나 최상위권 위반국의 자리를 차지하고 있다. 한국 외교관들도 각국에서 상당히 상위의 위반건수를 기록하였다고 발표되는 경우가 많았다. 전 세계적으로 교통법규의 위반건수도 적지만 과태료가 부과되면 가장 성실하게 납부하는 외교관은

---

88 「조선일보」 2011. 12. 27. A14면.

교황청 외교사절들이다.

　주차위반 차량에 과태료 부과가 아닌 바퀴 잠금쇠를 채워 일시 운행을 못하게 하여도 되는가? 외교관계에 관한 비엔나 협약 제22조 제3항은 외교공관의 수송수단은 수색, 징발, 차압, 강제집행으로부터 면제된다고 규정하고 있다. 차가 놓여 있는 그 자리에서 바퀴 잠금쇠를 채우는 행위 자체가 수색, 차압, 징발 등에 해당하지는 않는다. 그러나 영국 정부는 바퀴 잠금쇠를 부착하는 의도나 효과가 주차위반에 대한 일종의 벌칙의 부과와 마찬가지라고 해석하여, 외교공관 소속의 차량임이 확인된 경우에는 잠금쇠를 채우지 못하게 하고 있다.[89]

　외교차량이 러시아워의 혼잡한 도로에 불법주차를 하여 심각한 교통방해를 야기하고 있어도 현지 경찰은 속수무책일 수밖에 없는가? 이런 경우 바로 운전자가 연락되지 않으면 대부분의 국가는 일단 견인하여 치우고 있다. 이는 1차적으로 도로교통의 원활을 위하여 필요한 행위라고 해석하는 것이다. 따라서 긴요한 상황이 아닌 경우에는 주정차 위반의 외교차량을 견인하지 않고 있다. 견인된 경우에도 일반인에게 부과되는 견인비나 주차위반 과태료의 납부가 외교관에게는 강제되지 않는다.

　오늘날 대도시 교통상황은 날로 혼잡해지고 있어서 각국은 자국 내 외교차량들의 도로교통법규 준수를 간접적으로 강제하기 위하여 나름대로 묘안을 짜고 있다. 영국은 1985년 가장 빈번하게 교통법규를 위반하고 과태료도 납부하지 않는 외교관의 경우 해당국 대사에게 통보하여 소환을 요청할 수도 있다고 발표하였다. 그러자 그해 런던 주재 외교사절의 교통법규 위반건수가 전년도에 비하여 약 절반으로 줄었고, 5년 뒤에는 거의 17분의 1 수준으로 급격히 감소하였다. 외교관은 현지 관헌보다 본국 소환이 더 무서운 것이다. 미국 정부 역시 도로교통법규를 빈번하고 심각하

---

89 E. Denza, *Diplomatic Law* 3rd ed.(Oxford University Press, 2008), p.160.

152 ▪ 제1부 한국, 한국인과 국제법

게 위반하는 외교관에 대하여는 운전면허를 취소하기도 한다. 한국 정부도 2009년 9월부터 과태료를 체납한 공관차량은 그 말소등록을 제한하고 과태료 체납액이 큰 공관의 경우 공용차량의 매각이나 신규 구입에 협조를 제공하지 않는 등 행정조치를 취하자, 2007년 3,552건, 1억 4,700만 원이던 과태료 부과가 2011년에는 611건, 2,400만 원으로 급격히 감소하였다고 한다.

27

미국대사 차량에 대한 물병 투척

한국자유총연맹이 2011년 8월 26일 장충동 연맹 부지에 이승만 초대 대통령의 동상을 건립하였다. 이 대통령의 생전에 높이 7m의 대형 동상이 서울 남산에 세워져 있었으나, 4·19혁명 직후인 1960년 8월 시민에 의하여 철거된 바 있다. 연맹은 대한민국의 건국을 주도한 이 대통령의 업적을 기리기 위하여 동상을 건립하였다고 발표했다. 이날 제막식 행사에는 각계 인사 300여 명이 참석하였는데, 그중에는 스티븐스 주한 미국대사도 포함되어 있었다. 한편 4·19혁명 관련단체들은 한국자유총연맹 입구에서 이 대통령의 동상 건립은 4·19혁명 정신에 대한 모독이라며 이를 규탄하는 시위를 벌였다. 이들은 행사장 진입을 시도하며 경찰과 몸싸움을 벌였고, 행사를 마치고 귀가하는 차량에 신문지 뭉치와 플라스틱 물병 등을 던졌는데 마침 스티븐스 미국대사가 탄 차량도 맞았다. 이 사건이 발생하자 경찰청은 동상 제막식을 방해하려는 단체들의 행위가 충분히 예견되었음에도 불구하고 이 같은 사태의 발생을 막지 못한 책임을 물어 관할 중부경찰서장을 서면 경고하고, 경비과장과 정보과장의 보직을 해임하였다.[90]

이 사건은 비교적 경미한 해프닝 같은 일이지만 여기에도 국제법이 관련되어 있다. 외교관계에 관한 비엔나협약은 외교관의 신체는 불가침이며, 현지국은 외교관의 신체·자유·품위가 침해되지 않도록 적절한 조치를 취하여야 한다고 규정하고 있다(제29조). 이는 외교관계에 관한 국제법 중

---

90 「동아일보」 2011. 8. 26. A14면; 「조선일보」 2011. 8. 27. A12면.

가장 오래된 법원칙의 하나이다. 대사 차량에 대한 플라스틱 물병의 투척은 차량이나 신체에 직접적인 위해나 침해를 가한 것은 아니더라도 외교관의 품위에 대한 공격이었다고 할 수 있다. 이 사건과 관련해서 미국 대사관 측이 한국 정부에 대하여 특별한 항의나 책임 추궁은 하지는 않은 것으로 알고 있다. 한국 정부가 경찰 실무책임자를 인사 조치한 것은 일정한 사과의 표시라고 해석된다. 통상 이 정도의 사안이 국가 간의 본격적인 책임 공방으로 발전하지는 않을 것이다.

그러나 국가 간의 관계가 악화된 상태에서는 법적 분쟁으로 발전할 수도 있다. 아프리카의 에리트레아는 과거 에티오피아의 일부였다가 약 30년간의 독립투쟁을 통하여 1993년 독립하였으나, 에티오피아와의 관계가 원만치 않다. 1999년 10월 에리트레아 주재 에티오피아 외교관이 한 지방도시(Medebere)로 자국민을 만나러 갔다. 그곳에서 그는 현지 경찰에 일시 구금되기도 하였을 뿐 아니라 떠날 무렵에는 현지 학생들이 그가 탄 외교 차량에 돌을 던지기까지 하였다. 다행히 별다른 사고는 없었다. 후일 에티오피아와 에리트레아는 양국 간의 여러 법적 분쟁을 해결하기 위한 국제위원회를 설치하였다. 에티오피아의 제소에는 자국 외교관 차량에 대한 투석사건으로 에리트레아가 외교관계에 관한 비엔나협약 제29조를 위반하였다는 주장도 포함되어 있었다. 그러나 재판부는 이렇게 비교적 경미한 사건만으로 외교관의 기능수행이 침해되었다고까지는 볼 수 없다며 에티오피아 측 주장을 받아들이지 않았다.[91]

외교관에게 근무지에서 남다른 특권과 면제가 인정되는 가장 근본적인 이유는 그가 대표하는 외교공관의 직무를 효율적으로 수행할 수 있도록 보장하려는 것이다. 따라서 이는 외교관의 개인적 권리가 아니라, 그를 파

---

91 Eritrea/Ethiopia Claims Commission, Partial Award: Diplomatic Claim-Ethiopia's Claims 8(2005), para.35.

견한 국가의 권리이다. 에리트레아 사건에서도 투석으로 인하여 외교관의 임무수행이 침해될 정도였는가를 판단기준으로 삼았다. 재판부는 비교적 기능적 시각에서 사건을 판단하였다. 주한 미국대사 차량에 대한 플라스틱 물병 투척도 같은 기준에서 평가될 수 있을 것이다.

그렇다고 하여 귤, 플라스틱 물병, 종이 뭉치 등 비교적 가벼운 물건을 외교차량에 투척하는 것이 언제나 허용되는 것은 아니다. 이러한 일은 외교관 아닌 사인 간에도 반복적으로 여러 차례 벌어지면 행위자에 대한 형사책임이 추궁될 수 있을 것이다.

28

조약은 누가 비준하는가

> "한·미 FTA가 서명되었지만 아직 국회의 비준이 이루어지지 않아 발효일
> 을 확정하지 못하고 있다."
>
> "이 협약이 체결됨에 따라 우리나라에서도 국회비준과 관련 국내법의 정
> 비를 거쳐 내년 중 협약이 발효될 것으로 전망된다."
>
> "농민의 생존권을 지키기 위하여 FTA 국회비준이 이루어지지 않도록 총
> 력투쟁을 하겠다."
>
> "한국은 협약이 총회에서 채택되는 대로 9월 정기국회에 상정, 비준하고
> 국내법도 개정할 방침이다."

이상의 구절들은 그 출처를 구체적으로 밝힐 필요도 없을 정도로 모두
조약체결과 관련하여 국내 신문에서 흔히 접할 수 있는 표현이다. 국내 언
론매체를 보면 국제법상으로 틀린 용어를 사용하는 예를 종종 발견할 수
있는데, 아마 그중 가장 빈번하게 잘못 사용되는 용어는 '비준'일 것이다.

'비준ratification'이란 조약에 대하여 국가가 구속력을 받겠다는 동의의사
를 최종적으로 확정하여 통고하는 국제적 행위international act이다.[92] 즉 국
가의 의사를 대외적으로 표시하는 행위로서, 이는 국가를 대외적으로 대
표하는 기관만이 할 수 있는 행위이다. 우리 헌법 제73조도 "대통령은 조
약을 체결·비준하고,"라고 규정하여 조약의 비준을 외국에 대하여 국가
를 대표하는 대통령의 권한으로 규정하고 있다.

---

92 조약법에 관한 비엔나협약 제2조 제1항 b.

그렇다면 국회는 조약을 비준할 권한이 없는데도, 왜 국내 언론은 뜬금 없이 국회가 조약을 비준하는 것처럼 표현하는 오류를 자주 범하고 있는 가? 그 이유는 헌법 제60조 제1항의 "국회는 상호원조 또는 안전보장에 관한 조약, 중요한 국제조직에 관한 조약, 우호통상항해조약, 주권의 제약 에 관한 조약, 강화조약, 국가나 국민에게 중대한 재정적 부담을 지우는 조약 또는 입법사항에 관한 조약의 체결·비준에 대하여는 동의권을 가진 다"라는 내용이 잘못 알려진 데서 비롯된 것 같다. 즉 헌법 조항에도 엄 연히 국회는 일정한 조약의 체결·비준에 대하여 '동의권'을 가진다고 규 정하고 있는데, 언론에서 비준과 동의를 착각하고 이를 혼용하는 것이다. 여기서 비준은 국제적 행위이고 동의는 국내적 행위이다. 국회는 국가기 관의 일부로서 국내적 행위를 할 권한만 있지, 국가를 대외적으로 대표할 권한은 없다. 따라서 국회는 조약을 비준할 수 없는 것이다. 대한민국이 체결하는 조약 중 국회의 동의를 받아 발효시키는 경우는 전체 조약의 2 할 정도에 해당한다. 즉 대부분의 조약은 국회의 직접 동의 없이 대통령의 권한으로 체결되고 있다.

그런데 조약체결 과정에서 입법부의 동의를 비준으로 잘못 표현하는 사 례는 비단 국내 언론에서만 발견되는 것 같지는 않다. 영국에서 발간된 저 명한 조약법 책에도 의회의 동의를 비준이라고 표현하는 것은 잘못이라는 지적이 있는 것을 보면 이 같은 오류는 서양 언론도 자주 범하나 보다.[93] 국내 언론이 국회 비준이라는 잘못된 용어를 자주 사용하는 것은 이러한 잘못된 외신의 번역에서 기원된 것으로 보인다.

이 이외에도 국내 언론에서 국제법상의 용어나 개념을 틀리게 사용하 는 예로 자주 발견되는 것에는 다음과 같은 것들이 있다. 그중 하나는 '치 외법권'이라는 용어이다. 이는 문자 그대로 비록 위치가 국내라도 국내법

---

93 A. Aust, *Modern Treaty Law and Practice* 2nd ed.,(Cambridge, 2007), p.103.

률이 미치지 않는, 즉 법적으로는 일종의 외국이라는 의미이다. 치외법권인 외국 대사관, 치외법권인 외국 군함, 치외법권인 외국군 기지 등과 같은 표현을 언론에서 심심치 않게 발견할 수 있다. 그러나 국내에 소재한 외국 대사관, 외국 군함, 외국군 기지는 모두 치외법권이 아니며, 한국의 법률이 당연히 미치는 지역이다. 다만 이들에 대하여는 국제법상 상대국의 동의가 없는 한 원칙적으로 대한민국이 강제력을 행사할 수 없을 뿐이다.

또 자주 나오는 오류 중의 하나는 헤이그의 국제사법재판소가 국제범죄자를 처벌할 수 있는 기관인 듯 표현하는 것이다. 국내 법원은 민형사 사건을 모두 처리할 수 있으므로, 국제사법재판소도 당연히 형사처벌을 할 수 있는 것으로 착각한 것 같다. 그러나 국제사법재판소는 국가 간의 재판사건에만 관할권을 행사할 수 있지, 개인의 형사재판을 할 권한은 없다. 이와 별도로 2003년부터는 국제형사재판소가 창설되어 중대한 국제범죄를 저지른 자의 형사처벌을 담당하고 있다. 따라서 국제사법재판소와 국제형사재판소를 혼동할 수도 있을 것이다. 그러나 국제형사재판소가 만들어지기 이전의 국내 신문에서도 국제사법재판소에 국제범죄자를 제소하자는 기사가 적지 않았다는 점을 보면 단순히 양자를 혼동하는 것만은 아닌 듯하다.

형식적인 문제지만 국내 신문에서 자주 등장하는 오류의 하나가 조약의 장chapter과 조항article을 혼동하는 것이다. 예를 들어 유엔 헌장 '제7조'에 의하여 안전보장이사회가 제재를 결의하였다는 표현은 '제7장'의 오류이다. 제7장을 제7조로 표현하다 보니 그 아래 개별 조문을 표시할 때는 항으로 표시하는 경우도 적지 않았다. 예를 들어 헌장 제7조 제51항은 제7장 제51조의 잘못된 표현이다.

이상은 국내 여러 신문에서 반복적으로 자주 등장하는 몇 가지 오류이다.

29

무시험 진학제와 국제인권규약

몇 년 전 서울의 한 기독교계 고등학교의 재학생이 교내예배 강제에 대한 반대시위를 하여 제적당하였다가 소송 끝에 승소한 사례가 있었다.

한국에서는 1974년부터 서울과 부산을 시발로 고등학교 진학을 무시험 추천제로 실시하고 있다. 이후 점차 무시험 추첨제를 실시하는 지역이 늘었다. 오늘날 여러 종류의 특수목적고가 늘어난 것도 사실이나, 전국적인 관점에서 볼 때 도시지역에서는 무시험 추첨 배정이 대세를 이루고 있다. 중학교의 경우 이보다 조금 빠른 1969년부터 무시험 추첨제가 시작되었다. 학생들은 추첨을 통하여 관내 공립학교가 배정될 수도 있고 사립학교가 배정될 수도 있다. 대신 사립학교에 대하여는 정부가 운영비 지원을 한다. 이 같은 진학제도는 긍정적인 측면도 적지 않았다고 평가되지만, 한편 그에 따른 문제점 역시 끊임없이 지적되어 왔다. 종교재단이 설립하였거나 종교적 색채가 강한 사립학교에 배정받은 학생들의 종교의 자유보장도 그동안 제기되어 오던 문제점 중 하나이다.

사실 종교는 구한말 이래 국내에 근대적 사립학교가 설립되는 원동력이었다고 말해도 과언이 아니다. 많은 외국인이 선교목적의 일환으로 국내에 학교를 설립하였고, 이러한 사립학교가 교육의 한 축을 이루어 왔다. 개별입시를 통하여 진학할 때에는 그 학교의 종교적 색채를 미리 알고 원서를 제출하므로 별문제가 없었으나, 이러한 종교적 성향의 사립학교에도 국가가 일률적으로 학생을 배정하게 되면서 문제가 발생하였다. 국교가 없는 우리나라에서 교육 당국은 강제적 종교교육은 실시하지 말라고 하고 있으나, 종립학교에서는 어떠한 방법으로든 종교교육을 실시하려 하기 때문이다. 학교의 입장에서는 선교를 건학이념으로 하여 설립되었는데, 어느 날 갑자기 종교교육을 하지 말라면 당황스럽고 불만을 갖는 것이 당연하다. 이러한 추첨제 진학제도는 한국이 당사국인 국제인권규약과도 충돌된다.

우선 종교적 색채가 강한 사립학교에 배정된 학생이 무종교이거나 다른 종교를 믿고 있다면 학교 분위기에 적응하기가 쉽지 않다. 아무리 종교수업을 거부할 선택권이 주어지더라도, 어린 학생이 못마땅해하는 교사의 눈초리를 무릅쓰고 학교에서의 종교수업이나 종교행사를 매번 거부하기는 심리적으로 고통스러울 것이다. 종교가 다르면 학생회장이나 반장을 못하게 하는 분위기의 학교도 적지 않다고 한다. 결과적으로 이러한 사립학교에 배정되면 원하지 않아도 종교교육을 받아들일 수밖에 없는 것이 현실이다. 이는 시민적 및 정치적 권리에 관한 국제규약 제18조 종교의 자유에 대한 침해라고 할 수 있다. 특히 같은 조 제4항과 경제적·사회적 및 문화적 권리에 관한 국제규약 제13조 제3항은 부모의 신념에 따라 자녀의 종교교육을 확보할 권리를 보장하고 있다. 그러나 무시험 추첨제 방식의 진학제도에서는 부모가 자녀를 위하여 특정한 종교교육을 확보할 자유는 물론 특정 종교교육을 회피할 자유 또한 부정되고 있다. 그리고 경제적·사회적 및 문화적 권리에 관한 국제규약 제13조 제3항은 부모가 자녀를 위하여 사립학교 선택권을 보장하라고 규정하고 있는데, 이 역시 부정되고 있다. 즉 사립학교가 아예 존재하지 않는다거나 부족한 경우야 어쩔 수 없지만, 사립학교가 존재한다면 원하는 사람에게는 공립학교 대신 우선 사립학교를 지원할 기회는 부여되어야만 한다.[94]

중학교와 고등학교 입시과열에 대한 우려로 인하여 무시험제도에 대한

---

94 이에 관한 상세한 내용은 정인섭, "국제인권규약과 현행 중등학교 진학제도", 최대권·정인섭 편, 『고교평준화』(사람생각, 2002), 135~148쪽 참조.

사회적 선호도가 결코 낮지는 않을 것이라고 생각한다. 그러나 종교재단에서 운영하는 사립학교에 대하여 자율적 학생선발권을 인정하지 않고 국가가 종교와 관계없이 임의로 학생을 배정하는 현행 제도는 세계적으로 유례를 찾기 어렵다.

30

역사의식과 법률가의 고민

2001년 남아프리카 공화국 더반에서는 유엔의 세계인종차별철폐대회가 개최되었다. 이 회의에서 채택된 더반 선언 제13항은 노예제와 노예무역이 오늘날 인도에 반하는 죄에 해당함은 물론 과거에도 그랬어야 하였다고 인정했다.[95] 과거 역사의 한 시기 동안 노예제와 노예무역의 실행은 국제사회에서 흔히 볼 수 있는 모습이기도 하였다. 그러나 이제는 노예제와 노예무역이 과거의 국제법상 금지되지 않았기 때문에 그 당시로서는 합법적 행동이었다고 변호하기 매우 어렵다. 이미 노예제와 노역무역은 과거에도 발생하지 말았어야 할 과오였다는 역사적 평가가 내려져 있다.

오늘날 무력을 통한 영토취득은 국제법상 불법이요 무효라는 데 이론이 없다. 무력으로 타국을 침략하는 행위는 국제범죄의 하나가 되었다. 그러나 20세기 초반까지 전쟁은 국가의사를 관철시키는 일상적인 방법 중의 하나였다. 당시의 국제법은 국가 간 무력사용을 규제하지 못하였다. 제국주의 시대 영국과 프랑스 등 서구 열강들은 우세한 무력을 바탕으로 아시아와 아프리카에 넓은 식민지를 확보하고 이민족을 통치하였다. 일본이 조선을 식민지화하고 만주국을 수립한 행위도 제국주의 열강의 행동을 그대로 본뜬 것이었다. 그러나 과거의 국제법이 국가 간 무력사용을 규제하지 않았다는 이유로 제국주의 시대의 침략과 식민지배를 합법적이었다고 강변하기는 어렵다. 식민주의 역시 다시 발생하지 말아야 할 역사적 과오였다는 데 아무런 반론이 없다.

---

95 The Durban Declaration and Programme of Action para.13.

역사학에서는 과거를 오늘로 소환하여 오늘의 기준에서 지난날에 대한 평가를 내리는 일이 일상적이다. 그것을 역사학의 당연한 임무라고 생각하며, 우리는 그로부터 역사의 교훈을 배운다. 역사의 교훈을 배우는 데 있어서 문제의 행위가 당시의 법에 따르면 합법이었는가 불법이었는가는 그다지 중요시되지 않는다.

그렇다면 과거의 저질러진 과오는 오늘날 법적으로 어떻게 평가되어야 하는가? 노예제와 노예무역을 실시한 과거의 가해국은 이제라도 법적 책임을 져야 하는가? 노예제와 노예무역의 피해에 대하여 이제라도 배상하여야 한다면 누가 누구에게 책임져야 하는가? 배상받을 주체는 조상이 노예로 끌려와 각국에 정착하게 된 그 후손들인가? 그들의 고향마을이 있던 오늘의 국가인가? 한편 과거 무력을 통하여 타국의 영토를 빼앗은 국가는 이제라도 이를 반환해야 하는가? 국가는 역사 속에서 끊임없이 탄생하고 소멸하였고 국경도 끊임없이 변경되었는데, 언제를 기준으로 영토를 돌려주어야 하는가? 지난 시대의 무력을 통한 영토취득의 결과를 원상회복하여야 한다면, 오늘날 대부분의 국가에서 과거 전쟁을 통하여 자국 영토를 넓게 확장한 지도자들이 민족의 영웅으로 칭송되며, 그 시기에 민족적 자부심을 느끼는 현상과는 어떻게 조화를 이룰 수 있는가?

사실 법의 세계에서 과거의 행위는 당시의 법에 의하여 판단되어야 하며, 이를 오늘의 기준에서 재평가하는 것은 불소급 원칙을 통하여 금기시한다. 사회 변화와 함께 법도 항상 변화한다. 오늘의 합법이 내일의 불법이 될 수 있으며, 오늘의 불법이 내일에는 합법으로 될 수도 있다. 따라서 이미 지난 일들을 오늘의 법을 기준으로 재평가하고 그에 대한 법적 책임을 새롭게 묻는다면 법질서의 안정성은 사라질 것이다. 역사적 정의의 실현이라는 명분하에 과거사에 대한 끊임없는 책임추궁이 따를 것이다. 새롭게 강자로 등극한 자는 항상 억울한 과거를 재심판하려 할 것이다. 이에 불소급의 원칙은 법운영의 기본원리 중 하나이다. 그러다 보니 유엔 총회에서 채택한 국가 간 우호관계에 관한 국제법 원칙 선언(1970년)은 무력에 의한 영토취득을 불법이라고 규정하면서도, 유엔 헌장 체제 이전의 국제 합의는 이에 의하여 영향을 받지 않는다고 첨부하였다.[96]

더반 회의에서 제3세계 국가들은 노예제와 노예무역에 대한 과거 가해국의 책임인정과 사죄를 얻으려고 노력하였으나, 논란 끝에 이 점은 선언문에서 언급되지 않았다. 이는 역사와 현실 간의 불가피한 타협이었다. 역사적으로 명백한 과오라도 이를 오늘의 법률문제로 삼으려면 여러 가지 난관이 가로막는 것이다.

지난 약 한 세기 동안 한민족은 평탄한 삶을 살지 못하였다. 구한말 외세의 압박에 시달리다 급기야는 일제의 식민지로 전락하여 35년 동안 질곡의 생활을 하였다. 광복 후에는 남북 분단과 6·25전쟁을 거치면서 냉전의 제일선에서 민족대립을 계속하였고, 아직도 민족국가로서의 통일을 이루지 못하고 있다. 자연 우리에게는 과거의 역사에서 비롯된 오늘의 현안이 적지 않다.

무력의 위협을 통한 조선의 식민지화라는 지난 역사가 반복되지 말아야 할 잘못이었다는 점에는 한일 간에 큰 이의가 없다. 이와 관련하여 국내에서는 일제가 조선을 식민지화하는 과정에서 체결된 1905년 을사조약이나 1910년 강제합병조약이 무효라는 연구와 주장이 활발하다. 이러한 주장이 역사학계에서부터 적극적으로 제기되었다는 것은 결코 우연이 아니다. 역사가들은 100년 전의 과거 사실에 대하여 오늘의 관점에서 정당한 역사적 평가를 내린 것이다.

그러나 1910년의 강제합병조약이 당시에도 법적으로 무효였는가에 대하여는 한일 양국 정부와 학자들 간에 여러 이견이 존재한다. "1910년 8

---

96 Declaration on Principles of International Law concerning Friendly Relations and Co-operation among States in Accordance with the Charter of the United Nations. UN GA Resolution 2625(XXV)(1970).

월 22일 및 그 이전에 대한제국과 대일본제국 간에 체결된 모든 조약 및 협정이 이미 무효임을 확인한다"라는 1965년 한일기본관계조약 제2조의 해석과 관련하여, 한국 정부는 "당초부터 효력이 발생되지 않는 것이며, '이미'라고 강조되어 있는 이상 소급해서 무효null and void"라는 입장이다.[97]

그러나 일본 정부는 이 조항이 과거 한때 유효하게 성립되었던 조약들이 국교 정상화 시점에서는 이미 무효가 되었음을 확인하는 의미 정도라고 해석한다.[98] 적어도 당시의 국제법상으로 한일병합조약이 위법하지는 않았으며, 위법이었다는 주장은 오늘의 판단기준을 소급적으로 적용한 것에 불과하다고 주장한다. 부당하였을지는 모르나 위법하지는 않았다는 이른바 '적법부당론'이다.

그러자 이에 대항하여 1905년 및 1910년 조약이 '당시의 국제법'상으로도 위법하였음을 입증하려는 연구가 상당 수준 진행되었다. 실제로 당시의 조약 체결 절차상으로 여러 가지 중요한 법적 하자가 존재하였음이 재발굴되기도 하였으며, 이를 바탕으로 '위법부당론'이 입증되었다고 주장되었다. 그러나 당시의 국제법이란 근본적으로 제국주의 세력의 팽창을 뒷받침하던 법적 도구였다. 당시의 국제법은 무력사용 결과의 위법성을 충분히 평가할 수 없었다. 그러한 상황 속에서 병합조약 체결 절차상의 하자를 근거로 적법 부당론자들을 설득시키기는 쉽지 않을 것이다.[99] 적법부당론자들은 그 정도의 절차적 하자가 제국주의시대의 병합을 무효화시킬 정도로 중요한 흠이라고 생각하지 않을 것이기 때문이다.

역사학자들은 일제가 조선을 그 의사에 반하여 강제로 병합하고 35년간 식민지배를 한 것이 적법하였느냐를 가지고 아직도 논란을 벌이는 사실에 답답해할 것이다. 과거 제국주의 열강의 식민주의가 역사적 잘못이

---

97 대한민국 정부, 『한일회담백서』(1965), 19쪽.
98 福田博·基本關係, 『時の法令別冊 日韓條約と國內法の解說』(1966), 13~14쪽.
99 이에 대한 회의론으로 김용구, 『세계관 충돌의 국제정치학』(나남, 1997), 279쪽.

었다는 점에 누구도 이의가 없는 오늘날, 누가 병합조약이 당시에는 합법적으로 성립되었다고 강변하냐며 분통을 터트리는 것이 이해가 간다. 그러나 소급효 금지의 원칙은 과거의 행위를 법적으로 평가하기 위하여 법학자를 과거의 시대로 보내 판단하도록 요구한다. 역사가가 과거를 오늘로 소환하여 오늘의 관점에서 판단하는 것과 정반대이다. 그렇다면 1910년 강제합병조약에 대한 국제법적 평가에 있어서 '위법부당론'과 '적법부당론'은 어느 쪽도 상대방을 설복하지 못하고 계속적인 주장의 평행선을 그릴 것이다.

이쯤 되면 국제법 전공자들 중에는 상념에 잠기는 이가 생긴다. 법률운영에 있어서 소급효 금지원칙의 필요성에는 물론 공감하나, 이것이 한편으로는 과거의 부정의不正義를 과거의 시대 속으로 봉인해 버림으로써 오늘의 정당한 평가로부터의 도피를 방조하는 수단이 되기도 한다는 사실 또한 부인할 수 없기 때문이다. 그렇다면 1910년도 타임캡슐 속에 봉인된 병합조약이 체결 시의 국제법상으로도 위법무효였다는 주장을 과연 제3국 학자들이 얼마나 흔쾌히 동의해 줄지 의문이 들기도 한다. 그렇다고 하여 무작정 법에 대한 시간의 봉인을 풀 수도 없다. 이는 판도라의 상자를 여는 것과 같은 결과를 가져올 것이다. 법이 역사를 어떻게 다루어야 하는가는 늘 어려운 문제이다.

두만강 하단의 녹둔도 문제를 다시 한 번 거론한다. 이 섬은 적어도 19세기 중엽까지 400년 이상 조선의 영토로 지배되어 왔으며, 어느 나라도 조선의 영유권에 대하여 이의를 제기하였던 적이 없다. 그러나 현지 실정에 어두운 청과 러시아 간의 1860년 베이징조약을 통하여 러시아령으로 인정되었다. 쇠약한 조선은 뒤늦게 이 사실을 알았지만 별다른 항의를 하지 못하였다. 이로부터 100년도 더 지나 한국의 한 역사학자가 1860년 베이징조약에 의하여 녹둔도가 위법부당하게 러시아령으로 되었음을 발견하였다. 이후 국내에서는 녹둔도 회복 운동이 시작되었다. 그러나 이 지역을 실질적으로 지배하고 있는 북한과 러시아는 1985년 두만강을 국경으로 하는 국경선 조약을 체결하여 결과적으로 연해주 쪽에 연륙해 있던 녹둔도 지역을 러시아령으로 재확인하였다.

조선 초기부터 녹둔도는 조선의 땅이었고, 19세기 말 러시아령이 된 직후에도 녹둔도의 주민은 모두 조선인들뿐이었다. 1860년 베이징조약을 협상하던 청과 러시아 실무자들이 현지 실정을 정확히 알았더라면 녹둔도를 러시아령으로 만들지는 않았을 것이다. 또 본래 하중도였던 녹둔도가 강물의 흐름이 변경되어 연해주 쪽으로 연륙되지만 않았더라도 이러한 문제가 발생하지 않았을 것이다.

역사적으로 보면 녹둔도는 당연히 한민족의 영토가 되어야 한다. 그러나 한반도가 대한민국에 의하여 통일이 되어도 국제법적으로 녹둔도를 되찾기는 이제 어렵게 되었다고 앞서 설명한 바 있다. 국제재판을 하여도 승소의 가능성은 사실 없다. 실현 가능성도 없는 일에 매달려 러시아와 새삼 분쟁을 일으키는 것은 현명하지 못하다고 조언을 하면 국내 여론은 역사의식이 없는 한심한 법학자라며 비난할 것이다. 그러면 대외적으로는 통하기 어렵더라도 국내용으로나마 시원하게 녹둔도 회복의 당위론과 함께 실현 가능론도 주장하여야 하는가? 이럴 때 국제법 전공자로서 다시 고민에 빠진다. 과연 무엇이 우리 사회를 위하는 길인가?

III
한국의 국제법적 결단

한국 외교에서 국제법은 어떠한 의미를 지녀 왔는가?
지난 역사 속에서 대한민국 정부는 국익수호를 위하여
국제법을 충분히 활용하는 외교를 해 왔는가?
아니면 국제법상 보장되는 권리조차 제대로 찾지 못하는 외교를 한 적이 더 많았을까?
사실 외교는 표면으로 드러나는 사항 외에 배후의 드러나지 않는 여러 이유와 더불어
종합적으로 결정되는 경우가 많기 때문에 외견적 모습만을 기준으로
잘했다 못했다를 평가하기가 매우 어렵다.
당장은 외교적 성과로 보이던 것도 얼마 지나지 않아
불리한 부담만을 가중시킬 수 있어서 단기적 판단이 어려운 경우가 많다.
한국 외교에 있어서 국제법의 역할을 장기적 관점에서
평가하는 일은 우리 학계의 커다란 숙제이기도 하다.
그런 가운데 과거 우리 정부가 내렸던 중요한 외교적 결정 중에는
국제법적 관점에서 두드러지게 주목할 만한 사건이 몇 가지 있었다.
결정 당시 정부로서는 쉽지 않은 판단을 하였지만
돌이켜 보면 적절한 시점에 적절한 결단을 내린 사건들이었다.
단순히 국제법에 합당한 판단을 하였기 때문에 잘했다는 것이 아니라,
오히려 결정 당시에는 기존 국제법과의 갈등을 각오하고 내린 판단이었으나,
궁극적으로는 국제법의 지지를 받을 수 있었기에 의의가 있는 사건이었다.
당시 한국의 미약한 국력으로 인하여 세계사의 흐름에 큰 영향을 미쳤다고는 할 수 없지만,
적어도 한국으로서는 국제법의 새로운 발전방향을 적절히 간파하고
이에 합치되는 판단을 함으로써 국익에 도움을 줄 수 있었던 결정들이다.
대표적인 사례로 여기서는 1952년의 평화선 선언과 1970년의 대륙붕 선언을 검토한다.

1

평화선 선언[1]

(1) 평화선의 추진배경

한국 정부는 1952년 1월 18일 인접해양의 주권에 관한 대통령 선언을 발표하였다. 이는 한반도 연안으로부터 부분적으로 최장 200해리에 육박하는 바다와 대륙붕에 관하여 대한민국은 주권을 보지한다는 선언이었다. 후일 국내에서는 이 선을 동북아 해역의 평화를 지키기 위한 '평화선'이라고 불렀고, 일본에서는 그 내용을 깎아내리기 위하여 '이승만 라인'이라고 불렀다.

일본은 평화선이 공해어업 자유의 원칙을 위반한 국제법상 불법조치라고 시종 비판한 반면, 한국은 국제적 선례에 입각한 정당한 권리주장이라고 반박하였다. 일본 정부는 평화선을 침범한 일본 어선을 나포하는 등 한국 정부가 인질외교를 벌인다고 비난하였다. 평화선은 1965년 한일 국교 정상화 회담이 타결되기 전까지 이후 13년 동안 한일 간 외교관계에 있어서 가장 큰 갈등요인으로 작용하였다. 한편 국내에서는 한일회담 반대자론들이 국민의 심정적 동조를 쉽게 얻을 수 있었던 구호 중의 하나가 "평화선을 팔아먹지 말라"는 것이었다.

평화선은 발표 당시 이를 기초한 실무자들조차 국제법 위반의 개연성을 부인하지 않았으며, 따라서 국제적 파장이 만만치 않을 것임을 각오하였다고 한다. 평화선 선언은 전통 국제법상 공해어업의 자유에 반기를 든 약

---

1 이 주제에 관한 좀 더 상세한 내용은 정인섭, 「1952년 평화선 선언과 해양법의 발전」, 『서울국제법연구』 제13권 제2호(2006), 1~28쪽 참조. 본 항목은 이 논문의 내용을 바탕으로 재구성 및 보완한 것이다.

소국의 외침이었다. 평화선은 발표 당시 미국, 영국, 타이완 등 최우방들도 반론을 제기할 정도로 고립무원 같은 존재였으나, 한국 정부는 이를 포기하지 않았다. 6·25전쟁이 한창이던 1952년 초 한국 정부는 왜 평지풍파를 일으킬 평화선을 선언하였는가?

제2차 세계대전 이전 일본은 세계 최대의 어획고를 자랑할 만큼 수산업이 발달하였으며, 일본 어민의 원양어업 진출은 각국과 분쟁을 야기하기도 했다. 1945년 9월 미국의 트루먼 대통령이 인접공해에서의 연안어업에 관한 미국의 정책선언을 발표한 것도, 전쟁 전 일본 어선들이 미국의 코앞까지 몰려와 어로작업을 하였기 때문에 이를 제한하려는 목적이 가장 컸다. 일본 어민들의 발달된 어로기술과 어선, 어구로 인하여 한반도 주변 어장은 일제강점기부터 이미 남획의 위협을 받고 있었다. 조선총독부조차 어장 보호를 위하여 1929년 12월 조선어업보호 취체규칙(조선총독부령 제109호)을 제정하여 한반도 주변에서의 조업을 통제하였다.

제2차 세계대전 종료 후 한국과 일본은 미군정의 지배를 받았다. 미국은 우선 일본 어선의 대외진출을 통제하기로 했다. 이에 1945년 9월 27일 미국 태평양 함대 사령관은 일본 어선의 조업구역을 일본 열도 주변으로 한정한다는 각서를 발표하였다. 이것이 이른바 제1차 맥아더 라인이다.[2] 맥아더 라인은 그 후 수차례 확장되어 1950년 5월 이후에는 남태평양에서의 모선식 참치어업도 허용되었다.

한반도 주변 수역은 맥아더 라인 밖에 위치하였기 때문에 일단 한반도 주변에서 일본인의 어로는 금지되었으나, 상당수의 일본 어민들은 맥아더 라인을 몰래 넘어 서해까지 몰려와 조업을 하였다. 그럼에도 불구하고 일본 정부는 별달리 이들을 단속하지 않았다. 대부분의 어선이 무동력선이었던 당시 한국 수산업계로서는 일본 어선들이 맥아더 라인을

---

2 지철근, 『평화선』(범우사, 1979), 89~90쪽.

넘어와 한반도 주변에서 고기를 잡는 것을 속수무책으로 바라볼 수밖에 없었다. 드디어 1949년 6월에는 남해안 일대 어민들의 일본 어선 침범 규탄대회가 곳곳에서 벌어졌고, 1949년 6월 13일 국회는 맥아더 라인 확장을 반대하고 일본 어선의 한반도 연안 출몰을 비난하는 결의를 채택하기도 했다.

6·25전쟁이 발발하자 일본 어선의 출몰은 더욱 심해졌으나, 전쟁 중이라 단속은 어려웠다. 한국이 연합국 사령부에 이 문제를 제기하면 양국 간 어업협정의 체결을 권할 뿐이었다. 이에 상공부 수산국에 근무하던 지철근 수산과장 등이 중심이 되어 한반도 주변에 어로관할수역을 설정하자는 아이디어를 제기하였다. 수산국이 상공부에 소속되어 있었던 이유는 당시 수산물이 그만큼 한국의 주요 수출품목이었기 때문이었다. 지철근은 과거 조선총독부가 한반도 연안 어족자원보호를 위하여 트롤어업금지 수역을 실시하였던 예에 착안하여 한국도 유사한 어로관할수역을 설정하면 일본으로서도 반발할 명분이 별로 없을 것이라고 기대하였다.

(2) 평화선의 준비작업

일본에서 수산고등학교를 나온 지철근은 일본인 동문을 통하여 한반도 주변의 어장도를 구하고, 이를 바탕으로 1950년 10월부터 주요 어장을 포함하는 어로관할수역을 설정하는 작업을 시작하였다. 통일에 대비하여 전 한반도 주변에 어로관할수역을 설정하기로 했다. 일제강점기 트롤어업 금지 구역선을 기반으로 하되, 동남해는 일본과의 중간선을 기준으로 하고 어족자원이 많은 제주 서남해 방면은 외곽으로 돌출시켜 넓게 포섭하고 소흑산도 이북 서해지역은 트롤어업 금지선과 일치시키었다. 동해에서는 울릉도까지만 포함시키었다. 수산국에서 지철근을 중심으로 작성된 첫 번째 안은 주로 수산업계의 관점에서 한국 어민들의 주요 어장을 보호

한다는 목적하에 작성된 것이었다.[3]

조선총독부 당시 한반도 주변의 어로제한은 국내법상의 규제였다. 그 자체는 국제법적 문제가 아니었다. 한국이 독립한 후에는 사정이 같을 수 없었다. 이제는 외국(일본) 어선에 대한 국제법적 규제를 시도하는 것이었다. 지철근은 자신의 어로수역 설정안을 실현시키기 위하여 국내의 국제법학자, 법조계 인사, 외교부 관계자와 접촉하였다. 공해자유의 원칙과 영해 3해리설이 주류를 이루던 당시, 영해 너머에 일방적으로 어로수역을 설정하자는 안에 대하여 처음에는 모두 부정적이었다고 한다.[4]

그러나 우군도 있었다. 일본 어선의 남획으로부터 어족자원을 보호하여야 할 필요성을 느끼고 있던 당시 외교부 정무국장 김동조는 외교부 내에서 이 문제의 대변인이라고 할 정도로 어로수역 설정에 적극적이었다고 한다.[5] 그는 한국의 어로수역 설정이 공해어업의 자유에 대한 침해라는 반발이 있을 것을 예상하면서도 해양법의 새로운 추세상 충분히 근거를 인정받을 수 있다고 확신하였다.

평화선을 추진한 초기 주역들이 일정한 국제적 파장이 일 것을 각오하면서도 평화선 선포를 밀고 나갔던 근거는 무엇인가? 이는 나름대로 국제해양법의 변화 움직임을 파악하고 이를 적극 활용한 결과였다.

제2차 세계대전 이후 연안국은 마치 경쟁이나 하듯이 고전적인 3해리 영해를 넘어서는 해양관할권 확장에 나섰다. 그 직접적인 계기가 된 사건은 앞서 말한 미국의 트루먼 선언이었다. 1945년 9월 28일 미국 트루먼 대통령은 이후 해양법 발전에 중대한 영향을 미친 대륙붕의 자연자원에 대한 미국 정책에 관한 대통령 선언(제2667호)과 공해 일정지역의 연안어로에 대한 미국의 정책에 관한 대통령 선언(제2668호)이라는 2개의 정책선언을

---

3 지철근(앞의 주 2), 115~118쪽. 이 책 118쪽에는 그 구체적인 좌표점이 제시되어 있다.
4 지철근(앞의 주 2), 111쪽.
5 지철근(앞의 주 2), 120쪽.

발표한 바 있다. 전자는 미국 연안 수심 약 180m까지의 대륙붕에서의 천연자원은 미국의 관할권과 통제권에 복종한다는 내용이었다. 후자는 미국 연안에 인접한 일정한 공해수역을 어업자원보존수역으로 선포하고, 이 수역에서 어업활동을 하고 있던 타국과는 협정을 체결하여 어족자원을 보존하겠다는 내용이었다. 트루먼 선언은 훗날 국제사회에서 대륙붕 제도와 배타적 경제수역 제도가 정립되는 계기가 되었다.

이후 중남미 국가들을 필두로 연안국이 인접수역에 대한 관할권을 확장하는 경쟁에 불이 붙었다. 미국에 이어 멕시코가 1945년 10월 29일 수심 200m까지의 대륙붕은 연안국의 불가분의 일부이며, 인접해역의 수산자원을 보호하기 위한 어로구역을 설정한다고 발표하였다. 이후 각국별로 주장 내용은 조금씩 달랐지만, 파나마, 아르헨티나, 페루, 코스타리카, 온두라스, 엘살바도르, 니카라과, 브라질, 에콰도르 등의 중남미 국가와 사우디아라비아, 필리핀, 아부다비, 바레인, 두바이, 쿠웨이트, 카타르, 파키스탄 등의 아시아 국가가 1951년 초까지 자국 연안의 관할권을 확대시키는 선언을 발표하였다. 당시 각국의 주된 관심은 대륙붕의 자원이었다. 마침 유엔 국제법위원회는 이러한 추세를 정리한 자료집을 발간하였다.

김동조는 주로 외교부 정무국 내 장윤걸, 김영주 등과 함께 이 문제를 검토하였는데, 유엔 한국통일부흥위원회UNCURK에 근무하는 김윤태를 통하여 유엔 국제법위원회에서 발간한 해양법 자료집을 구하게 되었다.[6] 여기에는 국제사회의 새로운 변화의 움직임이 담겨 있었다. 이 책을 얻자 그는 마치 어두운 밤에 전등을 주운 것과 같이 용기를 얻어 자신감을 가질 수 있었다고 한다.[7] 변영태 외교장관도 김동조의 의견에 따라 업무를

6 UN Legislative Series, *Laws and Regulations on the Regime of High Seas*(UN Doc. ST/LEG/Ser.B/1(1951)). 이 책은 나중에 법무부가 원문을 영인 수록하고 전문 번역을 하여 공해에 관한 법령집 상하 2권으로 발간하였다(상세 발간일자 미상).
7 김동조, 『회상 30년 한일회담』(중앙일보사, 1986), 15~16쪽.

추진하라고 지시했다. 당시 한국 정부 실무자들은 이 같은 해양법의 변화 추세를 읽고 있었으며, 이는 이승만 대통령에게도 보고되었다.[8] 평화선 선언 전문의 "확정된 국제적 선례"에 의거하고 있다는 문구는 이러한 사실을 가리키는 것이었다. 1952년 한국 정부가 평화선 선언을 할 수 있었던 배경에는 이 같은 국제적인 해양관할권 확장 추세가 자리 잡고 있었다. 평화선 선언 직후인 1952년 8월 18일 칠레, 페루, 에콰도르 3국은 연안국은 200해리까지 주권과 관할권을 갖는다는 산티아고 선언을 발표하였다. 산티아고 선언은 이후 해양법 변화에 있어 중요한 계기를 마련하였다고 평가되고 있다.

(3) 평화선의 설정

외교부는 지철근이 작성한 어로수역의 원안에서 독도를 추가하도록 하였다. 지철근은 어업보호를 위한 목적에서는 울릉도 외곽 수역을 포함시킬 필요가 없다고 생각하였다. 당시 한국 어업의 실정상 독도 부근까지의 출어는 어려웠기 때문이었다. 그는 독도를 포함시키면 오히려 어족자원 보호라는 명분이 퇴색된다고 반대하였다.[9] 그러나 김동조는 향후 한일 간 영유권 분쟁에 대비하기 위하여 독도를 포함시켜야 한다고 주장하였다. 독도를 이 선에서 배제시키면 대외적으로 예상치 못한 오해를 불러일으킬 수 있다고 생각하여 독도를 포함시키는 형태로 넓게 확장시켰다.[10] 샌프란시스코 대일평화조약이 1951년 9월 초에 채택될 예정이었기 때문에 외교부는 평화조약 조인 이전에 어업수역을 선포하려는 의도에서 작업을 진행

---

8 1951년 11월 29일 이 대통령에게 영해선포에 관한 타국의 법령자료가 보고되었다. 오제연, 「평화선과 한일협정」, 『역사문제연구』 제14호(2005), 18쪽.
9 지철근(앞의 주 2), 69~70쪽.
10 김동조(앞의 주 7), 16쪽.

하여 1951년 9월 7일 자 제98회 임시국무회의에서 어업보호수역 선포에 관한 안건을 상정, 통과시키었다. 이 의결안은 샌프란시스코에서 대일평화조약이 조인되던 바로 9월 8일 이승만 대통령에게 제출되었으나 당시는 재가가 나지 않았다.

1951년 10월 20일부터 한일회담 예비회담이 시작되었다. 이 회담은 예비회담으로서 시작된 것인 만큼 일단 양측의 기본 입장을 탐색하는 자리였다. 한국은 한반도 주변에서 일본 어선의 활동을 제어하기 위한 어업협정의 체결을 희망하였으나 일본은 이에 별다른 반응을 보이지 않았다. 일본으로서는 평화조약 발효 이후 주권을 완전히 회복한 다음 본격적인 회담을 진행시키려 하였다. 반면 한국으로서는 평화조약이 발효하면 맥아더라인이 철폐되어 곧바로 일본 어선이 한반도 연안까지 몰려올 것을 걱정하였다.

초반의 예비회담을 진행한 결과 김용식 대표 등 한국 외교부 관계자들은 일본에 대하여 협상 주도권을 잡기 위해서도 어업자원보호수역의 선포가 필요하다고 판단하였다. 다시 경무대와 접촉하며 단순한 어업자원의 보호만이 아니라 대륙붕의 자원도 대상으로 하고, 안보, 국방 차원의 성격도 가미한 해양주권선언을 추진하기로 하였다.[11] 이에 어업보호수역의 선포에서 인접해양의 주권에 관한 대통령 선언으로 변화된 안이 1952년 1월 중순 다시 국무회의를 통과하였고, 이 대통령도 이를 재가하였다. 이는 1952년 1월 18일 국무원 고시 제14호로 공포되었다. 이후 평화선이 한국인의 마음이나 대일외교상에서 차지하였던 중요성에 비하면 정작 발표 당시에는 국내 언론의 주목을 별로 받지 못하였다. 1월 20일 자 「동아일보」에는 뒷면 작은 기사로나마 보도되었으나, 「조선일보」에는 보도조차되지 않았다. 이 선언에 대하여 일본 정부가 항의하고 반박성명을 내자 나

---

11 김동조(앞의 주 7), 35~36쪽.

중에 그 사실이 1단 또는 2단 기사로 보도되었을 뿐이다.[12]

평화선 선언은 모두 4개 조항으로 구성되어 있었다. 전문은 확정된 국제적 선례에 의하고 국가의 복지와 방어를 보장하기 위하여 이를 선언한다는 취지를 담고 있다. 제1항은 인접 대륙붕의 자원을 보호, 보존, 이용하기 위하여 국가의 주권을 보존, 행사한다고 선언하였다. 제2항은 어족자원 등 인접해양의 자원에 대한 주권의 보지와 행사를 선언하였다. 제3항은 위와 같은 주권행사의 대상이 될 수역을 좌표를 통하여 밝혔다.[13] 이 구획선이 바로 평화선이다. 다만 이 경계선은 장래의 정세변화에 따라 수정될 수 있음을 첨부하였다. 제4항은 수역 내에서 공해상의 자유항행권을 방해하지 않는다고 규정하였다.

인접해양의 주권에 관한 대통령 선언이 후일 평화선으로 불리게 된 이유는 다음과 같다. 선포 초기에는 정식 명칭이 긴 편이므로 주로 해양주권선으로 호칭되었고,[14] 영해와 동일시되기도 하였다. 그런데 이 선언에 대하여 우방국들도 반발을 하자 한국 정부는 1953년 2월 8일 이 선언의 목적이 한일 양국의 평화유지에 있다는 성명을 발표하였고, 이후 차츰 평화선이란 명칭의 사용이 국내에서는 일반화되었다.

그런데 처음에는 평화선 선언의 법적 성격이 명확하지 못하였다. 이는

---

12 「조선일보」 1952. 1. 26. 2면 및 1952. 1. 30. 2면.
13 평화선은 다음 지점을 연결하는 선이다.
 (1) 함경북도 경흥군 우암령 고령으로부터 북위 42도 15분 동경 130도 45분을 연결하는 선.
 (2) (1) 선의 종점으로부터 북위 38도 동경 132도 50분을 연결하는 선.
 (3) (2) 선의 종점으로부터 북위 35도 동경 130도를 연결하는 선.
 (4) (3) 선의 종점으로부터 북위 34도 40분 동경 129도 10분을 연결하는 선.
 (5) (4) 선의 종점으로부터 북위 32도 동경 127도를 연결하는 선.
 (6) (5) 선의 종점으로부터 북위 32도 동경 124도를 연결하는 선.
 (7) (6) 선의 종점으로부터 북위 39도 45분 동경 124도(평북 용천군 신도 열도)를 연결하는 선.
 (8) (7) 선의 종점으로부터 마안도 서단을 연결하는 선.
 (9) (8) 선의 종점으로부터 북으로 한만국경의 양단과 교차되는 직선.
14 「조선일보」 1953. 2. 9. 2면 및 1953. 8. 5. 1면 등.

국무원(오늘날의 국무회의) 고시로서 발표되었으므로 그 자체로 법률적 효력을 가질 수 없었다. 결국 평화선 선언의 구속력 있는 집행을 위하여 약 2년 후인 1953년 12월 어업자원보호법이 법률로 제정되었다. 이 법은 평화선의 대상수역을 "어업자원을 보호하기 위한 관할수역"으로 규정하고(제1조), 관할수역 내에서는 어업허가를 받은 자만이 어업에 종사할 수 있도록 하였으며(제2조), 위반자는 3년 이하의 징역 또는 50만 환 이하의 벌금에 처하도록 하는 처벌조항을 두었다(제3조). 이후 평화선의 집행을 위한 추가적인 법률은 만들어지지 않았다. 그렇다면 몇 가지 의문이 제기된다.

첫째, 대통령 선언은 제1항에서 대륙붕의 자원에 대한 권리도 주장하였는데, 이는 법적으로 어떻게 실현될 수 있는가이다. 이 부분에 대하여는 후속법제가 이루어지지 않았다. 당시로서는 한국이 대륙붕의 자원을 개발할 자금도 기술도 없었으므로 대륙붕은 관심사가 되지 못하였다. 일반인들도 평화선은 어업보호를 위한 것으로만 인식하였다.

둘째, 평화선의 또 다른 목적은 국가방위라고 표방하였으나, 그러한 내용은 전문에만 지적되고 있을 뿐 구체적인 내용이 선언에 담겨 있지 않았다. 이에 관한 후속 입법조치도 없었다. 더욱이 제4항에서 평화선이 공해상의 자유항행권을 방해하지 않는다고 규정하였으므로 군함의 통항 역시 제한되지 않았다. 상공비행 역시 아무런 제한이 가하여지지 않았다.

결국 평화선은 당초의 표방과 달리 어업자원보호수역으로 한정되었으며 일반인들도 그렇게 이해하였다.

(4) 평화선의 집행

일본 어선의 침범을 막기 위하여 평화선을 선언하였지만 실제 이의 집행은 쉽지 않았다.

평화선 선포 이전부터 한일 간에는 일본 어선의 맥아더 라인 월선이 문제가 되었다. 미군정 시절인 1947년 2월 4일 제주 근해에서 일본 어선 한 척(幸漁丸)을 조선 해안경비대가 나포한 것이 최초의 실력행사였다.[15]

그때는 주한 미군정청도 맥아더 라인을 침범하는 일본 어선의 나포를 지시하여 미군정 시절 약 20척의 일본 어선이 나포되었다. 그러나 1948년 7월 28일 미군정청은 조선 영해를 침범하지 않는 한 맥아더 라인을 월선한 어선을 나포하지 말고 그 침범사실만을 통고하라고 지시하고 정부 수립 직전 그동안 나포한 일본 어선을 모두 석방하였다. 이후에도 연합군 사령부는 맥아더 라인을 넘은 일본 어선을 나포하지 말라고 요구하였으나, 한국 해군은 종종 일본 어선을 나포하였다. 이에 연합군 사령부의 항의가 제기되었고, 미국의 압력으로 한국 정부는 일단 1950년 1월 27일 자로 나포 중지를 약속하였다.[16]

1952년 1월 평화선이 선포되었으나 이를 위반한 경우에 대한 대응책은 포함되어 있지 않았다. 평화선이 발표되자 일본은 한국 정부에 전달한 1952년 1월 28일 자 구상서를 통하여 이는 국제적으로 확립된 공해자유 원칙에 전적으로 배치된다는 항의를 제기하였다. 일본 정부는 이후 평화선이 국제법상 불법이라는 입장을 한 번도 굽힌 적이 없다. 일본 학자들 역시 평화선은 불법이라고 주장하였다. 한국이 선례라고 제시하는 중남미 국가의 200해리 주장은 학설상 일고의 가치도 없는 잘못된 주장으로 입법론으로서의 가치조차 없으며, 평화선 선언은 한국 외교당국의 무지를 폭로하는 것에 불과하다고 신랄히 비판하였다.[17]

평화선 선언 이후 잠시 관망하던 일본 어선들은 몇 달 뒤부터는 다시 평화선을 넘기 시작하였다. 1952년 7월 18일 이승만 대통령은 평화선 침범

---

15 지철근, 『한일어업분쟁사』(한국수산신문사, 1989), 100쪽.
16 오제연(앞의 주 8), 14~15쪽.
17 小田滋, 「日韓漁業紛爭をめぐつて」, 『ジョリスト』 1953. 4. 15. 27쪽; 小田滋, 「李承晩宣言の違法性」, 『法律時報』 1953年 10月, 85쪽.

연도	나포 어선/억류 선원	송환 어선/송환 선원
1947	7/81	6/81
1948	15/202	10/202
1949	14/154	14/151
1950	13/165	13/165
1951	45/518	42/518
1952	10/132	5/131
1953	47/585	2/584
1954	34/454	6/453
1955	30/498	1/496
1956	19/235	3/235
1957	12/121	2/121
1958	9/93	0/93
1959	10/100	2/100
1960	6/52	0/52
1961	15/152	11/152
1962	15/116	4/116
1963	16/147	13/147
1964	9/99	7/99
1965	1/7	1/7
합계	327/3911	142/3903

외국 어선을 나포하라고 해군에게 지시하였다. 한국은 평화선을 침범한 외국 선박과 선원을 심판하기 위하여 1952년 10월 4일 자 대통령 긴급명령 제12호로써 포획심판령을 제정하고 포획심판소와 고등포획심판소를 설치하였다. 또한 평화선 선언을 실체법적으로 뒷받침하기 위하여 1953년 12월 어업자원보호법을 제정하였다. 이후 평화선 침범 어선에 대한 단속과 처벌은 어업자원보호법을 근거로 하였다. 이후 1965년 한일협정이 체결될 때까지 평화선을 침범하는 일본 어선의 나포는 지속되었다. 평화선

---

18 小田滋, 『海の資源と國際法 I』(有斐閣, 1971), 196쪽. 단 1965년도 통계는 최종화, 『현대 한일어업관계사』(세종출판사, 2000), 27쪽.

선언 이후 총 233척의 일본 어선과 2,956명의 일본 선원이 나포되었다.

국내에 대한국제법학회가 창설된 것도 평화선이 계기가 되었다. 한국 정부는 평화선 선언이 전통적 국제법과는 충돌될지 모르나 새로이 부각되는 연안국의 해양관할권 확대 경향과 부합된다는 사실을 좀 더 체계적으로 연구하고 이론화할 조직을 필요로 하였다. 일제강점기에 조선인 중 국제법을 전공한 사람은 매우 희귀하였다. 광복 후 정부가 수립되고 국제법 지식에 대한 수요는 컸으나 전문가는 매우 적었다. 정부로서는 평화선이 발등의 불이기도 하였다. 이에 국제법의 연구를 진흥하기 위해서는 이를 위한 학술단체가 필요하다고 생각한 외교부가 앞장서서 학회 창설을 격려하였다. 아직 부산 피란 시절이던 1953년 6월 16일 부산 앞바다 해군 함정 내에서 대한국제법학회의 창립총회가 거행되었다. 창설 경비는 외교부가 지원하였고 당장 연락을 담당할 사무국도 외교부 내에 설치되었다. 이는 6·25전쟁 와중의 열악한 사회 실정 속에서도 누가 왜 국제법을 필요로 하였는지를 잘 보여 주는 증거이다.

(5) 평화선 선언 이후 해양법의 발전

평화선 선언 이후 한국 외교의 한 축은 평화선 보호에 있었다고 하여도 과언이 아닐 정도로 이 문제는 정치적으로 중요한 의미를 지녔다. 이는 당시 한국 경제에서 수산업이 차지하는 비중이 그만큼 컸음을 의미하기도 했다. 이후 한국은 국제무대에서 기회 있을 때마다 공해어로에 있어서도 연안국의 특수한 이익이 존중되어야 한다는 입장을 관철시키려고 노력하였다.

1955년 4월 로마 유엔 식량농업기구FAO에서는 수산자원보호에 관한 국제회의가 열렸다. 이 회의에서는 인접한 공해에서 생물자원의 보호에 관하여 연안국의 특수한 이익을 인정할 것이냐가 쟁점의 하나로 부각되었다. 여기서도 평화선의 타당성에 관하여 한일 간에 치열한 논전이 벌어졌다.[19] 결국 표결 끝에 한국의 입장과 같이 연안국의 특수이익을 인정하는 안이 1표 차인 18(찬성)−17(반대)−8(기권)로 간신히 통과되었다.

한편 제2차 세계대전 후 급격히 변화하는 해양환경에 발맞추어 해양법을 법전화하기 위한 회의가 유엔에 의하여 소집되었다. 그 첫 번째 회의가 1958년 제네바에서 개최된 제1차 유엔 해양법회의였다. 공해어로에 대한 연안국의 통제권 문제는 당시 회의에서도 주요 쟁점이었다. 한국으로서는 평화선이 객관적 타당성을 인정받을 수 있느냐에 촉각을 곤두세우지 않을 수 없었다.

유엔 국제법위원회가 해양법협약의 초안을 작성하여 이 회의에 제출하였다. 당시 국제법위원회의 보고서에서는 기존의 해양법이 해양생물자원의 남획과 멸종을 방지하기에 충분치 못함을 인정하였다.[20] 이에 연안국은 자국 영해에 인접한 공해에서의 생산성 유지에 특별한 이해를 가지며(초안 제54조 제1항), 합리적 기간 내에 타국과 합의가 성립되지 않으면 인접 공해에서의 생산성 유지를 위하여 연안국은 일방적 보존조치를 취할 수 있도록 하자고 제안하였다(초안 제55조 제1항). 국제법위원회의 이러한 제안은 비록 공해 어족자원을 보존할 필요성이라는 제한을 달고 있었지만, 고전적 공해어로의 자유를 수정할 필요성을 국제사회가 공식화하기 시작한 첫걸음이었다.

당시 제네바 회의의 가장 큰 관심사는 영해의 폭이었는데, 전통적인 3해리의 고수는 이미 어려운 분위기였다. 제3세계와 동구권 국가들은 12해리 영해를 지지하였으나, 미국과 서구국가들은 6해리 영해에 6해리 어로수역을 추가하는 안을 제안하였다. 그중 캐나다는 추가 6해리 어로수역에

---

19 당시 상황에 관하여는 지철근(앞의 주 2), 214~219쪽에 상세.
20 ILC Commentary on Article 49, *Yearbook of International Law Commission*(1956) vol.II, pp.286−288.

서 연안국의 독점적 어업권을 인정하자고 주장하였고, 미국은 과거 5년간 12해리 이내 어로수역에서 어업을 한 실적이 있는 타국의 어로권은 기득권으로 계속 존중되어야 한다고 주장했다. 한국 대표단으로서는 영해의 폭은 가급적 넓은 것이 좋으나 평화선은 영해가 아닌 일종의 독점적 어로수역이므로 이 문제와 직접적으로 관련된 사항은 아니라고 판단하였다.[21] 반면 영해 이원 인접공해에서도 연안국의 독점적 어로권이 보장될 필요가 있다는 방향으로 논의가 진행되도록 노력하였다.

미국 정부의 협조 요청을 받은 한국 정부는 회의 대표단에게 표결에서는 미국안을 지지하라는 훈령을 내렸다. 그러나 김용우 수석대표(주영 대사)는 분과위원회와 전체회의에서 모두 미국안에 반대하고 캐나다안에 찬성을 하였다. 그는 12해리 이내에서도 연안국의 독점적 어로권을 보장하지 않으려는 미국안은 평화선에 불리한 영향을 미칠 것으로 우려하였다.[22] 본국 정부의 지시를 무시하고 미국안에 반대표를 던진 김용우 수석대표는 혼자 책임을 지겠다는 생각에 표결 시 다른 한국대표들을 모두 회의장 밖으로 나가게 하고 홀로 남아 반대표를 던졌다고 한다. 미국안은 분과위 표결에서 38-36-9로 과반수를 얻지 못하였으며, 같은 안이 재차 회부된 총회에서 45-33-7로 당시 나온 각종 제안 중 가장 많은 표를 얻었으나 이 역시 통과에 필요한 3분의 2 미달로 역시 부결되었다. 결국 제1차 해양법회의에서는 영해의 폭에 대한 국제적 합의가 성립되지 못하였다.

1958년 제1차 해양법회의는 영해의 폭을 합의하는 데 실패하여 해양법상 가장 중요한 숙제를 해결하지 못하였으나, 공해 생물자원 보존에 관한

---

21 문철순, 「제네바 국제해양법회의 경과」, 『국제법학회논총』 제4호(1958), 82쪽.
22 문철순(앞의 주 21), 85쪽; 지철근(앞의 주 2), 224~225쪽. 당시 일본은 캐나다안에는 반대, 미국안에는 기권을 하였다. 한국의 반대표에 주한 미국대사는 이승만 대통령을 방문하여 유감을 표하였고, 김용우 대사는 다음 달인 5월 업무차 귀국 시 사표를 제출하여 수리되었다. 박실, 『증보 한국외교비사』(정화출판사, 1984), 360~361쪽.

포괄적 조약을 성립시켰다는 점은 중요한 업적이었다.[23] 이는 연안국의 해양 관할권 확대 주장을 정면으로 수용한 것은 아니었으나, 영해 이원 공해수역에서의 어로에 대한 연안국의 특별이익을 인정하였다는 점에서 국제법의 새로운 발전추세를 보여 주었다. 이는 훗날 배타적 경제수역 제도로 발전되는 중간과정이기도 하였다.

평화선 고수의 사명을 지녔던 한국대표단은 해양법회의에서 의미 있는 성과를 거두었다. 12해리의 영해 및 어로수역 외곽에 대한 연안국의 통제권 확보를 위한 노력의 일부가 최종 협약에 반영되었다. 인접공해에 대하여도 연안국의 통제권을 확대하자는 한국 측의 입장은 대체로 국제사회의 다수의사와 일치하였다.[24] 이는 평화선이 내포하는 권리주장이 장기적인 국제사회의 흐름과 큰 격차가 없다는 것을 의미하였다. 결국 제1차 해양법회의가 끝난 후 일본은 자국 외교의 실패라고 평가하였다고 한다. 그러나 이는 외교의 실패였다기보다는 과거의 기득권을 고수하려는 일본의 입장이 해양법의 새로운 추세와 조화되지 못한 결과였다.[25]

유엔 해양법회의는 1960년 다시 한 번 소집되었으나 이때에도 영해의 폭에 대한 합의가 이루어지지 않았다. 차후 새로운 해양법회의를 소집하자는 안조차 부결되었다.

(6) 한일 국교 정상화와 평화선

한일회담에서 평화선은 청구권 협상과 함께 가장 타결이 어려운 주제였다. 1950년대의 회담과정 내내 한국은, 국내 어업실정은 열악하고 일본 어

---

23 A. Dean, "The Geneva Conference on the Law of the Sea: What was accomplished", *American Journal of International Law* vol.52, p.625(1958).

24 제네바 회의에서 한국 대표단의 활동에 관하여는 정인섭(앞의 주 1), 16~17쪽 참조.

25 문철순(앞의 주 21), 110쪽.

선의 남획이 빈번한 상황에서 평화선의 선포는 한반도 연안의 어족자원 보호를 위한 불가피한 조치라고 주장하였다. 샌프란시스코 대일평화조약에 따라 일본은 한국과 어업협정을 체결할 의무가 있으나 일본이 이를 회피하므로 부득이 일방적으로 선언할 수밖에 없었다고 주장하였다.[26] 또한 국제적으로도 연안국이 영해 바깥의 어족자원을 보호하기 위하여 관할권을 행사하는 것이 확산되고 있음을 지적하였다. 일본 역시 북태평양 공해에 관하여는 미국·캐나다와 협정을 체결하여 어로제한에 합의한 바 있고, 중국 및 소련과도 인접공해에서의 유사한 제한협정에 합의한 바 있는데, 왜 한반도 주변에서는 동일한 조치에 비협조적이냐고 비난하였다. 즉 고전적 공해어로자유의 원칙은 국제사회에서 이미 수정되고 있다는 주장이었다. 반면 일본은 공해자유의 원칙상 당사국의 합의가 없이 일방적으로 배타적 어로수역을 설정하는 것은 위법이며, 평화선을 폐지하여야만 한일회담이 타결될 수 있다고 주장하였다.[27]

평화선은 한일회담 과정에서 유일하게 한국이 협상의 칼자루를 쥘 수 있었던 지렛대였다. 한일관계가 경색되면 평화선을 침범한 일본 선박에 대한 단속이 엄격해졌고, 원만한 관계가 필요하면 붙잡힌 일본 어민을 석방하였다. 특히 1950년대 말 일본이 재일교포의 북송을 추진하자 이를 막기 위한 외교적 수단으로 한국 정부가 사용할 수 있었던 거의 유일한 협상카드이기도 하였다. 당시 한국 정부는 처음으로 평화선에 대한 양보 가능성을 내비추기도 하였으나 북송은 강행되었고, 1960년대 초까지 평화

---

26 "Official Views of the Republic of Korea Government on the Regime over the High Seas", *The Ministry of Foreign Affairs, The View of the Korea Government: Selected Documents and Thesis on Peace Line* vol.I(발행일자 미상), pp.12–15; 대한민국 정부, 『한일회담백서』(1965), 75~76쪽.

27 평화선과 관련된 한일회담의 경과는 지철근(앞의 주 2), 235~497쪽 및 지철근(앞의 주 15), 141~540쪽에 상세. 기타 최종화(앞의 주 18), 45~54쪽 등 참조. 특히 제3차 회의까지의 진행에 대하여는 외교부, 「한일회담약기」(1955)에 상세.

선에 대한 양국의 기본입장은 변함이 없었다. 평화선은 점차 대일외교에서 상징적인 수호 대상으로 한국인에게 인식되었다.

5·16 이후 시작된 한일회담에서 청구권문제는 1962년의 김종필·오히라 합의를 통하여 해결의 원칙이 타결되자, 이후 회담의 초점은 평화선에 집중되었다. 일본은 제2차 해양법회의 시의 다수의견과 같이 6해리 영해와 6해리 어업전관수역안을 한국에 제시하였으나(단, 어로수역에서 10년간 일본 어선의 어로 보장), 한국은 공해어로에 대한 연안국의 특별이익을 인정하라고 요구하였다. 1963년 7월 회의에서 한국은 40해리 어업전관수역안을 제시하여 처음으로 평화선을 축소시키는 구체안을 제시하였다. 그러나 일본은 일부 개별어종의 규제는 가능하나 12해리 이상의 어로전관수역은 인정할 수 없다고 주장하였다.[28] 결국 한일회담에서 1965년 한일어업협정의 형태로 최종적으로 타결된 결과는 양국 연안 기선으로부터 12해리까지만 서로의 전관수역으로 인정하는 것이었다.

한일회담에서 12해리 어업전관수역에 합의하게 된 데에는 해양법회의의 영향이 컸다. 두 차례의 해양법회의를 통하여 3해리 영해는 국제사회에서 이미 지지기반을 상실하였음이 확인되었으며, 최소한 12해리까지는 연안국의 어로권이 보장되어야 한다는 것이 다수의견임도 확인되었다. 1960년대 전반 유럽국가 간에 체결된 어업협정도 대체로 12해리 어업수역을 인정하고 있었다.[29] 한일협정 이후 일본이 체결한 어업협정 역시 대체로 12해리 어업수역을 바탕으로 하였다.[30] 1960년대 중후반은 국제사회에서

---

28 최종화(앞의 주 18), 50~51쪽.

29 1961년 영국-아이슬란드, 1961년 서독-아이슬란드, 1962년 노르웨이-소련, 1964년 영국-폴란드, 1964년 영국-노르웨이, 1964년 영국-소련 간의 양자협정이나, 1964년의 유럽어업협정은 모두 12해리까지의 어업수역을 인정하였다. 최종화(앞의 주 18), 74쪽.

30 1967년의 일본-미국(3해리 영해, 9해리 어업수역), 일본-뉴질랜드(6해리 영해, 6해리 어업수역), 일본-멕시코(9해리 영해, 3해리 어업수역), 1969년 일본-오스트레일리아(3해리 영해, 9해리 어업수역) 등.

영해 12해리가 형성되는 중간단계에 있었다고 할 수 있다.

한일어업협정의 결과 평화선은 어떻게 되었는가? 평화선을 집행하기 위한 국내법인 어업자원보호법은 형식적으로 아직도 존속하고 있으며, 평화선을 구성하는 좌표점 역시 이 법 제1조에 유지되고 있다. 그렇다면 특별법적 성격의 한일어업협정(현재는 신한일어업협정)으로 인하여 일본에 대하여만 적용이 배제되었을 뿐, 일반법으로서의 평화선은 아직도 존재한다는 해석이 가능한가? 그러나 평화선은 당초 일본 어선의 배제를 목적으로 하여 선포된 것이었다. 일본에 대한 적용이 배제되었다면 그 실질적 생명은 종언을 고하였다고 해도 과언은 아니다. 1990년 이후 중국 어선이 한반도 서남해로 몰려오기 시작할 때에도 이 법이 엄격히 적용되지는 않았다. 중국과는 현재 별도의 어업협정이 체결되어 적용되고 있다. 한국은 1996년 유엔 해양법협약의 당사국이 되었고, 1996년 배타적 경제수역법을 제정함으로써, 평화선을 통한 어로관할수역의 개념은 국내법적으로 배타적 경제수역에 의하여 이미 대체되었다. 관할어로수역의 침범도 평화선에 근거한 어업자원보호법이 아닌 배타적 경제수역에서의 외국인어업 등에 관한 주권적 권리의 행사에 관한 법률에 의하여 규율되고 있다. 현재 어업자원보호법 제1조에 표시되어 있는 평화선은 아직도 형식상 법전 속에 존재하고 있지만 내용상으로는 오래전에 법적 기능을 상실하였다.

(7) 평가

평화선은 1952년 1월 18일 대통령 선언으로 선포되었다가, 1965년 6월 한일어업협정이 체결되면서 실질적으로 종언을 고하였다. 국제법적으로 평화선은 어떻게 평가되어야 할 것인가?

분명 1952년의 시점에서 영해 바깥에 평화선과 같이 폭넓은 어로수역을 설치하는 것이 당시 한국 정부의 주장과 같이 국제법상 합법이었다거나 "확정된 국제적 선례에 의거"하였다고 단언하기는 어렵다. 영해 3해리 설이 중대한 시련을 겪고 있었던 것만은 틀림없으나, 이후 제네바 해양법 회의 시 12해리 어로수역에도 반대가 만만치 않았던 점을 감안한다면 당시 평화선의 입지는 그다지 확고하지 못하였다. 아마 1952년도에 한국과 일본이 평화선의 합법성을 국제재판에 회부하였다면 한국이 승소할 가능성은 없었을 것이다.

그러나 당시에도 영해 이원에 연안국이 배타적 어로수역을 설치하는 것이 중남미 국가들을 중심으로 새로운 국제 추세로 등장하고 있었음도 부인할 수 없다. 한국의 평화선은 바로 이런 국제사회의 흐름을 이용한 권리 주장이었다. 평화선은 중남미 국가들을 중심으로 확산되던 200해리 영해 또는 어로수역의 개념을 아시아 지역으로 도입시킨 기폭제였다. 평화선 이후 1956년 인도가 100해리 어로수역을 주장하면서 아시아 지역에서는 처음으로 유사한 주장이 나오게 되었다. 일본 측이 불법이며 입법론으로조차 일고의 가치도 없다고 비난하던 영해 너머의 어로수역의 개념은, 결국 1970년대 이후 국제사회에서 200해리 배타적 경제수역으로 일반화되었고, 1982년 유엔 해양법협약에도 수용되었다. 평화선은 1965년 한일어업 협정의 체결이라는 정치적 결정에 의하여 역사의 뒤안길로 사라졌지만, 그것이 내포하였던 개념은 결국 국제사회에서 수용된 것이다.

결론적으로 평화선 선언은 발표 당시에는 각국의 비판도 적지 않았지만, 이후 국제사회에서의 해양법 발전의 방향과 일치하였다. 한국 외교는 평화선을 옹호하는 과정에서 영해 이원 인접수역에서 연안국의 이익보호 라는 국제법 발전에 기여하였고, 이러한 행위는 후일 국제사회에서 배타적 경제수역제도가 수립되는 데 일조를 하였다. 평화선의 선언은 국제법의 발전방향을 정확히 간파하여 외교와 정치에 활용한 훌륭한 사례였다. 이를 통하여 한반도 주변 어장에서 일본 어선의 남획을 막고 국내어업을 그나마 보호할 수 있었다. 뒤늦게 평화선의 존재를 알게 된 오스트레일리아의 해양법 전문가 케이s. Kaye 교수는 20세기 후반 해양법 발전에 있어서 평화선은 여러 가지로 중요하였으며, 특히 배타적 경제수역의 형성에 관한 국제관행에 있어서 중요한 이정표였다고 평가하였다. 그는 서구학자들이 평화선의 의미를 제대로 평가하지 못한 것은 불행하기도 하고 유감스러운 일이었으며, 심지어 부끄러운 일이라고 지적하였다.[31]

그렇다면 1965년 한국이 한일어업협정의 체결을 통하여 평화선을 포기한 것은 국제사회의 흐름을 간과한 실수였는가? 한일어업협정의 체결은 한일 국교 정상화라는 보다 큰 틀의 외교 속에서 이루어진 것이기 때문에 그것 하나만 따로 떼어 잘잘못을 가리기는 어렵다고 생각된다. 평화선의 양보를 통하여 얻어낸 다른 성과를 종합적으로 평가하여야 하기 때문이다.

한일 국교 정상화 당시 한국 어선은 9할 이상이 무동력선이었다. 한일 어업협정 체결 이전에는 평화선 주장에 대한 보복으로 일본은 한국에 중고 어선조차 판매하지 않았다. 1960년대 중반까지 한국은 국제사회에서 차관을 빌릴 수 없을 정도로 신용도가 낮았다. 저개발국에게 제공하는 세계은행 융자도 1968년에 처음으로 도입할 수 있을 정도였다. 한국은 한일 국교 정상화를 통하여 도입한 자금을 바탕으로 원양어업을 진흥시킬 수 있었다. 한국이 북태평양 수역으로 본격적인 원양어업을 나갈 수 있었던 것은 국교 정상화를 통한 청구권 자금을 어업에 투자하였기 때문에 가능하였다. 이를 계기로 한국의 수산업은 급속히 발전하였고, 원양어업의 성장을 바탕으로 1970년대 말 한국은 세계 5위권 어업국의 위치까지 성장할 수 있었다. 결국 1970년대 중반 이후 한국은 연안국의 통제권을 확대하자는 주장에 반대하고 오히려 공해어로 자유를 옹호하는 입장으로 뒤

---

31 S. Kaye, 「The Relevance of the Syngman Rhee Line in the Development of the Law of the Sea」, 『서울국제법연구』 제18권 제2호(2011), 233~235쪽. 케이 교수는 이 논문을 서울국제법연구원이 2011년 11월 25일 주최한 평화선 선언 60주년 국제세미나에서 발표하였는데, 부끄러운 일(shame)이라는 표현은 세미나 장에서 한 말이다.

바뀌게 되었다. 이에 한국은 평화선 개념의 현대판이라고 할 수 있는 배타적 경제수역도 국제사회의 일반적 추세보다 훨씬 늦은 1996년에야 선포하였다. 이는 시대와 환경이 바뀜에 따라 국가의 외교정책도 변할 수밖에 없음을 보여 주는 좋은 예이다. 외교정책 수립과 집행에 있어서 또 다른 중요한 점은 이를 추구하는 '시점'임을 깨닫게 된다.

또한 평화선을 팔아먹은 굴욕외교라고 비판받던 1965년 한일어업협정은 불과 10여 년이 지나서부터 한국에게 색다른 유리한 입장을 제공하였다. 한일어업협정은 양국 연안 기선 12해리까지를 전관수역으로 인정하고, 한국 측 전관수역 외곽에는 공동규제수역을 설정하였다. 이 수역에서는 한국과 일본에게 공히 연 15만 톤이라는 어획상한선이 설정되고, 위반선박은 기국주의에 따라 단속하기로 합의되었다. 그런데 공동규제수역은 한국 측 수역에만 설정되었고 일본 측 전관수역의 외곽에는 설정되지 않았다. 한일어업협정은 평화선에 대한 대체물로 생각되었기 때문에 과거 평화선 구역에서의 어로에 관해서만 규정하였던 것이다. 1965년의 실정상 한국 어선이 일본 측 연안 외곽까지 출어한다는 것은 상상하지 못했기 때문에 일본으로서는 이곳에서 자국 연안어업에 대한 규제를 설정할 이유가 없었다.

한일 국교 정상화를 계기로 한국의 원양어업이 발전하게 되자 1970년대 말부터 상황이 바뀌었다. 일본은 1977년 200해리 어업보전수역을 선언하였으나, 한일어업협정 때문에 이를 한국 측에는 적용하지 않았다. 1977년 소련과 미국이 200해리 어로수역을 선언하자 북태평양에 진출하였던 한국 원양어선단은 하루아침에 조업장소를 상실하였다. 이에 이들 어선은 일본 홋카이도 수역 등으로 대량 출어하게 되었다. 한일어업협정상 일본 연안 12해리 외곽에서 한국 어선은 자유로이 어로를 할 수 있었기 때문이었다. 홋카이도 부근으로의 한국 어선의 대량출어는 일본 어민들의 격렬한 반발을 불러일으켰다. 일본 어민들은 여러 가지 조업자제 규칙을 설정하고 있었는데, 한국 어선들은 이에 구속되지 않았기 때문이었다. 1979년에는 이에 분노한 일본 어민들이 한국 어선을 습격한 무로랑사건까지 발생하였다.

이후에도 한일어업협정으로 인하여 한국 연안에서는 일본 어선의 조업이 제한되었으나, 한국 어선은 일본 연안 인근에서 제한 없이 조업할 수 있는 상황이 계속되었다. 점차 일본은 한일어업협정이 일본에게 일방적으로 불리하다고 느끼게 되었다. 일본은 1965년 어업협정이 200해리 배타적 경제수역 시대에 맞지 않는다고 주장하며 개정을 요구하기 시작하였다. 반면 한국으로서는 가급적 한일어업협정 체제의 유지를 원하며, 일본 측의 개정 요구를 피하려 하였다. 1998년 1월 일본이 한일어업협정을 일방적으로 폐기하게 된 배경에는 이러한 누적된 불만이 쌓여 있었다. 평화선을 팔아먹은 굴욕적 협정이라고 비판받던 1965년 한일어업협정이 불과 10여 년이 지난 다음에는 오히려 일본에서 자국에게 일방적으로 불리한 협정이라는 불만을 갖게 된 것을 보면 한국의 입장에서 볼 때 잘못된 협상은 아니었다고 평가할 수 있다.

2

제7광구 대륙붕 선언

　한국 정부는 1970년 5월 30일 한반도 주변 해저에 7개의 해저광구를 설치하는 대륙붕 선언을 하였다. 당시 한국 정부가 선포한 대륙붕은 제주도 아래 마라도에서 280해리나 뻗어 가는 등 일본의 규슈 남단보다 훨씬 더 남쪽까지 전개되었다. 그 면적은 남한 영토의 3배인 근 30만 km²에 육박하였다. 특히 제7광구 구역은 한반도보다는 일본 규슈 연안에 가까우며, 일본령인 단조군도男女群島와 조도 등에 12해리까지 바짝 인접하고 있었다. 중간선을 기준으로 한다면 제7광구는 모두 일본에 더 가까운 구역이었다. 그러면 한국은 무엇을 근거로 한일 간의 중간선을 훨씬 넘어 일본 영토의 코앞까지 한국의 대륙붕이라고 주장할 수 있었는가? 한편 1974년 한일 양국은 제7광구 등을 공동 개발하기로 합의하고 개발 수익이 발생하면 절반씩 나눠 갖기로 하였다. 1978년 발효된 이 합의는 최소 50년간 유효하여 2028년까지 지속된다. 한국은 왜 자국 대륙붕이라고 주장하던 지역을 일본과 공동 개발하기로 합의하였는가? 일본은 왜 자국에 더 가까운 대륙붕에서의 개발수익을 한국과 절반씩 나누기로 하였는가?

　이 과정에는 국제법의 새로운 동향을 입수하여 외교에 시의적절하게 활용한 한국 정부의 결단이 자리 잡고 있었다. 대륙붕에 관한 한 당시 한국 외교는 일본에 대하여 완승을 거두었다고 평가하여도 과언이 아니다. 비록 아직까지 한반도 주변의 대륙붕에서 석유가 쏟아져 나오지 않아 경제적으로 이득을 본 것은 없지만, 한국의 1970년 대륙붕 선언과 이후의 처리과정은 외교가 국제법을 어떻게 활용하여야 하는가를 교과서적으로 보여 주는 사례이다.

(1) 국제법상 대륙붕 개념의 발달

국제사회에서 대륙붕에 대한 연안국의 권리주장이 본격화된 계기는 1945년의 트루먼 선언이었다.[32] 1945년 9월 28일 미국 트루먼 대통령은 미국 연안에 인접한 대륙붕의 해저, 해상, 하층토의 천연자원은 미국의 관할권과 통제에 속한다고 선언하였다. 대륙붕은 연안국의 육지의 연장으로 간주될 수 있다는 것이 그 근거였다.

육지에 인접한 대륙붕 지역에 대량의 석유나 천연가스가 매장되어 있다는 사실은 20세기 초엽부터 알려져 있었다. 그러나 제2차 세계대전 전까지는 채굴기술의 미비로 대륙붕 지역에서의 석유나 가스가 본격적으로 개발되지 못하였다. 제2차 세계대전 전까지는 바다 아래 대륙붕에서의 자원개발은 채산성을 맞추기가 어려웠던 것이다. 그러나 전쟁을 거치면서 석유의 수요가 늘고 가격이 급등하자 해저에서의 석유 개발도 점차 경제성을 확보할 수 있었다. 아울러 채취기술도 발달하였다. 전통적으로 연안국은 영해에 대하여만 주권을 행사할 수 있었는데, 트루먼의 대륙붕 선언은 변화된 경제환경에 발맞추어 영해 너머 해저의 자원에 대해서까지 연안국의 권리를 주장한 것이었다.

트루먼 선언은 공해자유의 원칙을 수정하는 주장이었다. 이에 대하여 국제사회는 반발하기보다는 호응하였다. 미국에 이어 중남미 국가들이 인접 대륙붕에 대한 권리주장을 하기 시작하였고, 이러한 경향은 아시아 국가로 확산되었다. 유엔 국제법위원회에서 공해에 관한 특별보고자로 이 문제를 검토한 프랑소아J. François는 이미 1950년에 제출한 보고서에서 대륙붕 개념이 관습국제법화되었다고 평가하였다.[33] 그러나 대륙붕이란 과

---

32 인접 대륙붕에 대한 연안국의 권리를 인정한 최초의 조약은 1942년 영국과 베네수엘라가 파리아Paria만 해저 대륙붕 경계에 합의한 조약이다. 그러나 국제사회에서 대륙붕 주장을 본격적으로 촉발시킨 계기는 1945년 트루먼 선언이었다.

33 S. Kaye(앞의 주 31), 212쪽 참조.

연 무엇을 의미하는지, 대륙붕에 대한 연안국의 권리의 근거는 무엇인지, 어디까지를 연안국의 대륙붕으로 인정할지 등에 대하여 국제사회는 그때까지 뚜렷한 합의를 보지 못하고 있었다.

한국도 1952년에 평화선 선언을 하면서 제1항에서 인접 대륙붕의 자원을 보호, 보존, 이용하기 위하여 국가의 주권을 보존, 행사한다고 선언한 바 있었다.[34] 그러나 평화선 선언의 내용을 법제화한 1953년 어업자원보호법은 대륙붕에 관한 아무런 내용도 담고 있지 않았다. 평화선을 통하여 대륙붕에 대한 한국 정부의 의지는 대외적으로 과시되었으나, 이를 구체화하는 법률은 제정되지 않고 있었다. 평화선은 일본에 대항하는 어업전관수역으로만 의의를 지녔고, 대륙붕과의 관계는 이후에도 사실상 실종되었다.

국제사회는 1958년 제네바에서 개최된 제1차 유엔 해양법회의를 통하여 대륙붕의 개념을 정리할 수 있는 첫 번째 기회를 맞았다. 지질학적 의미의 대륙붕은 연안에 인접한 수심 200m 정도까지의 해저 및 하층토를 가리킨다. 연안에서 대체로 수심 200m 정도까지는 완만한 경사를 이루다가 그 이후에는 경사가 급해지는 대륙사면continental slope이 나타난다. 대륙사면 이전까지를 보통 대륙붕이라고 부른다. 그러나 제네바 회의에서 채택된 대륙붕에 관한 협약은 이러한 지리학적 개념과는 관계없이 대륙붕을 법률적으로 새롭게 정의하였다. 이 협약은 대륙붕을 영해 바깥의 수심 200m까지, 그리고 그 바깥이라도 천연자원의 개발이 가능한 곳까지의 해저 및 하층토라고 정의하였다(제1조). 수심 200m 지점은 객관적으로 확정이 가능하나, 개발 가능한 곳까지라는 개념은 기술발전에 따라 항상 변할 수 있으므로 대륙붕의 한계를 객관적으로 확정하기가 어렵게 된다.

---

34 평화선 선언에서는 대륙붕이 아닌 '해붕'이란 용어가 사용되었다. 평화선 선언의 주역들은 후일 이때의 해붕이 바로 현재의 대륙붕을 가리키는 의미였다고 설명하였다. 지철근(앞의 주 2), 128쪽 및 김동조(앞의 주 7), 36쪽.

그러면 왜 제네바 회의는 이렇듯 불명확한 대륙붕의 정의를 채택하였는가? 수심 200m라는 기준은 대륙붕의 지질학적 정의에서 차용된 개념이다. 당시까지 인류는 아직 수심 200m 지점에서 자원을 개발할 수 있는 기술을 확보하지 못하고 있었다. 따라서 그보다 수심이 깊은 곳에서 인류가 천연자원을 개발할 기술을 실용화하는 데는 적어도 한 세대의 시간은 더 걸릴 것으로 예측되었다. 후일 실제 해저채광기술의 발달은 이러한 예측보다 훨씬 빠르게 진척되었지만, 1958년 당시에는 설사 대륙붕의 정의를 불확정 개념으로 남길지라도 수심 200m라는 기준만으로 상당 기간 동안 별다른 혼선이 없을 것으로 예상되었다. 그리고 인접국이나 대향국 간의 대륙붕 경계는 1차적으로는 당사국들의 합의에 의하나, 합의가 없는 경우 특별한 사정이 없다면 중간선·등거리선 원칙에 따라 경계를 획정하도록 규정하였다(제6조). 제네바 회의에서 한국은 대륙붕의 개념에 수심 기준이 도입된다면 평화선 선언상의 대륙붕 개념과 충돌된다고 생각하여 수심 기준을 삭제하자는 제안에 참여하였으나, 이 수정안은 13-48-13으로 부결되었다.[35]

1958년 협약은 대륙붕에 관한 최초의 일반 다자조약이었다. 그러나 협약이 규정하고 있는 대륙붕 개념과 대륙붕의 경계획정 원칙이 과연 어떠한 지위를 갖느냐에 대하여는 논란이 많았다. 한국은 이 협약을 비준하지 않았다.[36] 당시 외교부는 대륙붕에 관한 협약에 가입하는 것은 평화선을 통한 권리주장을 스스로 포기하는 결과가 되므로 비준이 바람직하지 않다고 생각하였다.[37]

---

35 문철순(앞의 주 21), 105쪽.
36 1960년대까지 39개국이 대륙붕에 관한 협약을 비준하였다. 현재 당사국은 58개국이다. 한국은 제네바 유엔 해양법회의의 결과 채택된 4개 조약을 하나도 비준하지 않았다.
37 「조선일보」 1967. 8. 23. 1면. 1967년 7월 20일 과학기술심의회는 주변 대륙붕 개발을 위하여 정부가 대륙붕 선언을 할 것과 1958년 대륙붕 협약에 가입할 것을 건의하였다. 「조선일보」 1967. 7. 21. 1면.

(2) 북해대륙붕사건 판결

1969년 2월 국제사법재판소는 독일과 네덜란드 및 덴마크 간의 북해대륙붕사건 판결을 내렸다. 이 사건의 배경은 다음과 같다. 네덜란드, 독일, 덴마크는 유럽 대륙에서 나란히 북해를 면하고 있는 인접국이다. 북해의 해저는 북쪽 노르웨이 해구에 이르기 전에는 평균 수심이 200m 이하인 전형적인 대륙붕 지형이다. 북해의 동남부 해안은 주로 덴마크, 독일, 네덜란드 연안으로 구성되어 있다. 그런데 네덜란드와 덴마크의 해안선은 북해를 향하여 돌출적인 형상을 띠고 있었으나, 독일의 해안선은 안으로 오목하게 굽어져 있다. 이 같은 해안선의 모양으로 인하여 등거리선 원칙을 적용하면 독일은 해안선의 길이나 육지 영토의 규모에도 불구하고 대륙붕의 할당에 있어서 네덜란드나 덴마크에 비하여 크게 불리하였다. 등거리선에 따라 경계를 획정하면 육지 영토가 서로 떨어진 네덜란드와 덴마크의 대륙붕이 직접 맞닿게 되고 독일의 대륙붕은 그 안으로 봉쇄되는 특이한 형상이 된다. 네덜란드와 덴마크는 1958년 대륙붕에 관한 협약 제6조의 규정과 같이 등거리선 원칙에 의하여 경계를 획정하자고 주장하였으나, 이 협약의 당사국이 아닌 독일은 반대하였다. 네덜란드와 덴마크는 등거리선 원칙이 관습국제법의 일부이므로 비록 독일이 1958년 협약의 당사국이 아니라도 이의 적용을 받아야 한다고 주장하였다. 독일은 이를 부인하며 대륙붕의 정당하고 형평한 배분을 주장하였다. 결국 3국은 북해대륙붕에서 경계획정 시 적용될 수 있는 국제법상의 원칙이 무엇인가를 국제사법재판소에 묻기로 하였다.

국제사법재판소는 판결에서 연안국은 무슨 근거로 대륙붕에 대한 권리를 갖는가를 검토하였다. 국제사법재판소는 대륙붕이 연안국 육지의 '자연적 연장'이기 때문에 연안국이 이에 대한 권리를 갖는다고 판단하였다. 즉 대륙붕은 육지 영토가 바닷속으로 연장된 것으로서 육지 영토에 대한 주권의 결과 연안국은 대륙붕에 대하여도 당연히 본래부터 권리를 갖는다

북해대륙붕사건 개념도
※ A–B 및 C–D: 등거리선에 입각하여 독일과
  덴마크, 독일과 네덜란드 간에 이미 합의된
  경계.
  E–F: 등거리선에 입각할 경우 덴마크, 네
  덜란드 간 경계.
  B–E–D: 등거리선에 입각할 경우 독일의
  경계선.
  B–F–D: 독일이 주장한 경계.
※ 굵은 실선은 국경을 염두에 두지 않고, 유
  럽 대륙과 스칸디나비안 반도, 그리고 영국
  의 지형 전체를 기준으로 한 중간선이다.

고 보았다. 대륙붕이 육지의 자연적 연장이라는 사실을 인접성 개념보다
더 중요하다고 보았다. 그리고 국제사법재판소는 경계획정에 있어서 중간
선·등거리선 원칙이 관습국제법에 해당하지 않는다고 평가하였다. 형평에
맞는 대륙붕 경계획정을 위하여 당사국들은 연안의 형태, 지질학적 구조,
천연자원의 분포, 해안선의 길이와 방향 등을 고려하라고 제시했다.[38]

대륙붕이 육지의 자연적 연장이기 때문에 연안국이 이에 대한 권리를
갖는다는 사고는 트루먼 선언에서 출발한다.[39] 이미 일부 국가들은 대륙
붕이 자국 영토의 자연적 연장이므로 이의 자원에 대한 권리를 갖는다는

38 North Sea Continental Shelf. Germany/Denmark, Germany/Netherlands, 1969 ICJ
   Reports 3.
39 "since the continental shelf may be regarded as an extension of the land-mass of
   the coastal nation and thus naturally appurtenant to it." Policy of the United States
   with Respect to the Natural Resources of the Subsoil and Sea Bed of the Continental
   Shelf(1945).

국내법을 제정하였다. 그러나 1950년대만 하여도 연안국이 대륙붕에 대한 권리를 주장할 수 있는 국제법상의 근거가 무엇이냐는 분명하지 않았다. 국제사법재판소의 북해대륙붕사건 판결은 바로 이 점을 명확히 해준 것이다. 북해대륙붕사건 판결은 국제사회에서 오랫동안 대륙붕 문제에 관한 한 가장 영향력 있는 판결의 하나로 기억되었다.

(3) 한국의 대륙붕 선언

유엔 극동경제위원회(ECAFE, 현재의 ESCAP의 전신)는 1966년 동아시아 해역의 광물탐사를 목적으로 아시아 연안 광물자원 공동탐사조정위원회 CCOP를 설치하였다. 이 위원회는 미국의 해양조사선 헌트Hunt호를 이용하여 1968년 10월 12일부터 11월 29일 사이 약 6주 동안 타이완 부근부터 서해(황해)에 이르기까지 약 12,000km의 항로에 걸친 광범위한 동아시아 해저에 대한 광물탐사를 실시하였다. 책임자는 웨이즈만J. Wageman이었고, ECAFE 연락책임자는 에머리Emery 박사였다. 세 차례로 나누어 진행된 이 탐사에는 한국, 일본, 타이완 학자들도 약간 명씩 참가하였다. 1969년 초 발표된 ECAFE/CCOP 보고서는 "타이완과 일본 간의 대륙붕은 세계에서 가장 비옥한 석유매장지대일 개연성이 크다. …… 석유와 가스에 대한 두 번째 유망구역은 세 개의 거대한 해분이 있는 황해 해저이다"라는 평가를 제시하였다.

이 보고서는 석유에 목말라 하던 한국, 일본, 타이완, 중국 모두를 흥분시켰다. 사실 나중에 알려진 바로는 이 탐사대의 장비만으로 위와 같은 결론을 내리기 어렵다고 평가되었지만, 이 같은 후일담은 주목을 끌지 못하였다. 동아시아 각국은 갑자기 경쟁적으로 대륙붕에 대한 권리주장을 시작하였다.

한국은 경제개발계획을 시작하던 1960년대 중반부터 한반도 주변의 석유탐사에 관심을 표하며 탐사대의 조사를 예의 주시하고 있었다. 한국 정부는 1968년부터 대륙붕의 자원개발을 위한 법률을 제정할 준비를 하였다. 우선 외교부 조약과가 중심이 되어 한국의 대륙붕을 어디까지로 할 것인가를 검토하였다. 초기에는 일단 1958년 대륙붕에 관한 협약에 규정된 바와 같이 중간선 원칙을 바탕으로 한반도 주변의 대륙붕 경계를 획정하려고 준비했다. 외교부 조약과에서는 마침 1969년 2월부터 김석우 사무관이 보직발령을 받고 이 일을 담당하게 되었다. 그런데 1969년 2월 20일 북해대륙붕사건 판결이 내려졌다. 이 판결은 위의 지적과 같이 대륙붕을 육지의 자연적 연장으로 파악하고 있었다. 김석우 사무관은 국제사법재판소의 판결이 입각하고 있는 개념을 동아시아의 해저지형에 적용하면 한국의 대륙붕은 전혀 새롭게 전개될 수 있다고 착안하였다.

한반도 주변의 해저는 동해에서만 심해를 이루고 서해와 남해는 대륙붕으로 이어져 있다. 즉 서해와 남해는 전반적으로 평균 수심이 50m 남짓에 불과할 정도로 얕은 바다이다. 이러한 해저지형은 타이완에서 오키나와를 거쳐 규슈 북방으로 연결되는 오키나와 해구까지 지속되며, 이 선까지의 평균 수심은 약 100m에 불과하다. 한반도의 서해와 남해에는 지리학적 의미의 전형적인 대륙붕이 육지의 자연적 연장으로 넓게 이어져 있다. 해저지형의 이러한 연속성은 오키나와 해구까지 이어진다. 오키나와 해구는 절반 이상의 수심이 1,000m에 해당하며, 20% 정도는 수심이 2,000m에 달한다. 최고 수심은 2,717m로 알려져 있다.[40] 그렇다면 한국의 대륙붕은 저 멀리 남쪽 오키나와 해구까지 자연적으로 연장되고 있는 반면, 일본의 대륙붕은 오키나와 해구에서 단절된다고 해석할 수 있었다.

김석우 사무관은 중간선·등거리선 원칙에 입각하여 마련되었던 기존

---

40 김영구, 『한국과 바다의 국제법(신판)』(21세기북스, 2004), 553쪽.

의 초안에다 자연적 연장설에 입각한 광구를 한국의 대륙붕으로 추가하는 작업을 시작하였다. 이를 통하여 나중에 제7광구로 선언된 약 6만km²의 지역이 추가되었다. 훗날 그는 이 일이 가슴이 마구 뛸 정도로 흥분된 사건이었다고 회고하였다.[41]

북해대륙붕사건 판결문상의 논리를 근거로 그가 제안한 새로운 시도에 대하여 당시 외교부의 윤석헌 차관, 김인권 방교국장, 조광제 조약과장 모두 전폭적인 지지를 표시하였다. 외교부 조약과에는 해도나 지질학의 전문가가 없었기 때문에 상공부 광무국 광산과와 교통부 수로국 해도과의 도움을 받아 경계획정 작업을 진행하였다. 이 작업은 1969년 여름경 거의 마무리되었다. 한국 정부가 육지의 자연적 연장 개념에 입각한 대륙붕 선언을 준비 중이라는 사실은 극비에 부쳐 추진되었다.[42] 내부적으로 한국이 너무 과도한 주장을 하는 것이 아니냐는 우려도 제기되었지만, 조약과 직원들은 북해대륙붕사건 판결에 비추어 볼 때 법논리적으로 한국이 절대 우세하다고 확신하였다. 이러한 방향에 대하여 박정희 대통령도 동의를 하였다.[43]

대륙붕 선언을 하기 위해서는 국내법제의 정비가 필요하였다. 당시 대륙붕 자원개발에 관한 국내법은 전혀 없었다. 우선 필요한 국내법을 제정하여야 했다. 1969년 4월 해저광물자원개발법안이 국무회의를 통과하여 국회로 회부되었다. 이 법은 그해 정기국회에서 통과되어 1970년 1월 1일부터 발효하였다. 다만 이 법률에 한국의 대륙붕이 구체적으로 어디까지인가를 좌표로 표시하는 조항은 포함되어 있지 않았다. 해저광구의 설정은 대통령령에 위임되어 있었다(제3조). 구체적인 한국의 대륙붕을 적시한

---

41 "특별좌담: 한국의 대륙붕 선언 40주년"에서 김석우의 설명, 『서울국제법연구』 제17권 제 1호(2010), 196쪽.

42 특별좌담(앞의 주 41), 196쪽.

43 특별좌담(앞의 주 41), 201쪽.

한국의 대륙붕 선언도

대통령령이 공포된 것은 1970년 5월 30일이었다. 이에는 총 7개의 해저광 구가 설정되었다. 그 내용이 바로 한국의 대륙붕 선언에 해당한다.

이에 따르면 중국과 면한 서해와 일본과 면한 남해 지역은 중간선을 기준으로 한국의 대륙붕 경계를 획정하였다. 그러나 제주도 남방 오키나와 방향으로의 제7광구는 한반도 대륙붕이 오키나와 해구 직전까지 자연적으로 연장되고 있다는 이론에 근거하여 설정되었다. 최남단은 마라도로부터 약 280해리 지점까지 뻗어 나가 일본 영토보다 훨씬 더 아래로 전개되었다. 제주도 아래 펼쳐진 대륙붕의 길이는 남한 영토의 남북방향 길이보다 더 길었다. 중간선 원칙에 따른다면 제7광구는 일본에 속할 구역이었다.

한국의 대륙붕 선언에 일본은 크게 당황하였다. 일본은 오키나와 해구가 일본의 대륙붕을 결정적으로 단절시키지 않는다고 반박하였다. 따라서 한국의 제7광구는 인접국 간의 합의가 없을 경우 중간선을 경계로 한다는 1958년 대륙붕에 관한 협약의 위반이라고 주장하며, 이 문제에 대하여 협의를 하자고 제안하였다. 처음 한국 외교부는 협의할 필요도 없다고 일본의 제안을 일축하였다. 국제법적으로 한국의 주장이 옳기 때문에 특

별히 협의할 이유가 없다는 입장이었다.[44]

　일본이 한국과의 협상을 갈구한 배경에는 국제법적으로 한국의 주장이 근거가 있음을 내심 부인할 수 없었기 때문이었다. 더욱이 북해대륙붕 사건 재판에서 사실상 승소한 독일 측 변호인단에는 일본인 오다 시게루 小田滋 교수도 포함되어 있었다. 오다 시게루 교수는 이 사건에 참여하여 세계적으로 유명해졌고, 후일 국제사법재판소 판사를 27년간 역임하였다. 일본은 여러 경로를 통하여 이 문제에 대한 직접 협상을 집요하게 요구하였다. 아울러 이 문제를 국제조정이나 국제사법재판소에 회부하자고도 제안하였으나 한국은 응하지 않았다.[45]

(4) 각국의 대륙붕 권리주장

　ECAFE/CCOP 보고서의 내용이 알려지자 동아시아 각국은 갑자기 대륙붕에 대한 권리를 주장하기 시작하였다. 세계의 석유 메이저들도 동아시아에서의 석유 탐사에 관심을 갖기 시작하였다. 한국은 해저광물자원개발법이 제정되기도 전인 1969년 4월 15일 미국의 걸프사와 서해와 제주 서남방 광구(제2 및 제4 광구)의 탐사계약을 체결하였다. 1970년 1월 28일에는 로열 더치 셸사와 제3 및 제6 광구 개발계약을 체결하였다. 1970년 2월 27일에는 칼텍스사와 제1 및 제5 광구 개발계약을 체결하였다. 마지막으로 1970년 9월 24일에는 웬델 필립스사와 제7광구 개발계약을 체결하였다.

　타이완 역시 신속하게 대륙붕에 관한 권리를 선언하였다. 타이완은 1969년 7월 17일 자국 영해와 인접해저 및 하층토에 대한 주권적 권리를 선언

---

44 특별좌담(앞의 주 41), 201~202쪽.
45 小田滋, 『海洋法研究』(有斐閣, 1975), 166~167쪽.

하고, 1970년 9월 원해지역 석유탐사개발법을 제정하였다. 그리고 동중국해 대륙붕 탐사를 위하여 6개의 미국회사와 합작개발을 추진하였다.[46]

일본은 공식적으로는 자국의 대륙붕의 범위를 발표하지 않고 있었으나, 1967년부터 자국 내 회사의 동중국해 광구개발신청을 받고 있었다. 1969년부터는 일본 석유회사에 대하여 오키나와 해구 인근 4개 해저광구에 대한 자원개발을 허가하였다. 그 범위가 일본의 대륙붕 주장을 의미한다고 볼 수 있었다.

조용하던 동아시아 해역에서 갑자기 긴장이 높아졌다. 1970년까지 한국, 일본, 타이완 3국은 동아시아에 모두 17개의 광구를 설정하였는데, 그 중 4개를 제외한 13개의 광구는 서로 중복되었다.[47] 당시 중국은 한·미·일 어느 나라와도 국교를 맺고 있지 않았는데, 중국 역시 3국의 대륙붕 권리주장을 격렬히 비난하였다. 센가쿠열도 문제가 새삼 부각된 것도 이 무렵이었다. 이 섬의 소속이 대륙붕 주장에 있어서 커다란 영향을 미칠 수 있다고 생각하였기 때문이었다. 중국과 일본의 해군 함정이 센가쿠열도 부근에 교대로 출현하였다. 일중 간의 군사적 충돌도 우려되었다. 어떠한 형태로든 관련국들의 조정이 필요하였다. 1970년 3월 서울에서 한국, 일본, 타이완 3국 민간협력위원회가 개최되었으나, 민간 차원에서 각국의 대륙붕에 대한 권리주장을 조정하기는 어려웠다.

당시 미국은 막후에서 중국과의 관계개선을 모색하고 있었다. 1971년 4월 미국 탁구 선수단이 중국을 방문한 이른바 핑퐁외교가 실시되었고, 1971년 7월 헨리 키신저 미국 국가안보담당보좌관이 극비리에 중국을 방문하였다. 그리고 1972년 2월 역사적인 닉슨 대통령의 방중이 실현되었다. 이런 상황이었으므로 미국은 동아시아 해역에서 돌발상황이 발생하기 원

---

46 김영구(앞의 주 40), 559쪽.
47 Choon-Ho Park, *East Asia and the Law of the Sea*(Seoul National University Press, 1983), p.13.

치 않았다. 미국 정부는 1971년 4월 이 수역에서 미국 선박이 자원탐사에 참여하는 경우 자신의 위험부담으로 하라는 방침을 관련회사에 통보하였다. 미국 선박이 중국에 의하여 나포되더라도 보호를 하지 않겠다는 통지나 마찬가지였다. 또한 나포 시 적성국에 기술이 넘어갈 우려가 있다는 이유에서 탐사 시 비밀에 속하는 미국기술은 사용하지 말라고 요구하였다. 이는 중국과의 마찰이 우려되는 탐사에 미국 회사는 더 이상 관여하지 말라는 요구였다.[48] 이 사실은 한국, 일본, 타이완 정부에도 통지되었다.

한편 일본 정부 역시 1972년 5월로 예정된 오키나와 반환에 앞서 이 지역에서 분쟁이 발생하기 원하지 않았다. 일본은 1971년 3월 11일 대만해협과 센가쿠열도 부근 대륙붕에서의 석유개발을 유보한다고 발표하였다. 이 지역에는 갑자기 미국과 일본의 석유회사들이 사라지고, 비미국계 회사인 로열 더치 셸사만 남게 되었다.[49] 그러나 이 회사도 몇 년 후 결국은 철수하였다.

(5) 한일 대륙붕 공동개발협정

대륙붕 자원개발을 위한 자금도 기술도 없었던 한국은 고립된 상황에 빠지게 되었다. 당시 한국의 능력으로는 설사 석유매장이 확인된다 하여도 혼자서 할 수 있는 일은 아무것도 없었다. 해저 석유탐사는 비용도 많이 들고 성공률도 그다지 높지 않다. 한국으로서는 누군가 협력자를 구하여야만 했다. 현실과의 타협이 불가피하였다.

동아시아 해저 대륙붕의 공동개발은 타이완이 처음 일본에 제안하였으나, 일본은 중국과의 관계를 의식하여 타이완과의 협력에 소극적이었다.[50]

---

48 유병화, 『동북아지역과 해양법』(진성사, 1991), 48쪽.
49 Choon-Ho Park(앞의 주 47), pp.18-19.
50 Choon-Ho Park(앞의 주 47), p.15.

1971년 후반부터 한국과 일본은 대륙붕 공동개발 가능성을 논의하기 시작하였다. 1972년 9월 개최된 제6차 한일 정기각료회의에서 양국은 권리주장이 중복되는 광구의 공동개발 원칙에 합의하였다. 그 직후부터 양국은 본격적인 협상에 들어가 1973년 여름에는 기본적인 내용에 관한 합의가 이루어졌다. 마침 1973년 10월 제4차 중동전이 발발하였고, 석유가격이 갑자기 몇 배로 뛰는 석유파동이 발생하여 공동개발협정을 촉진하게 되었다.

마침내 1974년 1월 30일 한일 양국은 공동개발협정에 서명하였다.[51] 대상은 한국의 제7광구 전역과 제5광구 일부 지역을 합한 구역이었다. 한일 간 권리주장이 중첩되는 대륙붕의 귀속은 미정으로 나두고, 양국이 공동으로 개발을 하기로 했다. 이 구역에서의 자원개발에 관한 한 양국이 비용을 공동으로 부담하고, 그 수익도 공동으로 나누자고 합의하였다. 이 협정은 일본 국회에서의 동의가 늦어져 1978년에야 발효하였다. 유효기간은 최소 50년으로 예정되어 이제 2028년까지 유효하다. 그 이후에는 일방 당사국이 종료를 통고하면 3년 후 종료된다.

한일 간의 1974년 협정이 국제사회에서 권리주장이 중첩되는 지역에 대한 최초의 공동개발 합의는 물론 아니었다. 공동개발에 합의하는 경우에도 그 실행 유형은 여러 가지로 구분할 수 있다. 그렇지만 1974년 한일 간 협정은 이후 국제사회에서 표준적인 공동개발협정의 하나로 주목을 받았다.[52]

다만 당초의 기대와 달리 제7광구를 포함하여 동아시아 해저에서는 아직까지 석유가 나오지 않았다. 제7광구 탐사도 1988년 이후에는 저조해졌으며, 1993년 이후에는 사실상 중단상태이다. 최근 한국은 다시 탐사를 재개할 의향을 보이고 있으나 일본은 소극적이다.

---

51 당시 한일 양국은 남해의 경우 중간선 원칙에 입각하여 대륙붕 경계를 획정하는 별도의 조약도 체결하였다.
52 김영구(앞의 주 40), 569쪽.

(6) 평가

대륙붕에 관한 한국의 정책은 2단계로 나누어 볼 수 있다. 첫째, 1970
년의 대륙붕 선언이었다. 이는 육지의 자연연장설에 입각하여 한반도 남
부에서 오키나와 해구까지 펼쳐진 광대한 면적의 대륙붕을 주장하였다.
둘째, 1974년 한일 대륙붕 공동개발협정의 체결이었다. 자연연장설에 입
각한 한국의 권리주장과 중간선 원칙에 입각한 일본의 권리주장이 중첩
되는 구역에 대하여 공동개발, 공동수익에 합의한 것이었다. 1970년의 주
장에 비하면 1974년의 공동개발협정의 합의는 한국이 당초의 입장을 상
당히 후퇴시킨 것이라고 할 수 있다. 당시 한국의 야당은 권리의 반을 포
기하는 협정이라며 공동개발협정에 반대하였고, 국회 외무위원회에서의
처리도 야당의 불참하에 진행되었다.[53] 이는 국제법적으로 각각 어떻게 평
가될 수 있을까?

첫째, 1970년 한국의 대륙붕 선언이 1969년 국제사법재판소의 북해대
륙붕사건 판결의 법리를 적용한 권리주장이었음을 이미 지적하였다. 당초
중간선 기준에 의하여 대륙붕 광구 설정을 검토하던 정부는 1969년 2월
에 내려진 이 판결을 보고 대륙붕은 육지의 자연적 연장이라는 개념을 한
반도 주변에 바로 적용하였다. 일본과의 중간선 너머 광대한 제7광구에
대한 한국의 권리주장은 일본으로서는 예측하지 못한 결과였다. 예상을
뛰어넘은 한국의 공세적 주장에 일본으로서는 허를 찔리게 되었으나, 그
렇다고 한국의 주장이 무조건 틀리다고 무시하기도 어려웠다. 나중에 일
본이 한국과의 제7광구 공동개발에 합의하였는데, 이는 일본으로서도 당
초 한국의 권리주장을 무시할 수 없었기 때문이었다.[54] 북해대륙붕사건의

---

53 「조선일보」 1974. 12. 17. 1면.
54 일본의 오다 시게루 교수는 한일 대륙붕 공동개발협정이 서명된 직후 『海洋法研究』라는
   책자를 발간하였는데, 그도 여기서 대륙붕에 대한 한일 양국의 주장을 단지 소개만 하고
   한국의 주장이 특별히 국제법상 근거가 없다는 비판은 하지 않았다. 이는 그가 한국의 평
   화선 주장에 대하여는 시종일관 국제법 위반이라고 비판하였던 점과 대비된다. 小田滋(앞

법리를 적용하지 않았다면 한국은 제7광구를 제외하고 단지 한일 간 중간선에 따른 대륙붕만을 주장하였을 것이다. 그런 점에서 1970년의 대륙붕 선언은 국제법의 새로운 동향을 외교에 바로 적용한 훌륭한 사례였다. 당시 초임 사무관으로 제7광구 확대의 실무 주역을 담당하였던 김석우는 후일 필자와의 면담에서 이 건만으로도 자신이 평생 공무원으로 월급을 받았던 밥값을 한 것 아니냐는 농담을 하였다. 필자 역시 이에 동의한다.

둘째, 그러면 1974년의 공동개발협정의 체결은 한국이 자신의 권리 일부를 포기한 잘못된 후퇴였는가? 답은 반대였다. 이 역시 한국의 입장에서는 국제법상 절묘한 시점에 이루어진 절묘한 합의였다. 이러한 평가를 할 수 있는 배경은 국제해양법에서의 새로운 변화였다.

1973년부터 제3차 유엔 해양법회의가 개시되었다. 제3차 유엔 해양법회의는 그 이전부터 국제사회에서 대두되고 있던 배타적 경제수역이 국제법상의 제도로 정착되는 계기가 되었다. 1960년대 중반부터 국제사회에서는 200해리 수역을 주장하는 국가가 급속히 늘기 시작하였다.[55] 제3차 해양법회의에서는 아시아 · 아프리카 · 중남미 국가들의 적극적인 지지를 바탕으로 200해리 배타적 경제수역에 대한 지지가 대세를 형성하였으며, 1975년 발표된 비공식 단일교섭 초안 역시 이의 도입을 제안하고 있었다. 1977년부터는 미국, 소련, 일본 등이 200해리 어로수역을 공표하는 등 이를 국내법적으로 도입한 국가가 크게 늘었다. 해양법협약에 최종적으로 채택된 배타적 경제수역 제도는 연안 기선으로부터 200해리까지의 수역뿐만 아니라, 해저 및 하층토도 적용대상으로 한다(해양법협약 제56조 및 제57조). 그런 점에서 'Exclusive Economic Zone'을 단순히 배타적 경제 '수

의 주 45), 166쪽.

55 이 과정에 관한 상세한 내용은 정인섭(앞의 주 1), 19~21쪽; 김영구(앞의 주 40), 355~359쪽; D. Attard, *The Exclusive Economic Zone in International Law* (Oxford University Press, 1987), pp.13-23.

역'이라고 번역하는 것은 오해의 소지가 있는 용어이다. 대륙붕이 바다 아래 해저와 하층토를 대상으로 하는 것에 비하여 배타적 경제수역은 사실상 이를 모두 포괄하고 이에 더하여 상부 수역까지 포함하는 개념이다. 결국 배타적 경제수역을 선언하면 200해리까지의 해저와 하층토는 바로 연안국의 주권적 권리에 속하게 되고, 200해리까지에 대하여는 대륙붕 제도가 별도의 존재의의가 사실상 없어지는 결과가 된다. 이에 해양법협약도 200해리까지의 해저지역은 바로 연안국의 대륙붕으로 인정하고 있다 (제76조).

이러한 국제해양법의 변화는 한국에 대하여 어떠한 의미를 갖는가? 당초 1970년 한국이 제7광구에 대한 권리주장을 할 수 있었던 근거가 한국의 대륙붕은 오키나와 해구까지 자연적으로 연장되는 반면, 일본의 대륙붕은 오키나와 해구에서 단절된다는 점이었다. 그러나 200해리 배타적 경제수역제도가 정착되면 연안으로부터 200해리 이내의 대륙붕에 대하여는 육지의 자연연장이란 개념이 중요성을 상실하게 된다. 설사 육지의 자연적 연장이 아니더라도 200해리까지의 해저는 연안국의 대륙붕으로 인정되게 되었기 때문이다. 1985년에 내려진 리비아/몰타 대륙붕 사건에서도 국제사법재판소는 배타적 경제수역제도가 관습국제법화된 시점에서 200해리 이내 지역의 대륙붕의 경계를 획정하여야 하는 경우 지질학적·지형적 요소에 결정적 의미를 부여할 이유가 없으며, 거리 기준이 우선적으로 적용되어야 한다고 판결하였다. 200해리 이내에서는 해저지형에 갈라진 단층이 있다 하여도 대륙붕의 연장을 결정적으로 중단시키지 않는다고 판단하였다.[56]

---

56 Continental Shelf. Libya/ Malta, 1985 ICJ Reports 13, paras.34, 39. 이 같은 입장은 최근 내려진 국제해양법재판소의 Dispute concerning Delimitation of the Maritime Boundary between Bangladesh and Myanmar in the Bay of Bengal에서도 그대로 반복되었다. 2012 ITLOS Judgement Case No.16., para.322.

대륙붕 개념에 대한 국제법의 이 같은 변화는 한국에게는 불리하고 일본에게는 유리한 상황을 의미하였다. 제7광구의 대부분이 일본으로부터 200해리 이내에 위치한다. 200해리 이내에서는 자연연장 여부가 결정적인 중요성을 상실하면 제7광구에 대한 한국의 권리주장의 가장 중요한 근거가 위협받게 되는 것이다. 해양법협약이 대륙붕이나 배타적 경제수역의 경계를 반드시 중간선에 의하여 획정하라고 규정하고 있지는 않다. 그러나 다른 특별한 사정이 없다면 중간선이 가장 합리적인 기준이라는 점을 부인할 수 없기 때문에 현재의 국제법 아래서는 제7광구에 대한 한국의 권리주장이 심각한 타격을 받게 되었다.

1974년 한국과 일본은 공동개발구역에서의 권리를 서로 절반씩 갖자고 합의하였다. 만약 이 같은 합의가 몇 년이라도 늦어졌다면 과연 일본이 현재와 같은 공동개발협정에 동의하였을까 의심스럽다. 해양법회의에서 200해리 이내의 대륙붕에 대해서는 육지의 자연연장설이 퇴조하고 거리 개념의 중요성이 부각되는 것을 쉽게 간파하였을 것이기 때문에, 일본으로서는 이 구역에서의 수익을 한국과 절반씩 나누려 하지 않았을 것이다. 1974년 1월의 시점에서 한국 정부가 이후 해양법의 변화를 정확히 예측하고, 제7광구 등의 개발이익을 당장 절반이라도 확보하는 것이 현명하다는 판단 아래 공동개발협정을 체결하지는 않았을 것이다. 일본만 이를 모르고 덜컥 한국과 합의하였다고도 보이지 않는다. 그러나 이후 국제법 변화는 마치 한국만 현명하게 판단한 것과 마찬가지인 결과를 낳았다. 그래서 한국의 입장에서는 1974년 대륙붕 공동개발협정이 국제법상 절묘한 시점에 타결된 절묘한 합의였다는 평가가 가능한 것이다. 물론 제7광구에서 석유가 쏟아져 나와야만 이 같은 평가가 현실화되겠지만, 이론적인 측면에서 대륙붕 문제에 관한 한 한국 정부의 대처는 훌륭하였다.

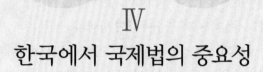

IV
한국에서 국제법의 중요성

국제법이 강대국의 선도로 만들어졌고, 지금도 국제법을 형성하는 가장 큰 요인은

강대국의 실행과 주장임을 부인할 수 없다.

이러한 국제법이 강대국과 약소국에 공평할 리 없다.

국제법은 주권평등의 논리 속에 포장되어 있으나,

그 속을 뜯어보면 강대국에 유리한 내용이 중심이 되고 있음이 사실이다.

조선이 19세기 후반 서양 국제법과 조우한 이래 근 100년 가까이

우리에게 국제법은 타자들의 질서였을 뿐이다.

그렇다면 우리에게 국제법이란 가능하면

피하거나 도망치거나 무시하는 것이 상책인 존재일까?

그러나 우리에게 국제법은 피하거나 무시할 대상이 결코 아니다.

설사 도망치거나 외면하려 해도 그 대상을 정확히 알아야만 한다.

이른바 중위권 국가에 속하는 한국은 지정학적 여건이 결코 호락호락하지 않다.

한반도는 세계 4강 세력에 둘러싸여 있으며,

남북한의 냉전적 대립은 민족의 에너지를 무한히 낭비시키고 있다.

한국이 혼자 다루기 벅찬 주변 강대국을 상대로 외교를 하고 국익을 보전하기 위해서

활용할 수 있는 수단으로는 과연 무엇이 있을까?

비록 국제법이 강대국의 선도로 만들어졌어도,

일단 성립된 국제법은 강대국이라도 함부로 무시하기 어렵다.

국제법은 적어도 형식상으로는 개별 주권국가에게 대등한 지위를 부여한다.

국제법은 표면적으로는 힘에 의한 강제를 부정한다.

따라서 중위권 국가들이 강대국을 상대할 때에 국제법은 매우 유용한 수단이 될 수 있다.

여기에 한국이 국제법을 특별히 중요시할 이유가 있다.

1

한국의 지정학적 위치

현대 국제법이 본격적으로 발전한 19세기부터 20세기에 이르는 동안 한국은 국제질서가 형성되는 데 있어 적극적 참여자의 위치에 서지 못하였다. 외세에 의하여 강요된 개방과 일제에 의한 피식민의 고통, 광복 후 국토분단에 따른 제약 등으로 한국은 국제규범의 형성에 적극적으로 참여할 기회를 사실상 박탈당하였다. 제2차 세계대전 후 유엔 체제가 성립되자 북미와 유럽 같은 세계정치의 '중심지역'에서는 장기간의 평화와 번영이 구가되었으나, '주변지역'은 종종 중심세력들의 각축장이 되어 분쟁지역화되었다.[1] 한반도도 불행히 냉전의 충돌지점이 되어 6·25전쟁이라는 미증유의 비극을 경험하였다.

20세기 종반 마지막 한 세대 동안 한국의 경제력은 비약적으로 신장하였으나, 동북아시아에서의 한국은 여전히 강대국에 의하여 포위된 형상이다. 한반도는 러시아, 중국, 일본과 직접 맞대고 있으며, 미국 역시 동북아에서 확고한 세력을 구축하고 있다. 한국이 이들 중 어느 한 나라라도 혼자의 힘으로 다루기는 여전히 벅차다. 한국이 가까운 시일 내에 군사력이나 경제력 면에서 이들 주변 국가들과 대등한 위치로 성장하기도 쉽지 않을 것이다. 핵무기를 보유하였다는 북한과는 상시적 긴장관계에 놓여 있으며, 우방국이라고 하는 일본과는 끊임없이 과거사 갈등을 겪고 있다. 또한 정치체제가 다른 중국의 최근 급속한 부상은 남북분단의 상황에서 자칫 한국의 입지를 곤란하게 만들지 모른다는 우려를 낳게 한다.

동북아에 중국과 일본이라는 양강이 위치함으로써 국제사회에서 아시

---

1 김용구, 『만국공법』(소화, 2008), 188쪽.

아 지역을 안배할 때마다 한국은 존재감을 확보하는 데 어려움을 겪는다. 예를 들어 국제사법재판소 판사는 아시아에 3석이 배정되는데, 안전보장이사회 상임이사국인 중국이 고정적으로 한 석을 차지하고 일본 역시 관례적으로 한 석을 차지하면, 나머지 한 자리를 가지고 전 아시아 국가가 각축하여야 한다. 이때 같은 동북아 국가인 한국이 나머지 한 석을 차지하겠다고 나서면 다른 아시아 국가들의 지지를 얻기 어렵다. 그럼에도 불구하고 국제정치무대에서 한국 외교는 사사건건 민족 내부의 남북대결에 발목이 잡히고 있다. 한민족은 아직도 통일국가의 설립이라는 19세기적 과제도 해결하지 못하고 있으며, 세계사적으로는 냉전이 종식되었다고 하여도 한반도는 아직 냉전의 유산에서 벗어나지 못하고 있다. 결국 동북아에서 한국은 자신보다 우월하거나 또는 적대적인 경쟁자들은 여럿이나 친구는 적다. 또한 한국은 세계 9위권의 무역 대국이며 석유를 100% 수입하는 국가임에도 한반도 주변 해양항로의 안전을 독자적으로 확보할 능력은 미미하다.

국내 언론에는 수년 전부터 한국이 처한 상황을 구한말에 비유하는 기사가 자주 등장하고 있다. 당시 조선을 노리는 열강은 많았으나, 조선의 국력은 이를 독자적으로 물리칠 수 없을 정도로 미약하였다. 사회 지도층은 지나치게 교조적 고정관념에 사로잡혀 있었고, 개방보다는 쇄국을 통한 기존 질서의 유지를 선호하였다. 변화된 국제질서를 객관적으로 평가하지 못하고 자기 식으로만 이해하였다. 만국공법이라는 새로운 국제질서의 판이 동북아에 도래하자 일본의 지식인들은 너나 할 것 없이 이의 학습과 활용에 열심이었으나, 조선의 지도층들은 갑론을박으로 세월을 보냈다. 내부적으로 민생과 경제는 피폐한 수준이었음에도 지도층은 이를 제대로 인식하지 못하였다. 선각자들이 이러한 여러 사실을 심각하게 받아들였을 때는 시기가 이미 너무 늦었다. 열강의 세력정치는 그들의 눈에 "한심하게만 보이는" 조선을 일제가 식민지화하는 데 동의하였다.

물론 오늘날은 19세기 말과 같은 제국주의적 시대는 아니다. 우리 사회가 19세기 말의 조선처럼 패쇄적이지도 않고, 경제력의 성장도 괄목할 만하다. 그러나 국제정치의 중심세력은 여전히 국제질서를 자신의 입맛대로 요리하기 원하며, 자국이 영향력을 행사할 수 있는 국가를 확보하기 위하여 노력한다. 비록 형태와 성격은 달라졌어도 중심과 주변의 관계는 좀처럼 변하지 않는다. 지난 한 세대 남짓 한국의 국력은 비약적으로 발전하였는데, 과연 앞으로도 한국이 동북아의 강대국들 틈바귀에서 국가적 발전을 지속하고 주권국가로서의 자존을 지킬 수 있을까?

2
유럽의 강소국들

눈을 밖으로 돌리면 이 같은 지정학적 상황이 비단 한국만의 일은 아니다. 유럽의 네덜란드, 덴마크, 노르웨이, 스웨덴, 핀란드, 스위스 같은 국가들도 지난 역사에 있어서 인근 강대국들의 끊임없는 정치군사적 위협과 경제적 압박에 노출되어 있었다.[2] 이웃 국가의 지배를 받기도 하였다. 그럼에도 불구하고 오늘날 이런 국가들은 영국, 프랑스, 독일, 러시아 등의 인접 강대국보다 더 높은 수준의 경제적 번영을 구가하며 더 자유로운 사회제도를 향유하는 것은 물론, 국제정치에 있어서도 나름대로의 독특한 역할을 수행하고 있다. 흔히 이런 국가를 작지만 강한 '강소국强小國'이라고 부른다.

이들 강소국은 어떠한 생존전략을 추구하는가? 상대적으로 작은 규모의 국내시장을 가진 이들 국가가 남보다 높은 수준의 경제적 번영을 유지

---

2 과거에는 제국을 이루었지만 현재의 오스트리아도 이런 국가군에 포함될 수 있다.

하기 위해서는 해외시장에 적지 않게 의존할 수밖에 없다. 자연 이들 국가의 경제는 대외개방체제를 지향하게 된다. 개방적 대외정책을 취하려면 비단 경제분야로만 한정시킬 수는 없으며, 사회 각 분야의 개방화도 병행되어야 한다. 개방은 관용을 사회적 가치로서 필요로 하며, 관용은 보편적 가치를 중시하는 사회에서만 실현이 가능하다. 사실 관용은 강소국에게만 필요한 것이 아니다. 과거 모든 초강대국이 제국을 이루고 패권을 장악하는 데 필수 불가결한 요소의 하나가 관용이었으며, 반면 제국의 쇠퇴는 불관용과 외국인 혐오, 인종적·종교적·민족적 순수성에 대한 촉구와 함께 시작되었다는 분석 역시 교훈으로 삼아야 한다.[3] 역사에서 쇄국을 통하여 국가의 번영을 이룩한 사례가 과연 있었는가? 쇄국은 외부의 위협으로부터 일시적으로 국가를 보호해 줄지 모르나, 궁극적으로는 국가를 후퇴시키며 주권의 보지마저 위태롭게 만든 예가 더 많았다. 개방이 외세 침략의 통로가 되어 몰락의 길을 걸은 국가라면 쇄국을 통한 국가보전도 일시적일 수밖에 없었을 것이다.

대외의존도가 높은 국가들로서는 안정적 국제질서의 확보에 높은 우선순위를 둘 수밖에 없다. 사실 높은 대외의존도는 때로 이들 국가를 외부적 충격에 취약하게 만드나, 강대국만 한 협상력을 확보하기 어려운 중위국으로서는 위기 시 충격의 비용을 외부로 전가시키기도 어렵다.[4] 결국 중위권 강소국으로서는 안정적 국제질서 확보와 강대국을 상대로 한 협상력의 제고를 위하여 어떤 국가도 부인하기 어려운 보편적 가치와 국제법을 더욱 중요시하지 않을 수 없다. 주권평등을 기본원칙의 하나로 하는 국제법은 이들이 강대국을 상대로 할 때 가장 효과적인 교섭수단이 되기 때문이다. 국제사회에서의 신뢰는 강대국의 외교에 있어서도 포기할 수 없는

---

3 에이미 추아(이순희 역), 『제국의 미래』(비아북, 2008), 7쪽.
4 P. Katzenstein, *Small States in World Markets*(Cornell University Press, 1985), p.39 이하 참조.

자산이므로 아무리 강대국이라 할지라도 자신들의 동의하에 성립된 국제법을 쉽게 '감탄고토甘吞苦吐'[5]하지는 못한다.

국가가 국제법을 대외정책에만 한정하여 활용할 수는 없다. 국가가 자신은 국내적으로 실천하지 않으면서 상대방에게만 국제법을 지키라고 요구할 수는 없다. 이에 강소국들은 국내적으로도 국제기준을 충실히 이행하며 높은 수준의 인권보호를 실천하고 있다. 이를 통하여 이들 국가는 국제사회에서 평화애호와 인권존중에 있어서 특별한 국가 이미지를 구축하고 있으며, 그러한 이미지 자체가 대외교섭과 국가안보에 도움이 된다. 결국 이들 중위권 강소국들의 대외전략의 특징은 적극적 대외개방, 대립되는 이념의 관용적 수용, 인류의 보편적 가치의 중시, 국제규범에 입각한 대외관계의 처리, 국제분쟁의 평화적 해결에 대한 적극적 기여자세 등으로 요약될 수 있다.

또한 이들 국가의 공통점의 하나는 위와 같은 원칙을 수행하기 위하여 국제법에 관한 탄탄한 국내 지식기반을 구축하고 있다는 사실이다. 전 세계적으로 중요한 국제법 이론서의 상당 부분이 네덜란드 출판사에 의하여 출간되고 있다거나, 강소국들의 경우 모두 국제적으로 유명한 국제법 연구소 또는 평화연구소를 갖고 있는 것이 좋은 예이다.

3

네덜란드의 헌법

이러한 강소국 중에는 국제법에 특별한 의의를 부여하는 헌법을 갖고 있는 국가들이 있다. 오늘날과 같이 국제화된 시대에도 대부분의 국가가

---

5 달면 삼키고, 쓰면 뱉는다Swallow the sweet and spit out the bitter.

적어도 국내적으로는 자국 헌법의 최고성에 대하여는 양보하지 않으려 한다. 헌법이 국가 법질서의 토대를 제공한다는 점에서 대부분의 국내 법률가들은 헌법의 최고성을 매우 당연한 것으로 받아들이며, 이러한 현상은 어느 나라에서나 마찬가지일 것으로 생각한다.

그러나 이러한 결론이 모든 나라에서 통하는 상식은 아니다. 네덜란드 헌법은 국내 법률보다 조약에 더 우월한 효력을 인정할 뿐만 아니라, 헌법과 모순되는 조약이라도 그것이 의회에서 3분의 2 이상의 동의를 받는다면 헌법보다 우월한 효력을 인정하고 있다.[6] 즉 정식 개헌 없이도 헌법과 모순되는 조약에 더 우선적 효력을 인정할 수 있는 것이다. 왜 네덜란드는 조약에 헌법 이상의 효력을 부여하는 제도를 갖고 있을까?

네덜란드는 유럽에서도 비교적 작은 나라이다. 국토의 상당 부분이 바다를 메워 얻은 땅일 정도로 자연환경이 열악하다. 국토의 4분의 1이 해수면보다 낮아 국가의 이름조차 '낮은 땅'이다. 천연자원도 별달리 많지 않다. 한국도 크지 않지만 네덜란드는 더 작아 인구는 한국의 3분의 1에 불과하고(1,680만 명), 국토면적도 한국의 40%밖에 되지 않는다(41,553km²). 그러면서도 프랑스와 독일이라는 강대국에 둘러싸여 있다. 국가의 독립을 유지하기도 쉽지 않은 형상이다. 이러한 네덜란드가 살 길은 개방과 대외진출뿐이었다. 네덜란드는 오래전부터 대외무역을 통하여 국가경제를 발전시켜 왔다. 오늘날 네덜란드의 무역규모는 세계 6위(2011년 WTO 발표)로, 영국이나 이탈리아보다 더 크다. 네덜란드 경제에서는 국내총생산보다 무역의 비중이 더 많아 무역의존도가 늘 100%가 넘는다. 네덜란드 교역의 상당 부분은 중개무역인 것이다. 이러한 독특한 상황에 놓여 있기 때문에 네덜란드는 원활한 국제관계를 중시하지 않을 수 없었다. 국가의 대외적 약속은 반드시 지키는 것이 국익보호에 중요하다고 판단하였다. 이러한

---

6 네덜란드 헌법 제91조 제3항.

배경 속에서 네덜란드는 때로 헌법보다 조약을 우위에 놓는 법전통을 발전시킨 것이다.[7]

이웃 룩셈부르크는 한 걸음 더 나가고 있다. 룩셈부르크에서는 조약이 국내 법률은 물론 헌법보다 우월한 효력을 지닌다. 특이한 점은, 룩셈부르크 헌법에는 국제법과 국내법의 상하관계에 관해 별다른 조항이 없음에도 불구하고 이 나라 법원은 오래전부터 일관되게 조약의 우월성을 인정하고 있다. 룩셈부르크 헌법재판소도 발효 중인 조약에 대해서는 위헌을 선언할 수 없다.[8] 강대국에 둘러싸인 룩셈부르크의 국민은 국내적인 이유로 대외적인 약속을 지키지 못하는 일이 없어야 한다는 사실을 명심하고 있는 것이다. 이러한 룩셈부르크는 세계 최고의 번영을 누린다. 2012년 IMF 발표에 따르면 룩셈부르크의 1인당 GDP는 세계 1위이다(10만 6,406달러).

알프스산맥에 둘러싸인 스위스 역시 지정학적 형편이 유사하다. 서유럽의 중심에 위치하여 프랑스, 독일, 이탈리아, 오스트리아에 둘러싸여 있다. 스위스의 국토가 비옥한 평원이었다면 이웃 강대국이 일찍부터 탐냈을 위치이다. 산악지형의 스위스는 과거 남자들이 유럽 각국에 용병으로 나가 돈을 벌어야 할 정도로 먹고살기도 힘들었다. 전통적으로 교황청 호위대는 스위스인 용병들이다. 프랑스 대혁명 시절 루이 16세 왕실을 호위하던 병력 역시 스위스인 용병이었다. 그런데 혁명의 대세가 판가름 나면서 용병들로서는 루이 16세 왕실을 더 이상 보호하기 어렵다고 판단하게 되었다. 스위스 용병들은 도망치거나 투항할 수도 있었다. 하지만 만약 그렇게 한다면 후손들이 더 이상 용병 자리를 얻지 못하여 먹고살기 힘들게

7 P. Malanczuk, *Akerhurst's Modern Introduction to International Law* 7th revised ed.(Routlege, 1997), pp.67–68.
8 P. Kirsch, Luxembourg, in D. Shelton ed., *International Law and Domestic Legal Systems*(Oxford UP, 2011), pp.400–404.

될 것이라고 걱정한 그들은 항전과 죽음을 택하였다고 한다. 이러한 척박한 상황의 스위스가 오늘날에는 영세중립국으로서 국가의 안전을 보장받으며 경제적 번영을 구가하고 있다. 과거 역사상 여러 국가가 영세중립을 선언하였지만, 2세기 이상 영세중립의 지위를 유지한 국가는 스위스가 유일하다. 구한말 유길준이나 샌즈Sands 등 몇몇 주한 외교관이 영세중립을 통하여 조선의 독립을 보전하자고 제안하였으나, 조선은 이를 실현시킬 능력이 없었다. 영세중립의 실천과 유지에는 고도의 외교력을 필요로 한다. 또한 이의 바탕에는 풍부한 국제법 지식이 필요함은 물론, 대외정책에 있어서 국제법 존중의 자세가 필요하다. 오늘날 스위스 헌법에는 개정 시 국제법상의 강행규범을 위반하지 않아야 한다는 조항이 있다.[9] 국제법의 근본 원칙은 누구도 위반할 수 없으며, 이는 자국의 헌법보다 중요한 법원칙이라고 인정한 것이다. 이는 대외적 약속과 국제법의 소중함을 역사 속에서 체득한 스위스인들의 생각이 반영된 결과이다.

4
한국에서 국제법의 의미

부족한 천연자원, 높은 인구밀도, 남북분단의 상황, 강대국으로 둘러싸인 지정학적 위치에도 불구하고 한국이 20세기 종반 유례없는 고속성장을 할 수 있었던 것은 무역을 통한 적극적 대외진출 전략이 성공하였기 때문이다. 이러한 경제적 성장을 배경으로 한국은 이제 국내정치의 민주화도 상당 수준 달성할 수 있었다. 사실 대한민국은 경제규모가 세계 14위,

---

9 스위스 헌법 제193조 제4항 및 제194조 제2항.

무역규모는 9위(2011년 기준)로서 전 세계적으로 최상위권이며, 인구수에서는 26위, 우리 스스로 매우 좁다고 생각하는 국토면적에 있어서도 108위로서 세계 국가들 중에서 중간 정도의 순위이다(남북한을 합하면 영토 84위). 모국어 사용자 수를 기준으로 할 때 한국어는 세계 13, 14위권 언어에 해당한다. 이러한 통계에 비추어 볼 때 대한민국은 결코 약소국이 아니며, 중위권 강소국 이상의 기반을 갖추고 있다. 다만 강대국에 둘러싸인 한국의 지정학적 위치가 한국을 실제보다 더 왜소해 보이도록 만든다. 지정학적 위치가 만족스럽지 않다고 해서 국가는 이사를 갈 수 없기 때문에 한국은 지금의 위치에서 국가발전을 모색하여야 한다. 동북아 국가인 한국이 앞으로 유럽의 중위권 강소국들과 마찬가지로 현재 이상의 경제적 번영을 이루고 국제정치질서에서도 자신의 입지를 확보하려면 어떻게 하여야 하는가?

인접 강국의 틈바귀 속에서 공존해야 하는 한국으로서는 바로 위와 같은 유럽의 강소국들의 생존전략을 눈여겨볼 필요가 있다. 즉 인접국가와의 관계를 힘의 논리로 풀어 가기에는 역부족일 수밖에 없는 한국이, 주변국들을 상대로 외교를 하고 국익을 보전하고 국가의 발전을 유지하기 위해서는 누구도 부인할 수 없는 보편적 규범을 바탕으로 자신의 주장을 전개하여야 한다. 국제사회의 공통언어Common Language of International Society 라고 할 수 있는 국제법이 바로 그런 보편규범의 중심을 이룬다. 여기에 한국이 남달리 국제법의 중요성에 주목하여야 할 이유가 있다. 국제법이 강대국의 선도로 만들어졌다는 사실은 물론 부인할 수 없으나, 중위권 국가가 강대국을 상대로 할 때는 이보다 더 유용한 틀이 없기 때문이다.

만약에 대외관계를 중시하여야 하는 한국에서도 필요한 경우 헌법보다 국제법을 우위에 놓자고 제의한다면 국내 법률가들은 어떻게 반응할까? 해보지도 않은 조사에 대한 답을 미리 가정할 필요는 없을 것이다. 다만 국제적으로 널리 수용되고 있는 투자자-국가 간 소송제도(이른바 ISDS;

Investor-State Dispute Settlement)의 도입조차 사법주권의 침해라고 주장하는 법조인이 있다면 그들의 귀에는 당치도 않은 소리로 들릴 것이다. 실제로 국내 법률가들을 만나면 의외로 국제법에 대한 인식이 부족한 경우를 자주 접하게 된다. 이는 대부분의 법률가가 업무상 국내법만을 다룬다는 점에서 이해가 가지 않는 것도 아니다. 사실 미국 국제법학회도 오죽 답답했으면 『판사를 위한 국제법안내서International Law: A Guidebook for Judges』라는 소책자를 만들어 몇 년 전에 보급할 정도였다. 실제로 미국 법조인들은 세계 어느 나라의 법조인들보다 국내법 중심의 사고에 젖어 있다는 점을 부인할 수 없다. 미국이라는 국가의 힘과 특성상 그래도 통용되는 것이 사실이다. 미국과 같은 슈퍼 파워는 국제법이 아예 없다면 세상을 더 마음대로 요리할 수 있어서 당장 더 편리해진다고 생각할지도 모른다.

그러나 한국과 같은 규모와 지정학적 위치의 국가는 미국과 처지가 같을 수 없다. 한국의 상황은 유럽의 네덜란드, 스위스, 오스트리아 등이 처한 입장과 흡사하다. 우리는 유럽의 강소국들이 국제법의 실천과 존중에 적극적이고, 국제법의 연구에 남달리 진력하고, 국내법적으로 국제법에 특별한 지위를 부여하기도 하는 태도에서 필요한 교훈을 얻어야 한다. 한국은 세계의 다른 어떤 국가들보다 '특별히' 더 국제법을 필요로 하고, 대외관계의 운영에 있어서 국제법을 활용하여야 하는 국가이기 때문이다.

현실주의자들은 의문을 제기할 것이다. 여전히 국제사회는 정글의 법칙이 지배하는 약육강식의 세계인데, 한가히 국제법 타령만 하느냐고? 어느 정도는 맞는 말이다. 그러나 현대사를 다시 한 번 반추해 보자. 인류 역사상 처음으로 제2차 세계대전 이후 근 70년간 한 나라가 무력에 의하여 타국에 완전히 병합된 사례가 한 건도 없었다. 이제는 재직 중 심각하게 국제법을 위반한 전현직 국가원수에 대하여 국제형사재판이 진행되고 있다. 과거 같으면 인접국들에 의하여 벌써 영토가 갈래갈래 찢어지고 먹혔을 소말리아와 같은 파탄국가Failed State도 국제사회에 의하여 국가로 유지되고 있다. 전 세계 모든 국가의 인권상황이 4년마다 유엔에 의하여 검토를 받고 있다. 이 모두가 100년 전의 세계에서는 상상할 수 없었던 일이다. 국제사회는 비록 답답할 정도로 느릴지라도 꾸준히 국제법의 지배가 실현되는 방향으로 전진하고 있다.

지난 1세기 정도의 역사를 돌이켜 보아도 국제질서가 커다란 변화를 겪을 때마다 국제법의 중요성이 강화되는 경향을 뚜렷이 발견할 수 있다. 예를 들어 국제법과 국내법의 관계에 관하여 19세기 말까지 유럽 대륙에서는 국내법 우위론이 상당히 득세하였지만, 20세기 들어서는 그런 주장을 하는 학자들을 더 이상 찾기 어렵게 되었다.

19세기 국가지상주의자들은 주권의 절대성을 강조하였다. 국가는 자신의 최선이익에 반하면 국제적 행동기준에 대한 지지를 언제나 철회할 수 있다고 생각하였다. 자연 국제법은 구속력 있는 법규범이라기보다는 국가에 대한 권장 행동지침 정도로 여겨졌다. 국제법이란 국내법의 대외적 발현 정도에 불과하다고 인식하였다. 그런데 현실세계에서 국제사회의 행동규칙을 자유로이 수정하거나 이탈할 능력이 있는 국가는 강대국뿐이었으므로, 결국 국제법에 대한 이러한 입장은 강대국의 극단적 자민족 중심주의의 발로요, 제국주의적 행동을 정당화시키는 도구가 될 수 있었다.[10] 1914년 독일이 영세중립국 벨기에를 침공하면서 독일민족의 필요성이라는 미명으로 합리화시키려 하였던 것은 좋은 예이다.

제1차 세계대전의 경험과 전후의 국제질서는 국제법의 지위에 대한 새로운 이론을 정립시키는 계기가 되었다. 패전 독일은 관습국제법을 독일법의 일부라고 선언한 바이마르 헌법을 제정하였다. 전범국인 독일로서는

---

10 L. Ferrari-Bravo, "International Law and Municipal Law: The Complementarity of Legal Systems", R. MacDonald & D. Johnston ed., *The Structure and Process of International Law: Essays in Legal Philosophy Doctrine and Theory*(Martinus, Nijhoff, 1983), p.729.

국제법의 준수의무를 헌법에 명기함으로써 국제사회의 선량한 일원으로 인정받기 원하였던 것이다. 제2차 세계대전 후 독일, 이탈리아, 일본과 같은 패전국이나 스페인과 그리스 같이 내부적 문제가 많았던 국가들의 헌법이 국제법 존중 조항을 포함한 것도 같은 이유였다. 1948년 한국 헌법을 포함하여 많은 신생국 헌법이 국제법 존중 조항을 규정하였다. 또한 1980년대 중반 이후 동구권에서 체제변화가 일어나고 새로운 헌법이 제정되는 과정에서도 비슷한 현상이 발생하였다. 러시아를 포함한 많은 구 공산권 국가의 헌법이 국내법률보다 조약에 더 우월한 효력을 인정하고 있다. 이들 체제변환국들 역시 대외적으로 국제법 준수국으로서의 이미지를 구축하고, 자국 경제발전을 위하여 국제적 투자와 지원이 필요하였기 때문이다. 국제교류가 활발해지면 해질수록 국제법에 대한 존중이 강화되는 추세는 앞으로 역전되지 않을 것이다.[11]

한국과 같은 중견국가가 미래의 세계에 대비하기 위하여 국제법을 어떻게 인식하고 어떻게 활용하여야 할지는 자명한 것이다.

5
한국의 대외전략

한국은 대외교류를 배제하고는 국가의 정상적 생존을 생각할 수 없는 단계에 진입한 지 이미 오래되었다. 우리가 원하든 원하지 않든 세계화의 추세는 우리로 하여금 대외교류를 더욱 외면할 수 없게 만들고 있다. 이의 바탕이 되는 국제법의 연구와 활용은 대한민국의 생존 및 발전 전략과 직

---

11 V. Vereschchetin, *New Constitution and the Old Problem of the Relationship between International Law and National Law*, EJIL vol.7(1996), p.41 참조.

결되는 것이다. 전시에는 군인이 무기를 들고 국가의 존립을 수호한다면, 평시에는 국제법을 통하여 국가의 주권과 이익을 보호하여야 한다. 싸움은 이기는 것보다 방지하는 편이 더 현명하다. 탱크나 비행기 한두 대 살 돈이면 국제법의 연구진흥에 획기적인 투자를 할 수 있으므로, 국제법의 연구 활성화는 가장 경제적인 국가수호의 길이기도 하다. 국제법만으로 국가를 수호할 수는 없을 것이나, 국제법을 외면하고 국가발전을 기대할 수 없다.

그렇다면 동북아 국가인 한국이 향후 추구하여야 할 대외전략을 국제법의 관점에서 다음과 같이 정리해 본다.

첫째, 국제법과 같은 국제규범을 존중하며, 이의 발전에 기여한다.

국제법이 주로 강대국의 이해를 반영하는 방식으로 형성된 것은 사실이다. 그러나 일단 국제법이 성립되면 어떠한 국가도 국제법으로부터 완전히 자유롭지는 못하다. 국제법이 강대국을 중심으로 운영되는 것은 부인할 수 없으나, 어떠한 강대국이라도 국제법의 규범력을 무시하지 못한다. 국제사회에서 법을 잘 준수하는 국가라는 신뢰는 강대국의 국익을 위해서도 역시 필요하기 때문이다. 국제사회에서 국제법과 같은 일반규범이 좀 더 발달할수록 국제사회는 좀 더 예측 가능해지고 힘의 현실정치가 억제될 것이다. 비록 국제법의 내용이 당장 다소 불만스럽더라도 한국으로서는 주변의 강대국을 상대하는 데 있어서 국제법만큼 유용한 수단을 찾기 어렵다. 주권평등, 민족자결, 내정불간섭, 국가의 정치적 독립과 영토적 단일성의 존중과 같은 국제법의 기본원칙은 동북아에 위치한 한국으로서 그 필요성을 아무리 강조하여도 지나침이 없을 것이다. 그런 의미에서 한국은 어느 인접국보다도 연성국력soft power인 국제법을 필요로 한다.

둘째, 인권존중이나 환경보호와 같은 인류의 공통가치를 실현하려는 국제법적 노력을 지지하며 이에 기여한다.

인류의 공통가치를 실현하려는 이러한 행동은 대외적으로 국가적 위상을 높이는 데 기여할 뿐만 아니라, 미래의 대한민국이 주변 강국으로부터 무시당하지 않을 바탕이 된다. 예를 들어 인권의 존중도는 오늘날 군사력이나 경제력과 함께 국제사회에서 국가의 품격을 결정하는 중요요소로 작용하고 있다. 1970년대 중반 이래 네덜란드, 노르웨이, 스웨덴 같은 국가들이 자국 내 인권실적을 바탕으로 외교정책의 수행에 있어서도 인권을 중요요소로 가미하여 국제사회에서 남다른 신뢰를 얻고 있는 것은 좋은 사례이다.[12]

지난 정부 시절 한국의 국제적 위상의 목표로 동북아 질서의 균형자 또는 조정자가 제시되기도 하였다. 그런데 강대국이 자신보다 작은 국가의 조정자나 균형자 역할을 즐겁게 받아들일 리 없다. 사자와 호랑이가 싸우려고 으르렁거릴 때 여우나 늑대의 조정이나 균형 잡기가 통할 리 없다. 단지 귀찮고 건방진 제3자로 비춰질 뿐이다. 국제관계에서 균형자나 조정자 역할은 그 국가가 어느 편에 속하느냐에 따라 세력균형의 추가 크게 흔들려야만 가능하다. 불행히도 현재의 동북아에서 한국은 그러한 비중을 차지하지 못한다.[13] 이런 형편의 한국이 동북아에서 독자적 역할을 할 수 있는 경우는 주변국들이 모두 부인하기 어려운 공통가치에 입각한 입장에 설 때이다. 한국의 목소리가 존중받기 원한다면 평상시 이를 국내적으로 충실히 실천함과 아울러 국제적 이행에도 기여하여야만 한다. 그런 의미에서 한국 정부는 국제사회에서 인권보호와 같은 공통가치에 대한 지지의사를 좀 더 적극적으로 표명할 필요가 있다.

셋째, 국제문제의 다자적 해결노력을 중시하며, 국제기구의 활동에 적극 참여한다.

국제문제의 양자적 해결에서는 힘의 논리가 작용할 가능성이 커진다. 결과에 힘의 강약이 반영될 가능성이 높다. 따라서 중위국으로서는 국제

---

12 정인섭, 「국제인권법과 법률가의 역할」, 『인권과 정의』 2009년 3월호, 307쪽.
13 강성학, 『새우와 고래싸움』(박영사, 2004), 45쪽.

문제의 다자적 해결이 보다 유리한 경우가 많다. 오늘날 강대국이라 하여도 국제기구에서의 논의 결과를 쉽게 무시하지는 못한다. 다만 중위국이 다자적 해결을 위한 장場을 독자적으로 마련하기는 쉽지 않으므로 기존의 무대를 활용하는 것이 편리하다. 이 경우 1국 1표의 주권평등을 전제로 하는 국제기구나 비록 정식의 국제기구까지는 아니라도 다양한 형태의 다자적 협력모임(예를 들면 G20, APEC 등)들은 중위국에게 문제해결을 위한 최적의 장소를 제공한다. 다자적 해결을 중시하는 국가는 국제사회에서 평화애호국으로서의 이미지 구축에도 유리하다. 이에 한국도 국제사회에서 다자적 활동에 적극적으로 참여하여야 하며, 그렇다면 그 과정에서 때로 불리한 국제법의 준수도 필수비용으로 감내하여야 한다. 군사강국과 인접하고 있고, 특히 해양보급로를 독자적으로 확보하기 어려운 한국으로서는 한반도를 포함하는 다자체제가 많을수록 좋을 것이다. 유럽의 강소국들이 국가안보를 안정적으로 확보할 수 있는 것도 유럽연합이나 나토NATO 같은 지역적 다자체제가 원활히 작동하고 있기 때문이다.

넷째, 국제분쟁의 평화적 해결을 지지하며, 이를 위한 국제사회의 노력에 기여한다.

국제위기의 전개과정을 독자적으로 통제하기 어려운 중위국으로서는 위기의 발생 자체를 막는 것이 가장 필요하며, 일단 발생한 위기는 평화적 해결에 진력하여야 한다. 사실 어느 국가가 위기의 평화적 해결을 선호하지 않겠는가? 결국 한국이 직면할 국제갈등을 평화적으로 해결하고 그 과정에서 최대한 국익을 확보하기 위해서는 사태를 국제법적으로 정확하게 분석할 능력을 갖추고 있어야 한다. 이를 바탕으로 한국은 자신의 입장을 관철시키려고 노력할지, 상대방의 입장을 보다 경청할지 우선 결정하여야 한다. 그렇다면 국제분쟁의 사법적 해결도 두려워하지 말고 항상 가능한 선택지의 하나로 갖고 있어야 하며, 이를 활용할 수 있는 자체 능력을 키워야 한다. 또한 국제분쟁의 평화적 해결을 위한 기반조성을 위하여 평소 유엔 평화유지활동·PKO과 같은 국제노력에 자주 동참하여야 하며, 저개발국에 대한 원조를 확대하고, 핵무기나 생화학무기 같은 대량학살무기의 감축이나 규제를 위한 국제법적 노력을 지지하여야 한다.

다섯째, 이상과 같은 국제법적 노력을 국내적으로도 충실히 이행하며, 그 과정에서 과도한 민족주의의 분출을 경계하여야 한다.

이상과 같은 국제법적 노력은 국내적인 실천이 전제되어야 대외적으로 설득력을 가질 수 있다. 그러나 지난 역사 속에서 한국인들은 국제법이란 타자에 의하여 강요된 질서로서 우리는 항상 국제규범의 피해자인 듯한 인식을 가져왔다. 국제법은 강대국의 이해의 반영이므로 한국 같은 '약소국'은 지킬수록 손해라는 피해의식이 상당히 일반화되어 있다. 국제법을 활용하기보다는 회피하려는 사고가 선행한다.

언론 또한 국제법에 대한 부정적 이미지를 부추기는 보도를 자주 한다. 예를 들어, 한국의 산업화 수준은 국제환경의 보호라는 측면에서는 이미 가해자 수준에 이른 지 오래지만, 환경에 대한 국제적 규제가 논의되면 한국은 새로운 규제의 피해자로만 부각된다. 한국 기업이 수출과 관련해서 외국에서 규제를 받게 되면 상대국의 일방적 횡포로만 그려지지, 한국 기업의 수출행태에 있어서의 문제점은 제대로 언급되지 않는다. 새로운 국제무역규범이 만들어지면, 경쟁력 없는 한국 농업이 당할 피해만 집중 보도되지, 신질서 참여에 따른 전반적 국익에 대한 분석에는 상대적으로 인색하다. 이러한 언론의 보도태도는 알게 모르게 일반 국민에 대하여 국제규범에 대한 부정적 인식을 촉진하게 된다.[14] 19세기 조선에서의 오지적 사고가 부분적으로 오늘날에도 지속되고 있는 것이다.

이를 바탕으로 국민 여론에 있어서 지나친 자민족 우선주의가 득세하면 인류의 보편적 가치가 힘을 발휘하기 어려워진다. 사태에 대한 객관적

---

14 정인섭, 「한국에서의 국제법 인식제고 방안」, 『국제법 동향과 실무』 제2권 1호(2003), 66쪽.

분석과 평가가 어렵게 된다. 과잉 민족주의하에서는 보편성보다는 민족이, 이성보다는 감성이, 실리보다는 명분이 쉽게 힘을 얻을 것이다.[15] 그러면 자칫 재일한국인의 인권보호에 대하여는 사회적 관심이 높았어도, 국내 화교의 인권이 무시되는 현실에는 무관심하게 된다. 한국교민은 외국에서 살더라도 한민족의 정체성을 유지하고 존중받아야 된다고 생각하면서도, 국내로 결혼 이주한 외국인들은 한시바삐 몸과 마음이 한국사회에 동화되어야 한다고 생각한다. 한국의 전통과 풍습은 보존되어야 할 가치라고 생각하면서, 동남아시아나 아프리카 출신 사람들의 전통 가치는 쉽게 무시해 버린다. 보편 가치의 실현에 있어서는 이러한 일방적 민족주의를 경계하여야 한다.

나라를 팔아먹고 망하게 하는 자를 매국노라고 하지만, 때로는 애국자가 나라를 해(害)할 수도 있다. 메이지유신 이후 승승장구하던 일본을 제2차 세계대전 패전의 구렁텅이로 빠뜨린 자는 바로 자민족 중심주의로 무장하여 대일본제국의 영광만을 꿈꾸던 일본식 애국자들이었다.[16] 애국이 보편적 가치를 무시하고 그 방법이나 방향이 잘못된 경우 국가를 해치기도 한다. 한국 역시 국제법적 문제를 민족주의를 바탕으로 한 우리 식 사고로만 접근하는 것을 경계하여야 한다.

한국의 국제법학은 이제 지난 100년 역사의 과거청산이라는 과제를 마무리 지음과 동시에 한국사회의 발전과 번영, 그리고 미래를 위한 통일의 준비와 동북아 평화체제의 구축에 기여하여야 한다. 국제법이 국민감정의 포로가 되거나 편향적 역사인식의 종속물로 전락하지 않기 위해서는 국내적으로 국제법과 관련하여 탄탄한 지식기반을 갖추어야 한다. 지식기반이 충실하여야만 국제법과 관련된 사회적 쟁점이 제기되었을 때 국내적

---

15 공병호, 『10년후 한국』(해냄, 2004), 100쪽.
16 권오기・와카미야 요시부미(이혁재 역), 『한국과 일본국』(샘터, 2005), 151쪽에서 와카미야의 발언.

갈등과 긴장을 쉽게 해소시킬 수 있다. 지식기반이 충실하여야만 국제법의 충실한 국내적 실현도 기대할 수 있다. 강대국을 상대로 한 외교에 있어서 국제법 지식마저 충분히 갖추지 못하고 교섭에 임하게 된다면 만족스러운 결과를 결코 기대하기 어려울 것이다.

제2부

국제법은 우리의 생활을 어떻게 변화시켰는가

일반인에게 국제사회에서 국제법이 잘 준수되는 것 같으냐고
질문을 던지면 어떻게 대답을 할까?
일반인들은 국제법을 어느 정도나 의식하면서 생활할까?
아마 대부분의 사람들이 자신은 국제법과 아무 관계 없는 삶을 살고 있으며,
국제사회에서 특히 강대국은 국제법을 제대로 지키지 않는다고 생각할 것이다.
생각을 좀 더 해본 사람이라면 국제법을 강대국이 자신들의 의사를 약소국에게 강요할 때
활용하는 수단에 불과하다고 인식하고 있을지 모른다.
일반적으로 법이란 입법기관에 의하여 정립되고, 행정기관에 의하여 집행되며,
위반자에 대하여는 사법기관의 제재가 가해져야 한다고 생각하는 사람들은,
국제법을 진정한 의미의 법이 아니라고 느끼고 있을지도 모른다.
아직 국제사회에는 범세계적인 입법기관도, 중앙집권적인 집행기관도,
강제력을 갖춘 사법기관도 갖추어져 있지 못하다.
그렇다면 국제법은 한낱 이상주의자들의 환상 속에서나 펼쳐지고 있는
무지개 같은 존재에 불과한가?
국내법적 사고에만 익숙한 사람들이 보기에
국제법은 법으로서의 약점도 많고 잘 지켜지지도 않는 법으로만 보일 것이다.
또한 국제법이란 개인의 삶과는 관계없이 국가 간의 권력정치에만 관계된다거나,
외교에서 보조적·장식적 역할을 하는 존재라고 생각할지도 모른다.
그러나 오늘날의 국제법은 국가 간 권력질서를 통제하는 법질서에만 그치지 않고,
우리가 미처 인식하지 못하는 가운데 우리의 일상생활 구석구석에 영향을 미치고 있다.
우리가 당연하게 여기고 있는 적지 않은 일들이 실은 일반인들은 모르는 가운데
그 배후에 조약 등 국제법이 작동하기 때문에 실현되고 있는 경우가 한두 가지가 아니다.
사실 일반인이 생각하는 것 이상으로 국제사회에서 국제법은 원활히 작동하고 있으며,
우리의 일상생활을 폭넓게 규율하고 있다.
국제법은 우리가 좀 더 편리하게 일상생활을 하고, 우리가 좀 더 즐겁게 일상생활을 하고,
우리가 좀 더 안전하게 일상생활을 하고, 우리가 좀 더 풍요롭게 일상생활을 하고,
우리가 좀 더 정의로운 일상생활을 할 수 있도록 도와주고 있다.
국제사회에서 일시에 국제법의 규제가 사라져 버린다면
우리 주변은 순식간에 약육강식의 정글이 될지도 모른다.
국제사회에서 일시에 국제법의 작동이 멈추어 버린다면 우리는 갑자기
흑백사진 속의 세계로 들어가듯 불편한 과거로 회귀할 것이다.
이제 국제법이 없는 세상은 상상할 수 없을 정도로
불안하고, 불안정하고, 위험하고, 불편하고, 혼란스러울 것이다.

I

일상생활의 편리

1

1m의 길이는 세계 어디서나 동일하다

오늘날 길이를 표시하는 단위로 mm, cm, m, km 등이 일반적으로 사용된다. 한국에서의 1m의 길이는 로마나 베를린에서도 동일하다. 나라마다 1cm나 1m의 길이가 조금씩 차이가 나면 얼마나 불편할까? 아예 나라마다 서로 다른 길이 단위를 사용하면 얼마나 불편할까? 이러한 단위가 맞지 않으면 공산품의 부품을 외국에 주문하는 경우 엄청난 혼란이 야기될 것이다. 현대 산업에 있어서 국제교류가 거의 불가능할지도 모른다. 그렇다면 우리는 어떻게 서울의 1m가 이스탄불이나 두바이에서의 1m와 동일하다고 믿고 생활할 수 있는가?

길이는 미터m, 무게는 킬로그램kg, 부피는 리터ℓ를 단위로 10진법을 적용하여 사물을 측정하는 방법을 미터법이라고 한다. 이는 1791년 파리 과학아카데미가 프랑스 의회의 의뢰를 받아 만든 측정단위이다. 당시 파리 과학아카데미는 길이의 경우 북극에서 파리를 지나 적도에 이르는 자오선의 1,000만분의 1을 1m로 정의하였다. 당시는 측정의 원칙만 정하였고, 실제로 1m의 길이가 얼마인가를 파악하는 데는 여러 해가 더 걸렸다. 이는 어디까지나 프랑스의 측정단위로 시작하였다.

프랑스가 새로운 측정단위를 제정하게 된 배경도 흥미롭다. 프랑스 대혁명 이전 영주들은 표준적인 도량형 제도가 없는 점을 이용하여 농민을 수탈하였다. 즉 더 많이 걷고 덜 내주었다. 이에 사람들은 길이도 하나 무게도 하나이기를 요구하였다. 프랑스 대혁명의 주역들은 봉건적 구체제 타파의 상징으로 도량형 제도의 통일을 시도하였다. 프랑스의 새 도량형 제도는 나폴레옹전쟁으로 프랑스의 영향력이 확장되면서 함께 유럽 대륙으로 퍼지게 되었다.

산업화의 진전에 따라 나라별로 다른 측정단위를 국제적으로 통일할 필요가 있다는 인식이 높아졌다. 1875년 파리에 모인 17개국 대표들은 미터협약에 합의하였다.[1] 이 조약은 프랑스식 측정단위를 국제표준으로 채택하였다. 그리고 이러한 업무를 담당할 국제도량형기구International Bureau of Weights and Measures 를 창설하였다. 미터협약은 후일 부분적으로 개정되기도 하였으나, 오늘날까지도 도량형의 국제적 통일을 실현하는 기본조약으로 작용하고 있다. 현재 미국 등 단 3개국을 제외한 전 세계 모든 국가가 공식 측정단위로 미터법을 사용하고 있다. 미터협약이 있기에 우리는 한국에서의 1m의 길이나 1kg의 무게가 모스코바나 런던에서도 같다고 믿을 수 있는 것이다. 현재 1m의 길이는 더욱 정확히 정의하기 위하여 "빛이 진공상태에서 299,792,458분의 1초 동안 나아가는 거리"로 합의되어 있다.

한국은 대한제국 시절인 1902년 도량형규칙을 제정하였고, 1905년에는 대한제국 법률 제1호로 도량형법이 제정되어 전통적인 척근법과 서양식 미터법 및 야드-파운드법을 같이 사용하도록 하였다. 일제강점기에는 일본식 척관법이 사용되었으며, 광복 후 한국이 1959년 미터협약에 가입한 후 1961년부터는 이 협약의 내용을 법정계량단위로 채택하였다. 다만 일상생활에서 오랫동안 사용되어 오던 전통적 측정방식을 하루아침에 없애기 어려워 상당 기간 동안 미터법과 전통방식이 함께 사용되었다. 그러나 이제는 국가표준기본법에 의하여 미터협약에서 정한 내용만 기본측정단위로 인정되고 다른 측정단위의 사용은 금지되어 있다. 얼마 전까지 아파트 크기의 단위는 '평'이 많이 사용되었으나 현재는 신문이나 광고지에서 'm²'만 사용되는 것은 그러한 이유 때문이다.

우리가 사용하는 계량단위가 다른 나라에서도 같은 의미로 사용될 것으로 믿을 수 있는 배경에는 국제조약이 작동하고 있는 것이다.

---

1 1875 Convention of the Metre.

2

지구 상 어느 곳이라도 현재 시간을 알 수 있다

우리는 지구 상 어느 곳이라도 현재 시간을 알 수 있다. 서울이 낮 12시면, 서머타임을 하지 않는 경우 뉴욕은 밤 10시, 방콕은 오전 10시, 나이로비는 아침 6시이다. 또한 이러한 세계 각국의 시간이 영국 런던 외곽의 그리니치 천문대를 기준으로 계산된다는 것도 대개는 알고 있다. 멀리 떨어진 상대방의 현지 시간을 정확히 아는 것이 우리 생활에 많은 편의를 주고 있음은 두말할 것도 없다. 영국에 유학 중인 친구에게 급히 연락을 할때도 지금 혹시 잘 시간은 아닌지를 계산하여 전화할 수 있다. 이러한 전세계적인 통일은 어떻게 가능한가?

정오는 '태양이 정남향에 위치할 때'라는 말이다. 과거에는 도시나 지역마다 태양을 기준으로 각자의 표준시를 정하여 사용하였다. 국제교류가 드물던 시절에는 이런 방식이 별다른 문제를 일으키지 않았다. 그러나 증기기관이 발명되어 유럽에서 철도여행이 가능해지고 전신전보가 발명되자 상황이 바뀌었다. 장거리 운행 기차는 각 지역을 통과할 때마다 시간을 조정하여야 했고, 먼 거리 통신을 할 때는 서로의 시간을 맞추기 어려웠다.

스코틀랜드 출신으로 캐나다에 거주하던 샌드포드 플레밍Sandford Fleming이라는 과학자가 1876년 아일랜드 여행 중 기차시간표의 인쇄착오로 기차를 놓친 일이 있었다. 이 경험을 계기로 그는 지구를 경도별로 모두 24개의 시간대로 나누어 시간을 정하면 전 세계에서 통일된 시간표를 사용할 수 있을 것이라고 생각하게 되었다. 그의 제안이 발전하여 1884년 미국 워싱턴 D.C.에서 세계 41개국 대표가 참가한 국제자오선회의 International Meridian Conference가 열렸다. 여기에서 영국 그리니치 천문대의 시간을 기준으로 표준시를 정하기로 결정하였다. 이를 그리니치 표준시

Greenwich Mean Time; GMT라고 한다.

지구 자전에 바탕을 둔 그리니치 표준시는 과학적인 이유에서 아주 정확하지는 않다. 지구 자전과 태양 표준시 사이에 미세한 차이가 발생하기 때문이다. 우리 일상생활에서는 그 차이를 느낄 수 없으나, 그 작은 차이도 복잡한 컴퓨터 작업이나 위성합법장치GPS의 작동에는 심각한 오류를 발생시킬 수 있다. 이에 1972년부터는 19개월에 1초씩 윤초를 삽입하여 교정을 하는 세계협정시Coordinated Universal Time; UTC가 채택되어 일반적으로 사용되고 있다. 현재도 인터넷, 비행기 시간, 항공관제, 일기예보 등에서는 국제적으로 UTC가 채용되고 있다. 이는 기본적으로 그리니치 표준시를 기반으로 이를 보정하여 사용하는 것이므로 그리니치 표준시의 수정판 정도라고 할 수 있다.

그런데 그리니치 표준시의 오류를 보정해 주는 기준이 국제원자시 International Atomic Time이다. 이는 세슘원자를 바탕으로 측정되는 것으로, 1967년 국제도량형기구에 의하여 채택된 실질적인 표준시라고 할 수 있다. 이에 아예 그리니치 표준시를 폐지하자는 논의가 국제전기통신연합에서 진행 중이다. 2012년 1월 19일 이에 관한 회의를 하였으나, 그리니치 표준시 폐지에 강력히 반대하는 영국의 반발로 의견을 모으지 못하여 이에 관한 결정은 다시 2015년으로 미루어졌다.

이러한 결정을 하는 국제도량형기구는 1875년 최초로 채택된 미터협약에 의하여 창설된 국제기구로, 한국은 이 협약을 1959년에 비준하였다. 국제전기통신연합International Telecommunication Union은 1865년 국제전신연합으로 창설되어 현재와 같이 발전하였으며, 한국은 이 설립협정을 1952년에 비준하였다. 이러한 국제협정들이 작동하기 때문에 우리는 세계 각국의 현재 시간을 손쉽고 정확하게 알 수 있는 것이다.

한국은 대한제국 시절인 1908년 4월 1일 최초로 서양식 시간대를 도입하였다. 서울의 경도가 동경 126도 58분임을 감안하여, 동경 127도 50분을 시간 기준선으로 삼았다. 이에 서울의 시간은 그리니치 표준시에 8시간 30분을 더하여 결정되었다. 그러나 한일 강제병합 직전인 1910년 4월부터 일본과 같이 동경 135도를 기준으로 하여 그리니치 표준시에 9시간을 더하는 시간으로 변경되었다. 광복 후 1954년 3월 21일부터 다시 동경 127도 50분을 기준선으로 변경하였다. 그러나 국제적으로 30분 단위로 표준시를 정하는 국가가 많지 않아 불편이 컸기 때문에, 1961년 8월 10일 다시 일본과 같은 표준시를 사용하는 것으로 변경하였다. 이는 현재 표준시에 관한 법률로 정하여져 있다. 북한도 동일한 시간대를 사용하고 있다.

3
세계의 현재 날씨를 쉽게 알 수 있다

외국으로 출장을 가는 경우 그곳 날씨를 미리 알아보고 옷차림을 준비한다. 우리는 방송이나 신문, 인터넷 포털에서 세계날씨 같은 항목을 통하여 전 세계 주요 도시의 현재 날씨를 실시간으로 알 수 있어서 여행대비에 만전을 기할 수 있다. 앞으로 며칠 후의 세계 각지의 일기예보도 손쉽게 알 수 있다. 이것이 어떻게 가능한가? 누가 돈도 받지 않고 이런 정보를 모아 우리에게 제공해 주는가? 이 역시 배후에 국제법이 작동하기 때문에 가능한 일이다.

전시에는 기상정보가 매우 중요한 군사정보가 되기도 한다. 나관중羅貫中의『삼국지연의三國志演義』에는 적벽대전에서 제갈량이 동남풍을 빌려 조조의 함대에 화공을 가하여 대승을 거두었다는 이야기가 나온다. 제갈량이 정말 바람을 부르는 능력이 있었는지는 알 수 없지만, 오늘날에는 일반인들도 내일의 풍향 정도는 짐작할 수 있다. 독가스가 사용되었던 제1차 세계대전 중에는 풍향예보가 매우 중요한 군사정보였다. 또한 레이더가 발달되지 않은 시절에는 전투기의 출격과 작전이 날씨의 영향을 크게 받았다. 경우에 따라서는 이렇게 중요한 각국의 기상정보가 오늘날에는 전 세계 모든 사람에게 무료로 개방되고 있다.

기상현상에는 국경이 없다. 태풍은 누구의 허락도 받지 않고 이 나라 저 나라를 넘어간다. 북극의 찬 공기가 발달하기 시작하면 며칠 후 한국도 그 영향권에 놓이게 된다. 따라서 자국의 일기예보를 보다 정확히 하기 위해서는 인접국과 기상정보를 공유할 필요가 크다. 1873년 주로 유럽 국가들의 기상청 책임자들이 모여 국제기상기구International Meteorological Organization: IMO를 결성하고, 기상분야에서의 국제협력을 도모하기로 하였다. IMO는 조약을 통하여 설립된 정부 간 국제기구는 아니었고 일종의 반 NGO의 형태였다. IMO 이사회는 1947년 이 기구를 정부 간 기구로 발전시키기로 하고, 세계기상기구WMO 조약을 채택하였다.[2]

이 협정이 30개국의 비준을 받아 1950년 3월 23일 발효됨으로써 세계기상기구가 발족하였다. 이 기구는 1951년 유엔 전문기구로 지정되었다.

WMO의 설립목적은 세계적인 기상관측 체계를 수립하고 기상관측의 표준화를 이룩하는 한편, 기상관측 자료의 국제적 교환을 뒷받침하는 것이다. 현재는 WMO가 각국의 기상청으로부터 날씨자료를 받아 전 세계에 실시간 무료로 공개한다. 오늘날 누구나 WMO 기상센터 홈페이지에 접속하여 전 세계 기상정보를 확인할 수 있다.[3] WMO가 활동하고 있기 때문에 전 세계의 기상정보가 자유롭고 제한 없이 교환되는 것이다.

한국은 1956년 세계기상기구조약에 가입하였으며, 현재 서울, 부산, 대전, 강릉, 광주, 제주의 기상정보를 WMO에 실시간 제공하고 있다. 세계기상기구조약이 발효한 3월 23일은 '세계기상의 날'로 기념되고 있다.

---

2 1947 Convention of the World Meteorological Organization.
3 http://www.worldweather.org.

4
세계 어디로도 편지를 보낼 수 있다

인터넷의 발달로 요즘은 편지의 사용이 줄었다고 하여도 아직도 외국으로 간단한 서류나 물건을 보내는 데는 국제우편이 가장 널리 활용된다. 몇 백 원의 우표만 붙이면 전 세계 어느 곳이라도 직접 손으로 쓴 편지를 보낼 수 있으니 얼마나 편리한가? 경우에 따라서는 외교관계가 없는 국가로도 편지를 보내고 받을 수 있다. 누가 이렇게 값싸고 편리한 제도를 운영하고 있는 것인가? 이러한 일이 가능한 것은 국제조약에 의하여 탄생한 만국우편연합이라는 국제기구가 활동하고 있기 때문이다.

우편제도는 고대 이집트에도 있었다. 과거 유럽에서는 편지를 받는 사람이 요금을 냈다고 한다. 1840년 영국의 롤랜드 힐Rowland Hill에 의하여 미리 만든 우표를 사서 이를 편지에 붙여 발송하는 오늘날의 우편제도가 창안되었다. 이에 따라 세계 최초의 우표도 1840년 영국에서 발매되었다. 이는 국내용으로 창안되었으나, 곧 국제우편으로도 확대되었다. 17세기부터 유럽 국가들은 각국별로 양자조약을 체결하여 국제우편을 규율하였다. 19세기 산업화의 발전과 국제교역의 급증으로 국제우편이 급격히 늘어났는데, 국제적 통일성을 기할 수 없는 양자조약으로는 이러한 수요에 도저히 부응할 수가 없었다.

미국의 우정장관 블레어Montgomery Blair는 국제우편에 관한 국제회의를 제안하였다. 이에 1863년 파리에 15개국 대표가 모여 국제우편에 관한 국제적 통일기준을 협의하였다. 이어 독일의 하인리히 폰 슈테판Heinlich von Stephen은 국제우편을 총괄하는 국제기구의 창설을 제안하였다. 그의 제안에 따라 1874년 스위스의 베른에서 국제회의가 소집되어 모두 22개국의 대표가 회동하였다. 여기서 일반우편연합General Postal Union을 창설하는 베른조약이 채택되었다.

이듬해 발효한 베른조약은 현대적 국제우편제도를 가능하게 만든 첫 번째 조약이다. 그 기본적인 내용은, 통일된 요금으로 각국에 편지를 발송할 수 있도록 하고, 각국은 어떤 국가의 우표가 붙은 우편물이라도 동등하게 취급한다는 것이었다. 당시는 국제우편요금은 우표를 판매한 발송국이 모두 갖는 방식이었다. 1878년에는 기구의 명칭을 만국우편연합Universal Postal Union으로 변경하였다. 만국우편연합은 현존하는 범세계적 국제기구로서는 두 번째로 오래된 것으로서 현재는 유엔의 전문기구로 되어 있다. 실질적으로 전 세계 모든 국가가 회원국이라고 하여도 과언이 아니다.

만국우편연합은 지난 130여 년의 역사 속에서 국제우편에 관한 모든 사항을 규율해 왔다. 처음에는 편지만으로 출발하였으나, 점차 소포와 우편환까지 취급하였다. 그사이 기본조약도 여러 차례 개정되었다. 오늘날 작은 우표를 붙인 편지를 자기 집 앞 우체통에 넣으면 며칠 만에 전 세계 어느 곳으로도 전달되는 것은 이렇게 설립된 만국우편연합이 국제우편에 관한 통일된 규칙을 만들어 범세계적으로 시행하고 있기 때문에 가능한 일이다. 아무리 인터넷 시대라고 하여도 직접 손으로 쓴 편지를 받는 기분은 한층 색다르지 않은가? 개인적인 연락이 아닌 공식서류의 전달은 아직은 우편이 가장 일반적으로 사용되고 있다.

한국은 대한제국 시절인 1900년 1월 1일부터 만국우편연합에 가입하였다. 일제강점기를 거친 후 1949년 다시 회원국 자격을 회복하여 오늘에 이르고 있다. 각국은 베른조약이 채택된 10월 9일을 '세계우편의 날'로 기념하고 있다.

5

세계 어디로나 국제전화를 걸 수 있다

통신혁명은 현대 문명의 가장 큰 특징 중 하나이다. 오늘날 우리는 길거리를 걸으면서 세계 어느 곳으로도 직접 전화를 걸 수 있다. 이제는 하늘의 비행기 안에서도 집으로 전화를 걸 수 있고, 공해 상을 항해 중인 선박으로도 전화를 걸어 가족의 목소리를 직접 들을 수 있다. 이러한 통신혁명은 과학기술의 발달로 가능해진 것이지만, 그 같은 과학기술의 진보를 국제적으로 질서 있게 실용화할 수 있는 배후에는 역시 국제법이 자리 잡고 있다.

우리가 미국에 국제전화를 하려면 맨 앞에 국가번호 1을 누르고 그다음 현지 전화번호를 누른다. 반대로 해외에서 한국으로 전화를 하려면 국가번호 82를 먼저 누른다. 이 번호는 전 세계 어디서 전화할 때나 공통으로 사용된다. 왜 모든 나라가 자기 번호로 1번을 사용하지 않고 있는가? 이러한 국가번호의 조정은 어떻게 이루어졌을까? 외국에서 걸려온 전화를 집에서 바로 받을 수 있으려면 전화 시스템 운영에 관한 수많은 기계와 운영기술의 규격이 국제적으로 통일되어 있어야 한다. 그러한 상호호환을 가능하게 만드는 표준화는 어떻게 이루어졌을까? 오늘날 국제통신을 위한 우주궤도 상 통신위성의 자리는 누가 정하는가? 각국이 서로 더 좋은 자리를 차지하려고 다툼을 벌일 수도 있을 텐데 이러한 이해조정은 누가 하는가? 이러한 여러 사항에 대한 국제적인 합의가 이루어지지 않았다면 오늘날 우리가 국제전화를 이렇게 편리하게 사용할 수 없을 것이다.

일찍이 전보가 발명되었을 때부터 국제통신에 관한 표준화의 필요성이 제기되었다. 이에 국제전보 이용의 편의를 도모하기 위한 목적으로 1865년 파리에서 국제전신연합International Telegraph Union이라는 국제기구를 창설하는 조약이 채택되었다. 이 기구는 현존하는 범세계적 국제기구 중 가장 오랜 역사를 자랑한다.

국제통신의 발달은 전보에서 그치지 않았다. 곧 전화가 보급되었다. 이 기구는 관장 범위의 확대에 걸맞도록 1934년 그 이름을 국제전기통신연합International Telecommunication Union으로 바꾸었다. 사실상 전 세계 모든 국가가 가입하고 있는 국제전기통신연합은 현재 유엔 전문기구의 하나로서, 전파 주파수의 국제적 할당, 통신위성 궤도의 할당, 통신에 관한 국제표준의 제정 등과 같은 일을 하고 있다. 또한 과학기술의 발달에 따라 업무 영역이 더욱 넓어져 현재는 디지털 방송이나 3D TV, 휴대전화와 인터넷에 관한 업무도 관장하고 있다. 국제전화를 위한 국가별 번호도 이 기구에서의 합의로 결정된 것이다.

오늘날 이와는 별도의 조약으로 국제이동위성기구협약도 국제통신에서 중요한 역할을 담당한다. 이 협약을 통하여 운영되는 통신 서비스는 태평양·인도양·대서양의 적도 상공 3만 5,800km 정지궤도 상에 떠 있는 10개의 통신위성을 통하여 선박 상호 간·선박과 육지 간·항공과 육지 간에 국제자동전화 및 텔렉스를 중계하고 있다.

한국은 국제전기통신연합헌장에는 1952년 가입하였으며, 국제이동위성기구협약에는 1985년 가입하였다. 오늘날 많은 국가에서 전화업무는 민영화되었지만 민간 전화회사들이 국제적으로 원활하게 연결되는 배경에는 이러한 조약들이 작동하고 있기 때문이다.

6

같은 열차에서 자면서도 다른 나라로 갈 수 있다

유럽에서 기차여행을 해본 사람은 기차에서 자는 동안 이 나라에서 저

나라로 국경을 넘은 경험이 있을 것이다. 이미 1889년에 파리를 떠난 오리엔트 특급Orient Express 열차는 터키의 이스탄불까지 직접 달릴 수 있었다. 어떻게 프랑스 열차가 독일, 오스트리아, 터키의 철도 위를 달릴 수 있는가? 이는 무엇보다도 유럽 대륙 각국의 철도 궤도의 폭이 통일되어 있기 때문에 가능하다. 국가마다 철도 궤도의 폭이 다르면 열차는 국경에서 멈추어야만 한다. 필자가 학생시절 파리에서 마드리드행 열차를 타면 한밤중이라도 국경에서 다른 열차로 갈아타야 하였다. 단지 입국심사를 받기 위하여 내리는 것이 아니었다. 프랑스와 스페인 철도 궤도의 폭이 달라 열차가 더 이상 갈 수 없었기 때문이었다.

전 세계 열차 궤도의 폭은 60% 이상이 표준궤도라고 하는 1,435m이다. 현재 우리나라를 비롯하여 유럽 대륙과 영국, 북미, 중동, 북아프리카(마그레브 지역), 오스트레일리아, 북한, 중국 등에서는 열차 궤도의 폭이 1,435m로 모두 같다. 열차 궤도의 폭은 어떻게 통일될 수 있었을까?

이 궤도의 폭의 기원은 놀랍게도 로마 시대까지 거슬러 올라간다. 율리우스 카이사르는 로마의 2륜 전차의 양 바퀴의 폭을 규격화하였다. 도로에 전차가 자주 다니다 보면 양측에 홈이 파이게 된다. 당시 전차는 브레이크나 조향장치가 없었기 때문에 도로에 파인 홈과 바퀴의 폭이 가급적 일치하여야 안전하고 빠르게 운행할 수 있었다. 이에 바퀴 간 폭을 규격화하는 것이 중요하였던 것이다. 로마의 영국 정벌에 따라 로마의 전차는 영국에도 보급되었다. 이후 로마인들이 영국을 떠난 다음에도 로마 시대의 바퀴 간 폭은 영국에서 표준적인 크기로 계속 사용되었다. 19세기 동물이 끄는 마차의 바퀴 간 폭은 대략 4피트 7인치에서 4피트 10인치 정도였다고 한다.

증기기관차를 발명한 영국의 조지 스티븐슨George Stephenson은 오랫동안 석탄광산에서 일한 경험이 있었다. 그 지역 광산의 석탄수레의 바퀴 간 폭은 4피트 8인치(1.42m)였다. 1814년 스티븐슨이 최초의 증기기관차를 운행하였을 때 궤도의 폭을 바로 4피트 8인치에 맞추어 건설하였다. 최초의 증기기관차가 주로 한 일도 석탄수송이었다. 그런데 스티븐슨의 설계로 1830년부터 운행을 시작한 리버풀 앤 맨체스터 철도Liverpool and Manchester Railway사의 열차 궤도는 기술적인 이유에서 그 폭을 약간 넓혔다. 그때의 폭이 4피트 8½인치(1.435m)였는데, 이것이 오늘날 표준 열차궤도의 효시가 되었다.

당시 영국에서는 열차 회사마다 궤도 폭이 조금씩 달랐다. 폭이 넓으면 운행에 안정적이고, 폭이 좁으면 속도를 올리기 유리하였다. 궤도가 넓은 경우는 그 폭이 2.14m에 달하기도 하였다. 열차의 호환을 위하여 궤도의 폭을 통일할 필요가 있다고 판단되자, 1845년 영국 정부의 위원회는 4피트 8½인치를 표준궤도로 권고하였다. 1846년 영국 의회는 앞으로 새로 건설되는 모든 열차 궤도는 이 표준궤도의 폭을 따르라는 법률을 제정하였다. 철도에 관한 한 영국의 건설과 운영 기술이 가장 뛰어났기 때문에 영국식 표준궤도가 유럽 대륙에서도 일반적으로 보급되었다.

유럽에서 철도 보급이 일반화되고, 특히 국제열차가 등장하게 되자 철도 운행과 관련된 사항들이 국제적으로 규격화될 필요가 있었다. 처음에는 국가 단위로 규격화가 진행되었고, 이어 인접국가와의 규격화가 합의되었다. 스위스 정부의 초청으로 1878년 베른에서 철도운영의 통일화를 위한 최초의 국제회의가 소집되었다. 이 회의는 그 후에도 지속되며 주로 철도의 운영관리에 관한 합의를 이끌어 냈다. 1882년에는 역시 스위스 정부의 초청으로 베른에서 철도에 관한 기술적 표준을 만드는 국제회의가 소집되었다. 스위스 대표는 각국에서 운행하는 철도 차량의 호환을 위하여 표준화를 제안하였다. 이때 철도의 기술적 통일에 관한 조약이 채택되었다.[4] 이 조약은 철도 궤도, 화차의 길이, 차축, 브레이크 등 다양한 분야에서 합의를 이끌어 냈고, 1887년 발효하였다. 이를 시발로 지속적인 국제

---

4 International Agreement on Railway Technical Unity.

합의를 통하여 철도운행에 관한 각종 표준화가 성립되었다. 이러한 국제 합의가 오늘날 유럽 대륙을 동일한 열차로 넘나들 수 있는 바탕을 마련하였다. 우리가 침대열차에서 자며 국경을 넘나들 수 있는 배경에도 국제법이 있는 것이다. 남북한과 중국 모두 동일한 표준궤도를 사용하고 있으므로 언젠가 통일이 되면 서울에서 출발한 열차가 중국 대륙으로도 계속 달릴 수 있을 것이다.

다만 세계 모든 국가가 표준궤도만을 사용하지는 않는다. 일찍부터 러시아, 스페인, 아일랜드는 보다 넓은 궤도를 사용하였다. 그 배경에는 광궤 나름의 장점도 있었지만, 외국 열차의 진입을 막으려는 정치·군사적 이유도 있었다. 일부 국가는 보다 좁은 협궤를 사용하였다. 그러나 표준궤도를 사용하지 않던 국가들도 요즘은 건설되는 고속열차의 경우는 모두 표준궤도를 채택하고 있다. 그래서 이제 프랑스와 스페인을 연결하는 고속철도는 궤도 폭이 같아 국경에서 갈아타지 않고 같은 열차로 목적지까지 달릴 수 있다.

7

동네 문방구에서 산 USB를 세계 어디서나 쓸 수 있다

현재 자료저장장치로 USB가 널리 쓰인다. 국내에서 만든 자료를 이 속에 담아 가면 외국에 가서 다른 컴퓨터를 빌려 발표도 하고 작업도 계속할 수 있다. 또한 자신의 컴퓨터를 외국으로 가져갔는데, 마우스를 깜박 잊고 가 불편하다면 현지 문방구에서 아무 회사 제품이나 사도 바로 사용할 수 있다. 프랑스에서 산 컴퓨터에서도 간단한 조작만으로 한글문서의 작성이 가능하다.

이제는 너무나 당연히 받아들이는 이러한 일들이 어떻게 가능할 수 있는가? 이는 무엇보다도 전자산업기술이 발달하여 가능한 것임은 물론이다. 그러나 단순히 과학기술의 발달만으로 다 설명되지는 않는다. 그에 더하여 모든 관련 전자기기가 국제적으로 표준화되어 있기 때문에 서로 호환되고 연결될 수 있다. 표준화에 관한 국제적 합의가 없어 각국에서 저마다 고유 규격의 전자제품을 만든다면 그 제품은 그 나라에서밖에 사용할 수 없을 것이다.

전자기기제품의 표준화는 주로 국제표준화기구International Organization for Standardization; ISO를 통하여 이루어진다. 1947년 창설된 이 기구는 엄격히 말하면 일종의 NGO이다. 즉 국가를 회원으로 하지 않으며, 각국의 표준화 사업을 담당하는 단체를 회원으로 한다. 현재 164개국의 단체가 회원이며, 한국은 1963년부터 참여하고 있다. 여기서의 결정이 형식적으로 각국에 법적 구속력을 갖지는 않는다. 그러나 한 국가에서 그 국가를 대표하는 한 기관만 회원으로 참여할 수 있기 때문에 ISO는 사실상 정부 간 기구와 큰 차이가 없다. ISO에서의 합의는 실질적으로 각국 정부대표들 간의 합의라고 하여도 과언이 아니다. 한국의 경우 지식경제부 산하의 기술표준원이 회원기관으로 참여하고 있다.

우리가 사용하는 전자기기의 대부분은 ISO를 통하여 결정된 표준규격을 바탕으로 생산된다. 이와 다른 제품을 생산하는 것이 국제적으로 금지되어 있지는 않으나, 이는 소비자에게 불편을 야기하고 결국 시장에서 생존하기 어렵다. 이렇듯 표준화에 대한 국제적 합의가 실행되고 있기 때문에 우리는 동네에서 산 USB를 영국에 가져가도 그대로 사용할 수 있다고 믿을 수 있는 것이다.

8

당신의 성적증명서의 효력이 외국에서도 인정된다

남미 콜롬비아의 국가기관에 국내에서 다닌 고등학교 성적증명서를 제출하면 바로 효력을 인정받을 수 있을까? 콜롬비아 측이 그냥 믿고 인정해 주면 별 문제가 없다. 그러나 현지 담당자로서는 한국에 그런 학교가 있는지조차 알 수 없을 것이다. 그렇다면 확인할 수 있는 방법은 먼저 국내에 주재하는 콜롬비아 공관을 찾아가 자신의 성적증명서에 대하여 영사확인을 받고 그것을 콜롬비아로 가져가는 것이다. 주한 콜롬비아 공관으로서는 필요하면 국내에 그런 고등학교가 있는지, 그의 성적증명서가 신뢰할 만한 통상적인 한국의 공문서인지를 확인할 수 있기 때문이다. 그렇지만 국내 주재 외국영사로서도 한국의 문서를 신속히 확인하기는 쉽지 않고, 그것이 중요한 문서일 경우 신중을 기하느라 적지 않은 시간이 소요될 수도 있다. 주한 외국 공관에서는 대개 그 서류를 먼저 국내에서 공증을 받아 오라고 요구할 것이다. 그럼 비용도 만만치 않다. 그리고 만약 국내에 공관이 없는 국가는 어떻게 하는가? 반대의 경우도 있을 수 있다. 맏아들을 따라 미국으로 이민을 가 미국 시민권을 따서 살다 돌아가신 아버지가 현지에서 유언장을 작성하여 공증까지 받았다면 그 내용을 국내에 남아 있는 다른 자식들과의 처리에서 바로 인정받을 수 있는가?

국제교류가 증가할수록 이와 같이 한 나라에서 작성·발급된 문서의 효력을 다른 나라에서 인정받을 필요가 늘어나게 된다. 이를 좀 더 간단하고 편리하게 인정받을 방법은 없을까? 현재 외국 공문서에 대한 인증의 요구를 폐지하는 협약이 체결되어 바로 이러한 절차를 간소화시켜 주고 있다.[5] 이를 아포스티유Apostille 제도라고 한다.

이 협약에 가입한 국가일 경우 국내에 주재하는 외국 공관의 확인을 받을 필요 없이 외교통상부 영사서비스 담당창구로 가서 아포스티유 확인만 받으면 그 문서는 외국에서도 법적으로 바로 진정성을 인정받게 된다. 우리 정부기관의 문서를 우리 외교부가 확인하는 것이므로 보다 신속하고 정확하게 확인할 수 있음은 물론이다. 정부기관이 아닌 민간기관의 서류나 유언장과 같은 개인적 문서는 국내에서 먼저 공증을 받아 외교부의 확인을 받으면 된다. 수수료도 매우 저렴하고, 우편으로도 신청할 수 있다. 국제적으로 통일된 서식을 통하여 확인하는 제도이므로 외국에서도 쉽게 아포스티유 확인을 받았다는 것을 인정받을 수 있다.

아포스티유는 결국 신뢰할 수 있는 국가 사이에서 상대국 정부의 확인만을 바탕으로 문서의 진정성을 인정하는 제도이다.[6] 한국은 2007년부터 이 협약의 적용을 받고 있으며, 현재 이 협약의 당사국은 103개국이다. 당신이 국내에서 발급받은 성적증명서라도 외교부에서 아포스티유 확인만 받으면 적어도 세계 100여 개국에서 그 효력을 바로 인정받는다.

---

5 Convention Abolishing the Requirement of Legalization for Foreign Public Documents. 1961년 채택, 1965년 발효.
6 이에 이 협약에 새로 가입하는 국가에 대하여 신뢰할 수 없는 경우, 그 국가에 대해서만은 협약 적용을 배제하겠다는 선언을 할 수 있다(제12조).

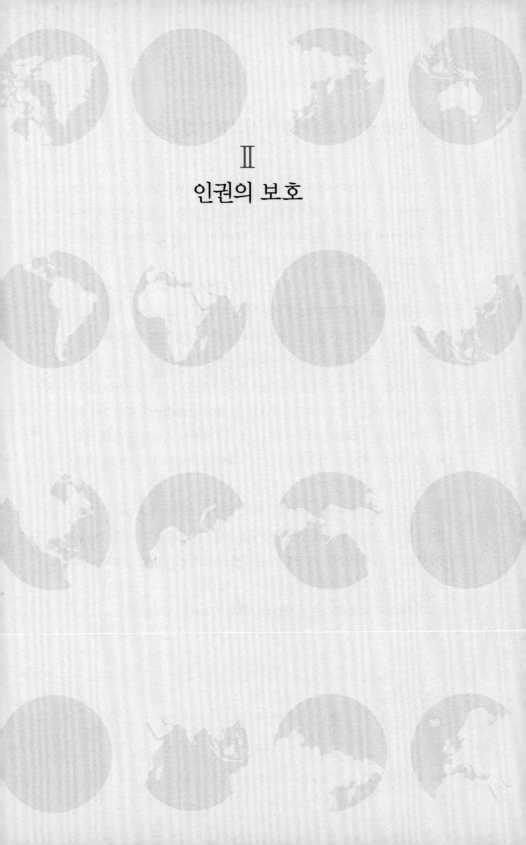

Ⅱ
인권의 보호

9

18세 미만의 아동은 사형을 선고받지 않는다

1989년 6월 말까지 시행되던 국내 소년법에 따르면, 범행 시 16세 미만의 소년에게는 사형이나 무기징역이 선고될 수 없었고, 대신 15년의 유기징역까지만 선고할 수 있었다. 이는 만 16세 이상이면 청소년에게도 사형이 선고되고 집행될 수 있었음을 의미하였다.

국제사회에서 가장 기본적 인권조약인 시민적 및 정치적 권리에 관한 국제규약 제6조 제5항은 "18세 미만의 자가 범한 범죄"에 대하여는 사형선고를 할 수 없다고 규정하고 있다. 과거 1980년대 초반까지 한국의 인권상황은 종종 국제적인 비난의 대상이 될 정도로 만족스럽지 못하였기 때문에 한국은 국제인권규약에 가입하지 못하고 있었다. 그러나 국제사회의 일반적 추세를 한국도 더 이상 외면할 수 없어서 1980년대 중반부터 이 규약의 가입을 검토하기 시작하였다. 당시 문제점의 하나로 발견된 조항이 소년범의 사형선고 가능연령이었다. 규약에 가입하기 위해서는 국내 소년법을 개정하여야만 했다.

결국 한국은 1988년 말 소년법의 해당 조항을 개정하여 사형선고 하한 연령을 18세 미만으로 올려 인권규약상의 요구기준에 맞추고, 이를 1989년 7월 1일부터 시행하였다. 한국은 이듬해인 1990년 시민적 및 정치적 권리에 관한 국제규약을 비준하여 당사국이 되었다. 국내에서 사형선고 가능연령이 18세로 상향된 것은 국제인권규약의 직접적인 영향이었다.

10

사형 집행이 사라지고 있다

2011년 9월 8일로 한국에서 사형 집행이 사라진 지 5,000일이 되었다. 한국에서는 1997년 12월 이후 근 15년간 더 이상 사형이 집행되지 않고 있다. 아직 국내 형법 조항에는 사형에 해당하는 죄목이 적지 않고, 사형판결이 확정된 기결수도 2012년 8월 현재 58명이 수감 중이다. 최소 20명의 부녀자를 살해한 연쇄살인범 유영철도 2005년 6월 사형이 확정되었으나, 사형이 집행되지는 않아 7년 넘게 계속 수감 중이다. 왜 법원이 사형판결을 하여도 정부는 사형을 집행하지 않는가? 이는 바로 국제법의 영향이다.

시민적 및 정치적 권리에 관한 국제규약 제6조는, 모든 인간은 고유한 생명권을 가지며 누구도 자의적으로 생명을 박탈당하지 아니한다고 규정하고 있다. 그리고 사형 유지국의 경우 가장 중대한 범죄에 한하여 법원의 판결을 통해서만 사형을 집행할 수 있으며, 특히 18세 미만자에게는 사형을 선고할 수 없다고 규정하고 있다. 따라서 이 조항이 사형을 금지하고 있는 것은 아니다. 그런데 1989년 유엔 총회에서 사형폐지에 관한 제2 선택의정서가 추가로 채택되었다.[7] 이 의정서의 당사국이 되기 위해서는 사형을 폐지하여야 한다. 한국은 아직 사형제도를 유지하고 있고, 따라서 사형폐지 선택의정서에는 가입하지 않고 있다. 그래도 규약과 선택의정서의 사형 관련 조항은 국내에 적지 않은 영향을 미치고 있다.

국제사회에서는 오래전부터 국제사면위원회Amnesty International 등 NGO를 중심으로 사형폐지 운동이 전개되어 왔다. 1989년의 사형폐지에 관한 제2 선택의정서 역시 이러한 국제민간운동의 결실이다. 현재 당사국 수는

---

7 1989 Second Optional Protocol to the International Covenant on Civil and Political Rights, Aiming at the Abolition of the Death Penalty. 1991년 발효.

75개국이다. 유엔 총회는 2007년, 2008년, 2010년 모두 3차례 긱국이 사형 집행을 잠정 중단할 것을 요청하는 결의를 채택하였다.[8] 유럽인권협약과 미주인권협약 역시 사형폐지에 관한 추가의정서를 채택하였다. 국제사면위원회에 따르면 2010년도에 사형을 실제 집행한 것으로 알려진 국가는 전 세계에서 23개국에 불과하다. 현재 97개국이 사형을 제도적으로 폐지하였다. 이와는 별도로 34개국은 사형을 제도로만 유지하고 실제로는 10년 이상 집행을 하지 않아 사실상의 사형 폐지국으로 분류되고 있다.[9] 한국도 이에 속한다.

아직 국제법상 사형이 금지되어 있지는 않다. 그러나 국제법이 그러한 방향으로 진전하고 있는 것은 사실이다. 이에 헌법재판소가 여러 차례 사형제도가 합헌이라고 판단하였음에도 불구하고,[10] 정부가 사형을 집행하지 않는 데는 이러한 국제동향에 영향 받은 바 크다. 15년간이나 사형을 집행하지 않다 보니 새삼 집행하기가 매우 부담스러워졌다. 아무리 극악범이라도 만약 한국이 이제 와서 사형 집행을 재개한다면 국제적으로 비난의 대상이 될 것이 뻔하다.

11

국내 법원에서 당신의 인권이 보호되지 않으면
인권이사회에 호소할 수 있다

국가기관에 의하여 개인의 인권이 침해된 경우 어떻게 대응할 수 있는

---

8 2007년 총회 결의 62/149, 2008년 총회 결의 63/168, 2010년 총회 결의 65/206.
9 http://www.amnesty.org/en/death-penalty(2012. 3. 5. 확인).
10 헌법재판소 1996. 11. 28. 선고, 95헌바1 결정; 2010. 2. 25. 선고, 2008헌가23 결정.

가? 통상 잘못을 한 국가기관에 시정을 요구하고 관련 이의절차를 밟거나, 그래도 해결이 되지 않으면 법원에 소송을 제기할 것이다. 예를 들어 헌법에 보장된 집회의 자유가 행정 당국에 의하여 부당하게 금지된 경우, 당사자는 법원에 집회불허처분 취소소송을 제기할 수 있고 손해배상을 청구할 수도 있다. 최고법원까지의 소송을 통해서도 자신의 권리를 제대로 보호받지 못한다면 어떻게 하나? 과거 같으면 개인으로서는 아무리 억울해도 법적으로 더 이상 다툴 방법이 없었다. 그러나 국제인권법이 발전함에 따라 오늘날에는 자국의 최고법원을 통해서도 인권을 정당하게 보장받지 못한 개인에게 추가적인 국제적 구제절차가 마련되어 있다. 이를 국제인권조약상의 개인통보제도Individual Communication라고 한다.

예를 들어 한국도 당사국인 시민적 및 정치적 권리에 관한 국제규약의 선택의정서에 그러한 제도가 마련되어 있다. 이 규약에 규정된 권리를 침해당하였는데 최고법원의 판결을 통해서도 구제가 이루어지지 않는 경우, 피해자는 인권규약을 통하여 설치된 '인권이사회Human Rights Committee'에 자신의 억울함을 호소할 수 있다. 개인이 자기 나라를 상대로 국제무대에서 직접 판단을 요구하는 제도이다. 이 규약이 보장하고 있는 권리는 우리 헌법의 자유권적 기본권과 거의 동일하다.

다만 피해가 발생하였다고 하여 곧바로 이 이사회Committee에 사건을 제출할 수 있는 것은 아니며, 국내에서 할 수 있는 모든 법적 수단을 다해 봐도 구제받을 수 없었던 사건만을 제출할 수 있다. 국내에서 벌어진 일이라면 외국인도 대한민국을 상대로 이사회Committee에 사건을 호소할 수 있다. 이사회Committee는 접수된 사건의 내용을 검토한 후 국가가 개인의 권리를 부당하게 침해하였다고 판단되면 시정을 요구한다. 예를 들어 억울하게 형을 받아 수감 중인 피해자가 있는 경우, 그를 석방하고 잘못된 수형생활에 대한 형사보상을 하라는 요구를 한다.

이러한 개인통보제도는 모든 나라를 상대로 제기할 수 있는 것은 아니다. 사전에 국제인권규약에 가입하고, 이에 더하여 자신을 상대로 개인이 개인통보를 제출하는 것을 수락한 국가에 대하여만 제기할 수 있다. 현재 전 세계 114개국이 시민적 및 정치적 권리에 관한 국제규약상의 개인통보 제도를 수락하고 있다. 한국은 1990년 국제인권규약과 개인통보에 관한 선택의정서에 모두 가입하였으므로 한국을 상대로 한 개인통보가 제출될 수 있다. 2011년 말 기준 이미 124명이 한국을 상대로 이사회Committee에 개인통보를 제출하여 판정을 받은 바 있다. 그중 4명을 제외한 120명의 사건에 대하여 한국이 인권규약을 위반하였다는 판정이 내려졌다. 한편 인종차별철폐조약, 여성차별철폐조약, 고문방지협약, 장애인권리협약, 아동권리협약 등 다른 중요한 국제인권조약에도 이와 같은 개인청원제도가 마련되어 있다.

12

이혼한 후에도 자녀가 친부모를 만날 권리가 있다

서양 영화를 보면 이혼한 부모 중 어느 한 쪽이 아이를 맡아 키우고, 다른 한 쪽은 1주일에 하루 정도 방문하여 데리고 나가는 장면이 종종 등장한다. 부모는 이혼하였어도 아이의 입장에서는 여전히 친부 친모라는 관계가 없어지지 않음을 인정한 것이다.

과거 우리나라에서는 부모가 이혼하여 아이를 어느 한 쪽에서 맡기로 하면, 다른 쪽은 아이 근처에 얼씬도 하지 못하게 막았다. 아이에게 좋지 않은 영향을 줄 염려가 있다는 생각에서였다. 만나는 것이 법으로 금지된 것은 아니었으나, 보통의 가정에서는 아이를 보여 주지 않으려 하였다. 그러나 이러한 태도는 바람직하지 않다고 판단되어 1991년부터 시행된 개정

민법에 최초로 자구를 직접 양육하지 않는 부 또는 모는 자녀를 만날 수 있는 권리를 가진다는 조항이 신설되었다(제837조의2). 다만 자의 복리를 위하여 필요하다고 판단되는 경우 법원의 판결을 통하여 자녀를 만날 권리를 제한할 수 있도록 하였다. 예를 들어 부 또는 모가 심각한 정신질환이 있는 경우 제한할 필요가 있을 수 있다. 한 가지 유의할 사항은 면접교섭권이 어디까지나 부모가 자녀를 만날 권리로만 규정되었지, 자녀가 부모를 만날 권리로는 규정되지 않았다.

1989년 유엔 총회에서는 아동의 권리에 관한 협약이 채택되었다.[11] 이 협약은 '아동의 최선이익'을 가장 중요한 판단기준으로 삼고 있다. 협약 제9조 제3항은 부·모로부터 분리된 아동은 정기적으로 부·모와 면접교섭을 유지할 권리를 가진다고 규정하고 있다. 떨어진 부모와 아동이 만날 권리를 아동의 관점에서 규정한 것이다. 주제가 아동이라는 특수성으로 인하여 이 협약은 국제사회에서 폭발적인 호응을 받았다. 인권조약으로서는 유례없이 채택된 지 10달도 되지 않아 발효요건을 채웠다. 한국 역시 1991년 말 이 협약에 가입하였다. 현재 당사국은 193개국이다. 한국이 비준할 때 문제가 된 조항 중의 하나가 바로 제9조 제3항이었다. 당시 국내법상으로는 부모의 면접교섭권만 겨우 그해부터 실현되고 있었다. 아동의 면접교섭권은 보장되지 않고 있었다. 할 수 없이 정부는 제9조 제3항은 한국에 적용을 유보하기로 하고 아동권리협약을 비준하였다.

이후 국제사회는 한국은 왜 아동에게 부모를 만날 권리를 인정하지 않느냐고 비판하였다. 한국의 국가보고서를 심사할 때마다 아동권리위원회는 한국의 유보 철회를 권고하였다. 국내 아동 관련 단체들도 면접교섭권을 부모의 입장에서만 보지 말고 아동의 입장에서도 이해하여야 한다고 주장했다. 그때 근거가 된 기준이 아동권리협약이었다. 왜 전 세계 대부분

---

11 1989 Convention on the Rights of the Child.

의 아동에게 인정되는 권리가 한국의 아동에게는 인정될 수 없나는 문제제기였다.

드디어 2007년 민법의 해당 조항이 "자子를 직접 양육하지 않는 부모의 일방과 자子는 상호 면접교섭할 수 있는 권리를 가진다"로 개정되어 2008년부터 시행되게 되었다. 다른 나라들보다는 상당히 늦었지만 한국의 아동에게도 떨어진 부·모를 만날 법적 권리가 인정된 것이다. 이러한 변화의 원동력은 아동권리협약이라는 조약이었다. 한국 정부는 그해에 아동권리협약 제9조 제3항에 대한 유보를 철회하였다.

13
한국인 어머니의 자녀도 한국 국적을 갖게 되었다

1948년 정부 수립 이래 1997년 상반기까지 한국의 국적법은 부계혈통주의를 근간으로 하였다. 즉 아버지가 한국인이면 어머니의 국적은 상관없이 자녀는 출생에 의하여 한국 국적을 부여받았다. 반대로 아버지가 외국인이면 어머니가 한국인이라도 자녀는 한국인이 되지 못하였다. 아버지의 국적만을 물려받기 때문이었다. 오직 아버지를 모르거나 아버지가 무국적인 경우에만 예외적으로 어머니의 한국 국적을 이어받을 수 있었다.

한국의 국적법이 부계혈통주의를 고수한 이유는 전통적인 남계혈통중심 사상의 영향뿐만 아니라 이중국적을 방지하기 위해서였다. 어머니의 국적도 인정하면 국제결혼의 경우 자녀는 거의 이중국적자로 태어나기 때문에 이를 막기 위해서라도 부계혈통주의를 채택하여야 한다는 명분을 내세웠다. 1948년 한국이 국적법을 제정할 무렵 사회적 전통이 유사한 일본이나 중국 모두 부계혈통주의에 입각한 국적법을 갖고 있었다. 헌법에

'성'에 의한 차별금지 조항이 있었으나, 남녀 차별적 국적법은 학계나 법조계에서 별달리 주목을 받지 못하였다. 한국사회에서는 오랫동안 부계혈통주의 국적법을 매우 당연한 것으로 받아들였다. 남녀평등운동을 벌이던 여성단체조차 국적법상의 남녀 차별에는 별다른 관심을 표하지 않았다.

1979년 유엔 총회에서는 여성차별철폐협약이 채택되었다. 이 협약 제9조는 국적에 있어서의 남녀평등을 규정하고 있다. 즉 여성이 국적을 취득, 변경, 보유함에 있어서 남성과 동등한 권리를 인정받아야 하며, 자녀의 국적에 관하여도 남녀 간의 동등한 권리를 인정하여야 한다고 규정하고 있다.

한국과 동일한 내용의 국적법을 갖고 있었던 일본은 1980년 여성차별철폐협약에 서명하고, 1985년까지 필요한 국내법 정비를 마쳐 협약을 비준할 것을 목표로 삼았다. 이때 문제로 등장한 국내법 중 하나가 국적법상의 부계혈통주의 조항이었다. 결국 일본은 부계혈통주의에 입각한 국적법을 1984년 부모양계 혈통주의로 개정하였고, 1985년부터 이를 시행하였다. 부모양계 혈통주의란 아버지나 어머니 중 어느 한 쪽만 일본인이면 자녀에게 일본 국적을 인정하는 제도이다. 그리고 일본은 1985년 여성차별철폐협약을 비준하였다. 한국은 일본보다 한발 앞서 1984년 여성차별철폐협약을 비준하였다. 그러나 부계혈통주의에 입각한 국적법 때문에 협약 제9조는 적용을 배제(유보)시키고 당사국이 되었다.

이후 한국 정부 내에서는 1990년대 초부터 국적법의 개정 필요성이 검토되었다. 국적법의 가장 큰 문제점은 남녀차별적 내용들이었다. 이는 한국이 당사국인 국제인권조약과 충돌될 뿐만 아니라, 헌법상의 평등권 조항과도 모순된다고 우려되었다. 결국 국적법 개정작업에서는 남녀차별적 내용을 제거하고 그에 따른 이중국적의 증가에 대비하는 것에 초점이 모아졌다. 1992년 법무부는 일본의 개정 국적법과 마찬가지로 부모양계 혈통주의에 입각한 국적법 개정안을 마련하였으나, 당시 입법에는 성공하지 못하였다. 법무부는 1995년부터 다시 국적법 개정작업에 착수하였다. 역시 가장 큰 개정 이유는 국제인권조약에 규정된 바와 같이 국적법에서 남녀차별적인 요소를 제거하는 것이었다. 마침내 부모양계 혈통주의에 입각한 법무부의 국적법 개정안이 1996년 국회를 통과하여 1997년부터 시행되게 되었다. 이제 아버지든 어머니든 부모 중 어느 일방만 한국인이면 그 자녀에게는 무조건 한국 국적이 인정되게 된 것이다.

한국인 부부의 경우 국적법이 부계혈통주의든 부모양계 혈통주의든 자녀의 국적에 있어서는 아무런 차이가 없다. 차이가 발생하는 경우는 부모의 국적이 다른 국제결혼 가정에서 태어난 자녀들이다. 과거 한국에서는 국제결혼이 그다지 흔치 않았기 때문에 자식이 어머니 국적을 물려받는 것에 별다른 관심을 나타내지 않았다. 그러나 1990년 초부터 국내에 외국인 근로자가 급증하고 한국 여성과 결혼하는 국제결혼 가정이 늘어나면서 자녀의 국적이 사회적 관심사로 부각되었다. 외국인 아버지-한국인 어머니 가정의 자녀는 국내에서 태어나도 한국 국적을 인정받을 수 없어, 일상생활에서 많은 고초를 겪는다는 사실이 알려지기 시작하였기 때문이었다. 비로소 한국사회도 여성차별철폐협약을 비롯한 국제인권조약이 왜 자녀의 국적에 있어서 남녀평등을 요구하는지를 실감하게 되었다. 1996년의 국적법 개정은 이러한 한국사회의 변화를 배경으로 성사될 수 있었다.

국적법의 개정으로 한국은 여성차별철폐협약 제9조에 대한 유보도 철회할 수 있었다. 여성차별철폐위원회와 인종차별철폐위원회는 이후 실시된 한국의 국가보고서에 관한 심사에 있어서 국적법 개정을 환영한다고 논평하였다.[12]

이제 어머니만 한국인이라도 그 자녀는 출생지와 상관없이 무조건 한국 국적을 부여받는다. 이로 인한 이중국적자에게는 나중에 성인이 될 무

---

12 Concluding Observations of the Committee on the Elimination of Discrimination against Women(Republic of Korea), A/53/38/Rev.1, para.363(1998); CERD/C/304/Add.65, para.5(1999).

렵(22세)까지 국적을 선택할 기회를 준다. 국내결혼의 10% 이상이 국제결혼인 오늘날 자녀의 장래를 위하여 국적 부여에 있어서 부모양계 혈통주의는 반드시 필요한 법제도이다. 이러한 국내법의 변화에 가장 직접적인 계기를 부여한 것이 여성차별철폐협약이었다.

14
구속영장 실질심사제가 정착하게 되었다

수사기관이 형사 피의자를 구속하기 위해서는 판사가 발부한 구속영장을 필요로 한다. 이때 피의자가 수사기관에 격리된 가운데 작성된 서류의 진정성을 확인하기 위하여 판사가 당사자를 직접 면담하고 구속 여부를 결정하는 제도를 구속영장 실질심사제라고 부른다. 그런데 1996년 말까지 우리나라 형사소송법상 판사는 피의자와 직접 대면하지 않고 수사기관이 작성한 서류만을 검토하여 구속영장을 발부하였다.

시민적 및 정치적 권리에 관한 국제규약 제9조 제3항은 형사 피의자로 체포된 자는 법관이나 법률에 의하여 사법권을 행사할 권한을 부여받은 기타 관헌에 신속히 회부되어야 한다고 규정하고 있다. 1985년 한국 정부가 처음으로 국제인권규약의 가입을 검토하는 과정에서는 당시 한국의 형사 구속절차가 규약 제9조 제3항과 충돌된다고 판단하고, 일단 이 조항의 적용을 배제하기 위한 유보를 하고 규약에 가입하려고 하였다. 단 그때는 국제 인권규약의 가입이 실현되지 않았다. 그러나 실제로 1990년 한국이 규약에 가입할 때에는 이 조항에 대한 유보를 하지 않고 당사국이 되었다. 정부는 검사도 규약 제9조 제3항에서 말하는 기타 관헌에 해당한다고 생각하여 체포된 자가 반드시 법관이 아니라도 검사에게 신속히 회부되면 문제가 없다고 해석하였다.[13] 검사도 사법권을 행사하는 기관이라고 본 것이었다.

그러나 국제인권규약 제9조 제3항은 피의자의 검찰 송치나 구속적부심의 확대로 만족시킬 수 없으며, 체포된 자의 신병이 직접 판사의 면전에 회부될 것을 요구하는 조항이다. 검찰이나 경찰과 같은 수사기관은 여기서 말하는 사법권을 행사하는 '기타 관헌'에 해당하지 않는다. 오직 수사기관으로부터 독립된 관헌만이 이에 해당한다. 1990년 한국은 국제인권규약의 당사국이 되었으나, 결과적으로 한국의 구속제도가 제9조 제3항을 위반하는 상태에서 가입한 것이었다.

이후 국내에서는 구속영장 실질심사제의 도입 필요성이 더욱 강조되었다. 피의자의 인권 보호를 위해서는 물론, 국제인권규약의 위반 상태를 해소하기 위해서도 영장제도의 개선이 필요하다고 주장되었다. 드디어 형사소송법이 개정되어 1997년부터 구속영장 실질심사제가 부분적으로 도입되었다. 즉 구속영장을 청구받은 판사가 구속 여부를 판단하기 위하여 필요하다고 인정할 때에는 피의자를 직접 심문할 수 있다는 조항이 형사소송법에 신설되었다(제201조의2). 그러나 사실 구속영장 실질심사제는 구속된 피의자의 권리이지 판사의 권리는 아니므로, 이러한 부분적인 제도 개선 역시 국제인권규약 제9조 제3항의 요구를 만족시키지 못하였다. 제9조 제3항은 모든 피체포자를 자동적으로 판사의 면전으로 데려가라는 취지이기 때문이다.

개정 형사소송법이 시행되자 법원의 실무는 원칙적으로 모든 피의자를 심문한 다음 영장의 발부 여부를 결정하는 것으로 운영되었다. 그러자 수사기관 측은 현실 여건을 무시한 법원 측의 지나친 요구라며 반발하였고, 부분적인 구속영장 실질심사제마저 축소시키는 방향으로 법개정을 추진

---

13 또한 법무부는 1987년 말 형사소송법의 개정으로 구속적부심 청구제한 규정이 삭제되어 규약 제9조 제3항의 시행에 아무 문제가 없다고 해석하였다. 정인섭, 『국제인권규약과 개인통보제도』(사람생각, 2000), 152~153쪽 참조.

하였다. 그러자 당시 법원, 수사기관, 학계에서는 구속영장제도의 운영에 관한 논란이 크게 일어났고, 국제인권규약 제9조 제3항은 실질심사제의 축소를 반대하는 측에 강력한 지지논거를 제공하였다. 그럼에도 불구하고 1997년 말 형사소송법은 판사의 직접 심문권을 제한하는 방향으로 재개정되었다. 이는 국제인권규약의 취지와 더욱 멀어지는 개정이었다.

이후 국내에서는 구속영장 실질심사제의 적용 범위 확대에 관한 주장이 계속되었다. 마침내 2007년 형사소송법의 해당 조항이 다시 개정되었다. 현재는 "체포된 피의자에 대하여 구속영장을 청구받은 판사는 지체 없이 피의자를 심문하여야 한다"로 개정되어, 모든 피체포자는 구속영장의 발부 여부를 결정하기 위하여 자동적으로 판사 앞에 회부되어야 함을 규정하고 있다. 다만 본인이 자발적으로 실질심사를 포기하는 경우에는 그 의사가 존중된다.

수사기관으로서는 피의자를 체포하자마자 바로 일건 서류를 작성하여 판사 앞에 데려가 심사를 받는 일이 매우 촉박하고 번거로울 것이다. 그러나 구속영장 실질심사제는 오랜 역사적 경험을 통하여 볼 때 피구속자의 기본적 인권을 보호하기 위하여 반드시 필요하다고 판단되어 국제인권규약에 삽입된 제도이다. 수사기관의 반발에도 불구하고 국내에서 구속영장 실질심사제가 정착되는 데는 국제인권규약이 커다란 버팀목이 되었음은 물론이다.

15

남녀 혼인가능 연령이 동일해졌다

오랫동안 한국 민법상 혼인을 할 수 있는 최저연령은 남자는 만 18세,

여자는 만 16세였다. 여자의 혼인가능 연령을 남자보다 2살 낮게 규정한 이유는 아동기 여성의 신체발육이 남성보다 약간 빠른 경향이 있으며, 부부는 남자가 여자보다 나이가 약간 많은 경우가 대부분이라는 사회적 현상을 반영해서였다.

그러나 여성의 혼인가능 연령을 남성보다 낮게 정한 데에는 통상의 부부 사이에서는 나이가 약간 많은 남편이 어린 부인보다 사회 경제적으로나 가정적으로 주도적인 역할을 한다는 점이 암암리에 반영된 것이기도 하였다. 여성이 16세라는 고등학교 학생 정도의 어린 나이에 결혼을 한다면 학업중단으로 이어질 가능성이 높으며, 여성의 역할을 가정 내로 국한시킬 개연성을 높인다. 그런 점에서 여성의 혼인가능 연령을 남성보다 낮게 규정한 것은 여성에 대한 사회적 차별로 이어질 우려를 높이게 된다.

한국이 1984년 말 비준한 여성차별철폐협약은 여성에 대한 차별을 구성하는 모든 법률의 폐지를 요구하고 있으며(제2조), 남성과 여성의 고정적 역할에 근거한 편견, 관습, 관행을 없앨 것을 요구하였다(제5조). 특히 제16조 제2항은 아동의 약혼과 혼인은 아무런 법적 효과가 없으며, 혼인을 위한 최저연령을 정할 것을 요구하고 있다. 다만 여성차별철폐협약이 아동의 연령기준을 직접 규정하지는 않았으나, 현대사회에 있어서 16세의 결혼은 지나친 조혼이라고 이해되기에 충분하였다. 더욱이 한국이 1991년 비준한 아동권리협약은 18세 미만자를 아동으로 정의하고 있다. 이에 여성차별철폐위원회는 한국의 국가보고서에 대한 심사에서 혼인가능 연령에 있어서 남녀 차이를 두는 것에 여러 차례 우려를 표명하였다.[14]

사회의 변화로 16세는 결혼을 하여 가정을 꾸리기에는 지나치게 어린

---

14 Concluding Observations of the Committee on the Elimination of Discrimination against Women(Republic of Korea), A/53/38/Rev.1, para.382(1998); Concluding Observations of the Committee on the Elimination of Discrimination against Women: Republic of Korea, CEDAW/C/KOR/CO/6, para.35(2007).

나이라는 인식이 확산되고, 위와 같은 국제인권기구의 권고를 계기로 2007년 말 민법이 개정되어 혼인가능 연령이 남녀 공히 만 18세로 통일되었다(제807조). 그 직후 개최된 아동권리위원회는 한국의 이러한 민법 개정에 감사한다고 논평하였다.[15]

16

본국의 박해를 피해 온 자는 난민으로 보호된다

중국 내 탈북자가 난민 아니냐는 보도가 언론에 자주 등장하므로 난민이란 단어는 이제 우리에게 매우 익숙하게 되었다. 본국의 박해가 우려되어 국적국 밖에 있으면서 국적국의 보호를 받을 수 없거나 받기를 원하지 않는 자를 난민이라고 한다.[16] 이미 국내에도 근 300명의 외국인이 우리 정부로부터 난민지위를 인정받아 거주하고 있다.

국제사회가 난민문제에 본격적인 관심을 보이게 된 계기는 1917년 러시아 혁명으로 수많은 러시아인이 국외 망명길에 오른 사건이었다. 당시 약 150만 명의 러시아인이 국외로 탈출하여 유럽 대륙을 비롯한 각지를 떠돌게 되었다. 어느 한 국가가 난민에게 호의적인 처우를 하면 난민이 그 나라로 몰려 사회적 부담을 가중시키게 되므로, 러시아 난민문제의 해결을 위해서는 국제적인 협조가 필요하였다. 국제연맹은 노르웨이인 난센Nansen을 난민 고등판무관으로 임명하고 이 문제를 담당하도록 하였다. 그가 소집한 국제회의의 결과 러시아 난민들에게는 보통 난센여권이라고 부르는 신

---

15 Concluding Observations: Republic of Korea, CRC/C/OPSC/KOR/CO/1, para.4(2008).
16 난민지위협약 제1조.

분증명서가 발급될 수 있었다.

난민문제는 러시아 난민에서 그치지 않았다. 이후 국제적 격동이 있을 때마다 국제사회를 배회하는 난민은 늘어 갔다. 이에 유엔이 탄생하자 난민을 보호하기 위한 국제조약의 작성을 추진하여 마침내 1951년 난민지위에 관한 협약이 채택되었다.[17] 이 협약은 박해가 우려되어 본국으로 돌아갈 수 없는 자에 대하여 거주국에서의 안정된 생활을 보장하기 위한 내용을 담고 있다.

단일 민족이라는 사고가 뿌리 깊은 한국사회는 오랫동안 외국인의 국내정착에 대하여 배타성이 강하였다. 1975년 베트남 패망 이후 발생한 보트피플이 한국 선박에 구조되어 국내로 왔던 경우가 적지 않았다. 이들 베트남 난민들은 일부 초기 입국자를 제외하고는 1977년 국내에 월남난민구호소가 설치된 이후 입국하였던 2,357명 전원이 제3국으로 다시 송출되었다. 한국 정부가 이들의 국내정착을 허용하지 않았기 때문이다. 이는 국제적으로 유래를 찾기 어려운 인색한 정책이었다.

한국도 국제인권조약들을 더 이상 외면하기 어려워 1992년 난민지위에 관한 협약을 비준하였다. 1994년부터 한국 정부에 난민지위를 신청한 외국인이 생기기 시작하였으나, 협약 가입 초기 약 10년간은 단 한 명의 난민도 인정하지 않는 엄격한 태도를 취하였다. 2001년 비로소 1명의 신청자에게 난민지위를 인정하였다. 이후 매년 조금씩 난민지위를 인정하여 2012년 6월 말까지 한국 정부는 총 291명에게 난민지위를 인정하였고, 이와 별도로 151명에게 인도적 체류를 인정하였다. 근래에는 연간 수십 명의 외국인이 난민으로 인정받고 있으며, 정부는 불허하였어도 법원의 판결을 통하여 난민지위를 인정받는 예도 늘어났다. 특히 2011년 말에는 국회에서 난민법이 통과되어 난민에 관한 독립된 법률이 마련되었다. 이를

---

17 1951 Convention Relating to the Status of Refugees. 이후 1967년 추가의정서가 채택되었다.

통하여 국내 난민의 인정절차가 한층 객관화되고, 난민의 처우도 보다 개선될 것으로 기대된다. 현재 우리 법원에서는 매년 수백 건의 난민재판이 진행되고 있는 등 난민이란 존재가 우리 사회에서도 점차 익숙한 존재가 되고 있다.

Ⅲ
환경의 보호

17

동해에서 고래 떼를 다시 만나게 되었다

울산에 가면 고래관광선이 있다. 배를 타고 고래가 자주 나타나는 인근 바다로 나가 고래 구경을 하는 관광이다. 한때 남획으로 한반도 주변에서는 고래를 보기 힘들었는데, 근래에는 개체수가 많이 회복되었다고 한다. 재수가 좋으면 관광선에서 한꺼번에 100마리, 200마리의 고래 떼도 볼 수 있다고 한다. 사라졌던 고래가 어떻게 다시 우리 주변으로 오게 되었을까?

인류는 대체로 3,000년 전부터 세계 각지에서 고래사냥을 시작하였다. 주로 생활의 필요에 의하여 사냥되던 고래는 17세기경부터 상업적 포경의 대상이 되었다. 고래기름에 대한 수요가 크게 늘어난 19세기부터는 남획이 고래 생태계에 직접적인 영향을 주게 되었다. 1930년대에는 전 세계적으로 매년 약 5만 마리의 고래가 포획되었다고 한다. 이때부터 고래를 보호하자는 운동이 시작되었다. 그 구체적인 국제법적 결실은 1946년에 채택된 국제포경규제협약이다.[18] 이 협약을 통하여 국제포경위원회International Whaling Commission가 설치되어 고래의 남획을 막는 등 규제를 시작하였다. 그럼에도 불구하고 고래의 생태계가 계속 위협받게 되자 1982년 국제포경위원회는 1985~1986년 시즌부터는 상업적 목적의 고래사냥을 전면 금지하기로 결정하였다.[19] 그로부터 4반세기가 지난 현재 전 세계적으로 고래의 숫자가 많이 회복되었다고 평가된다. 다만 아직 고래의 생태계가 안정적이라고 할 정도로 충분히 회복되지는 않았다는 판단 아래 상업

---

18 1946 International Convention for the Regulation of Whaling.
19 상업적 목적의 포경만 금지된 것이므로, 과학조사 목적이나 고래고기를 주식으로 하는 북극권 원주민의 생활용 포경 등 소규모 포경은 허용되고 있다.

용 포경은 계속 금지되고 있다.

고래 사냥의 금지에 대하여는 전통적인 포경국들이 반발을 하고 있다. 대표적인 국가는 일본, 노르웨이, 아이슬란드 등이다. 현재 일본의 포경이 국제환경단체의 주요 표적이 되고 있으나, 일본 역시 국제포경규제협약 가입국으로 포경금지를 약속한 국가 중 하나이다. 다만 일본은 과학조사용으로만 고래를 잡고 있다고 주장하나, 환경단체들은 일본이 과도하게 포경을 한다고 비판한다.

신석기시대 내지 청동기시대에 새겨진 것으로 추정되는 울산 반구대 암각화(국보 285호)에 고래를 사냥하는 모습이 그려진 것에서도 알 수 있듯이 한국의 포경 역사 역시 매우 길다. 과거에는 울산 장생포가 국내 포경의 중심지였으며, 경남지방에서는 고래고기가 흔한 반찬 중의 하나였다. 그러나 한국도 1978년에 국제포경규제협약을 비준하여 현재는 국제포경위원회의 결정에 따라 고래사냥을 금지하고 있다. 그래도 국립수산과학원 고래연구소의 발표에 따르면, 2011년에도 362마리의 고래가 다른 물고기를 잡기 위해 쳐 놓은 어망에 우연히 걸려 죽었다고 한다. 이렇게 잡힌 큰 고래는 수천만 원을 호가하여 바다의 로또라고도 불린다. 우연히 잡힌 고래는 유통증명서를 발급받아야만 판매할 수 있다. 울산에는 이런 고래고기를 취급하는 전문 음식점이 아직도 80여 군데나 있어서, 유통되는 고래고기의 적지 않은 양이 밀렵된 것은 아닌가 의심되기도 한다.

전 세계를 누비는 고래를 보호하기 위해서는 몇몇 고래 애호국이 포경을 금지하는 것만으로는 소용이 없다. 모든 포경국이 협력을 하여야만 전세계의 고래 생태계가 보호될 수 있다. 이를 위한 효과적인 국제협력은 국제법을 통해서만 가능하다. 구체적으로 국제포경규제협약이 그러한 역할을 하고 있다.

18

코뿔소와 표범, 호랑이를 야생에서 만날 수 있다

유엔 환경계획United Nations Environment Program; UNEP은 2007년 제4차 환경보고서를 통하여 현재 지구 상에는 6번째의 생물 대멸종이 진행되고 있다고 발표하였다. 이에 따르면, 현재 지구 상 양서류의 30% 이상, 포유류의 23% 이상, 조류의 12% 이상이 멸종위기에 직면해 있다고 한다. 과거 지구 상 5번째 멸종시기는 약 6,500만 년 전인 백악기 말기로, 이때 공룡이 멸종하였다. 이제까지 5번의 대멸종은 모두 자연재해에서 비롯되었지만, 현재 진행 중인 멸종은 인간의 활동에 의한 것이라는 점에서 차이가 있다. 한편 2002년과 2003년 새로이 발견된 의약물질의 80%는 자연생물에서 비롯된 것이었는데, 지구 상 생물의 멸종은 인류가 새로운 치료제를 발견할 수 있는 가능성을 그만큼 줄이게 된다고 환경보고서는 경고하였다.[20] 또 다른 추산에 따르면, 지구 상에서는 매일 74종, 매시간 3종의 동식물 종이 사라지고 있으며, 이는 자연상태에서의 소멸률보다 약 1,000배의 속도라고 한다.

한 세기 전까지만 해도 흔하던 야생의 코끼리, 호랑이, 표범, 코뿔소 등이 멸종위기에 처하게 된 가장 큰 이유는 경제적 이득을 노린 인간의 무차별적 포획이다. 코끼리의 상아, 호랑이와 표범의 가죽, 코뿔소의 뿔 등은 여러 가지 목적에서 고가에 팔려 나갔다. 결국 멸종위기에 처한 동식물을 보호하기 위한 방안의 하나로서 이러한 동식물의 국제적 교역을 엄격히 제한할 필요가 있다고 판단되었다. 이에 1973년 멸종위기에 있는 야생동식물의 국제거래에 관한 협약CITES이 채택되었다.[21]

---

20 「조선일보」 2007. 10. 27. A2면.
21 1973 Convention on International Trade in Endangered Species of Wild Fauna and

이 협약은 국제적 보호가 필요하다고 판단되는 약 35,000종의 동식물을 지정하고, 이를 크게 3종류로 구분하였다.[22] 첫째, 현재 멸종위기에 처한 품목이다(제1부속서). 이들은 국제적 교역이 원칙적으로 금지되며, 예외적인 경우에 한하여 수출국과 수입국의 사전허가하에 표본거래만 가능하다. 2011년 말 기준으로 974종이 이에 해당하며, 판다, 침팬지, 호랑이, 표범, 재규어, 치타, 코끼리, 코뿔소 등이 이에 포함된다. 둘째, 당장은 멸종위기에 있지 않으나, 앞으로 교역이 엄격히 규제되지 않으면 멸종이 우려되는 품목이다(제2부속서). 이는 수출국으로부터 수출허가를 받아야만 교역이 가능하다. 33,798종이 지정되어 있다. 미주 흑곰, 푸른 이구아나 등이 이에 해당한다. 셋째, 이의 지나친 이용을 방지하거나 제한하기 위하여 국제 간 협력이 필요한 품목이다(제3부속서). 이는 당사국의 국내법상 합당한 방법으로 획득되었다는 증명이 있어야 교역이 가능하다. 280종이 지정되어 있다. 현재 이 협약의 당사국은 175개국이며, 한국은 1993년 가입하였다. 이에 따라 국내에서 과거 한약재로 사용되던 호랑이 뼈, 사향, 웅담, 천산갑, 거북 등껍질, 코뿔소 뿔 등의 수입이 금지되었다.

이 협약은 멸종위기에 처한 동식물의 서식지나 생태계를 직접 보호하는 방안은 아니다. 이러한 동식물의 국제교역을 엄격히 규제함으로써 간접적인 보호를 목적으로 한다. 현재 멸종위기의 동식물을 상업적으로 구입할 수 있는 대부분의 국가가 당사국으로 참여하고 있으므로, 특히 제1부속서에 포함된 동식물의 국제적 수요를 크게 줄이는 효과를 가져왔다.

이 같은 멸종위기의 야생 동식물의 보호는 몇몇 나라의 노력만으로 가능하지 않으며, 국제조약을 통한 범세계적 협력을 통해서만 달성될 수 있다. 지난 수십 년간 국제사회의 이러한 노력이 없었다면 우리는 야생의 아프리카 코뿔소, 치타, 표범을 더 이상 만날 수 없었을 것이다.

Flora.
22 동물 약 5,500종, 식물 약 29,500종.

순천만 갯벌과 우포늪이 국제적 보호를 받는다

전라남도 순천만은 드넓은 갯벌에 펼쳐진 갈대밭과 칠면초 군락, S자형 수로 등이 어우러진 우리나라의 대표적인 해안 습지로 그 경치가 매우 아름답다. 순천만의 갈대숲은 천연기념물 제228호인 흑두루미를 비롯 먹황새, 노랑부리저어새, 흰목물떼새, 방울새 등 국제적인 희귀조류 25종을 포함하여 국내 조류 220여 종의 서식지 및 월동지로 유명하다.

습지를 흔히 자연의 심장이라고 부른다. 습지는 수많은 생명체에게 서식처를 제공하며, 생태계의 순환을 지원한다. 습지는 지하수위의 조절을 통하여 원활한 물 공급을 보장하고, 홍수와 한발을 방지하는 역할을 하며, 연안의 침식 방지, 수질 정화, 자연경관 보존 등의 역할도 한다. 그러나 산업화에 따른 개발의 영향으로 20세기 이후 지구 상의 습지가 절반 이상 사라졌으며, 특히 20세기 후반부터는 습지소멸의 속도가 한층 가속화되었다. 습지의 소멸은 자연 생태계의 파괴로 인한 생물 다양성의 감소, 수질 악화, 자연경관의 훼손, 기후변화 등을 야기하게 된다. 습지의 훼손과 소멸은 궁극적으로 인류의 삶의 터전이 위협받는 결과를 가져온다.

이에 1971년 이란의 람사르Ramsar에서는 18개국의 대표가 모여 생태학적·사회경제적·문화적으로 중요한 가치를 지니고 있는 습지를 국제적으로 보호하고 자연생태계를 보전하자는 목적에서 물새서식처로서 국제적으로 중요한 습지에 관한 협약(일명 람사르협약)을 채택하였다.[23] 이 협약에서 말하는 습지란 습토, 소택지, 토탄지 또는 물로 된 지역을 말하며, 바닷가 해안의 경우 썰물 시 수심이 6m 이하인 해역을 포함한다. 물이 고여 있든

---

23 1971 Convention on Wetlands of International Importance Especially Waterfowl Habitat.

흐르고 있든 상관없으며, 담수와 바닷물 모두 포함될 수 있다. 즉 갯벌, 호수, 하천, 양식장, 해안은 물론 논도 포함될 수 있다.

람사르협약은 당사국의 습지 중 생태학상이나 생물학상 또는 수문학상 국제적으로 중요한 습지를 협약 사무국에 등록하도록 요구하고 있다. 특히 물새에게 국제적으로 중요한 습지를 포함시키라고 요구하고 있다. 협약은 물새서식지를 특히 강조하고 있으나, 반드시 물새가 서식하는 습지만을 등록대상으로 하지는 않는다.

람사르협약상의 습지로 등록되면 당사국은 해당 습지를 보호하고 이의 현명한 이용을 촉진하기 위한 국가차원의 계획을 수립하여 이행하여야 한다. 혹시 국가적 필요에 의하여 등록습지의 면적을 축소할 필요가 있는 경우, 당사국은 습지 상실에 대한 보완책을 마련하여야 하며, 특히 같은 지역이나 인근에 새로운 보호구역을 설정하여야 한다. 현재 람사르협약에는 모두 163개국이 당사국으로 참여하고 있으며, 전 세계 2,050개 습지가 보호대상으로 등록되어 있다. 한국은 이 협약에 1997년 가입하였으며, 모두 18개의 습지(총 17,704헥타르)를 보호대상으로 등록하고 있다. 2008년 경상남도 창원에서는 제10차 람사르 당사국 총회가 개최된 바 있다.

이제 협약상의 보호지구로 등록된 순천만의 갯벌, 인제 대암산의 용늪, 창녕의 우포늪, 전라남도 무안의 갯벌 등의 보존과 보호는 지방자치단체 차원의 책임에 머물지 않는다. 이들 습지와 물새의 보호는 대한민국의 국제적 약속이다. 환경오염과 같은 인간활동으로 인하여 이들 습지의 생태학적 특성에 변화가 발생하면 즉시 람사르 사무국에 보고하여야 한다. 개발의 논리에 따라 우리 마음대로 매립하거나 간척을 할 수 없음은 물론이다. 순천만의 갯벌과 우포늪의 생태계와 경관은 이제 단순히 환경운동가나 그 지역 공무원들의 보호만을 받는 것이 아니라, 국제조약을 통하여 국제사회의 보호를 받고 있다. 람사르협약이 채택된 2월 2일은 각국에서 '세계습지의 날'로 기념되고 있다.

20

겨울의 철새 축제를 즐길 수 있다

매년 금강 하구에서는 군산세계철새축제가 개최된다. 보통 초겨울인 11월 중하순에 개최되는 군산세계철새축제는 2012년으로 9번째를 맞는다. 금강 하구둑과 금강호 일대에는 큰고니, 청둥오리, 기러기, 가창오리 등 50여 종 80만 마리의 겨울 철새들이 서식하고 있다. 이곳은 각종 철새를 한자리에서 볼 수 있는 철새들의 낙원이자 생태계의 보고이다. 철새축제의 하이라이트는 가창오리의 군무이다. 하늘을 뒤덮을 듯한 가창오리의 군무는 그동안 방송과 신문에 자주 보도되어 직접 가보지 않은 사람에게도 익숙한 모습이 되었다. 가창오리는 여름에는 시베리아 동부 캄차카 반도 일대에 서식하고, 겨울이 되면 한국, 일본, 중국 등지로 내려와 월동을 한다. 다채로운 색깔을 지닌 수컷의 깃털로 유명하다. 가창오리는 전 세계에 약 30만 마리가 살고 있다고 추정된다.

경상남도 창원의 주남저수지 역시 철새로 유명하다. 주남저수지에는 가창오리, 두루미, 재두루미, 큰고니 등의 겨울철새가 찾아온다. 이곳에서도 2008년 이래 매년 초겨울에 주남저수지 철새축제가 벌어진다.

물론 이외에도 우리나라에는 전라남도 영암호, 충청남도 서해안 등 겨울 철새가 찾는 곳이 많으며, 서울의 한강에서도 적지 않은 겨울 철새가 지내고 간다.

계절에 따라 국경을 넘어 이동하는 철새는 그 이동경로에 해당하는 한 국가라도 이들을 제대로 보호하지 않으면 멸종위기에 처할 수 있다. 북쪽의 중국이나 러시아에서 여름에 철새가 제대로 서식할 수 없으면 군산이나 주남의 철새축제는 더 이상 계속되기 힘들 것이다. 반대로 철새가 한국에서 제대로 겨울을 날 수 없으면 여름에 러시아에서도 이들을 보기 어려워진다. 철새가 제대로 생육하고 활동하려면 관련 국가들이 합심하여 이들의 보호에 협력하여야 한다.

이에 한국은 러시아, 중국, 오스트레일리아 등과 각각 철새보호협정을 체결하여 이들 국가를 오가는 철새의 보호를 약속하고 있다. 즉 러시아와는 1994년 철새보호협정을 체결하여 왜가리, 가창오리, 가마우지, 따오기, 먹황새, 고니, 기러기, 두루미 등 모두 322종의 철새 보호를 서로 약속하였다. 중국과는 2007년부터 철새보호협정이 발효되어 제비, 고니, 가창오리 등 모두 337종의 철새 보호를 약속하였다. 오스트레일리아와는 2007년 철새보호협정을 체결하여 도요새 등 59종의 철새 보호를 약속하였다. 도요새 등은 매년 적도를 넘어 오스트레일리아까지 갔다 다시 한국으로 온다고 한다. 이들 협정은 공통적으로 철새와 그 알의 포획과 채취를 금지하고, 철새를 재료로 한 제품의 판매나 배포를 금지하고 있다. 또한 철새의 서식지를 보호하고, 관련 정보의 교환을 약속하고 있다.[24] 우리가 매년 철새축제를 즐길 수 있는 것도 철새에 대한 국제법적 보호가 뒷받침되고 있기 때문에 가능한 것이다.

한편 국제적 보호의 필요성은 다른 모든 이동성 야생동물에게도 마찬가지이다. 이에 이동성 야생동물 보호에 관한 협약이 1979년 체결된 바 있다.[25] 이 협약은 멸종 우려가 있는 이동성 야생동물의 분포국가는 이들의 서식지를 보호하고, 이동을 방해하지 말고, 포획을 하지 말 것을 요구하고 있다. 현재 117개국이 당사국인데, 한국은 아직 비준하지 않았다.

---

24 2010년 한국의 국립공원관리공단은 뉴질랜드 자연보호 당국과 양해각서를 체결하여 철새 등의 상호보호에 합의하였다.

25 1979 Convention on Migratory Species of Wild Animals.

21

오존층을 보존하여 자외선으로부터 인류를 보호한다

1974년 몰리나M. Molina와 롤런드F. Rowland라는 2명의 학자는 일상생활에서 많이 사용되는 프레온가스가 지구 상공의 오존층을 파괴할 가능성이 있다는 논문을 발표하였다. 당시만 하여도 추정에 불과하였던 이 주장은 1985년 남극 상공에 전례 없는 오존층 구멍이 발견되면서 현실로 받아들여지게 되었다. 이후 관측에 의하면 극지 상공의 오존 구멍은 날로 커지는 추세를 보인다고 한다.

지구 상공 20~30km의 성층권 내에 주로 형성되어 있는 오존층은 태양으로부터 나오는 자외선의 97~99%를 차단함으로써 지구의 보호막 역할을 하고 있다. 오존층이 파괴되어 지구로 도달하는 자외선이 증가하면 생태계에 광범위한 영향을 미치게 된다. 예를 들어 피부암과 백내장의 증가, 기온 상승으로 인한 기후변화, 플랑크톤 감소로 인한 생태계 먹이사슬의 파괴, 식물의 생장 저하 등이 예상된다. 오존층을 파괴하는 물질로는 프레온가스 외에도 할론, 염화탄소 등 여러 화학물질이 거론되었는데, 이러한 물질은 냉장고와 에어컨의 냉매, 각종 스프레이, 전자기판의 세정제 등으로 산업현장과 일상생활에서 폭넓게 사용되고 있었다.

프레온가스 등은 매우 안정적 물질이라 한 번 방출되면 근 50년 내지 100년 가까이 지구 상공에 머물게 된다. 이는 이미 생산된 프레온가스는 향후에도 수십 년을 더 성층권에 머물며 오존층을 파괴할 가능성이 있다는 말이다. 과연 프레온가스나 할론가스가 오존층 파괴의 주범이냐에 대하여는 아직도 과학적 논란이 완전히 종식되지 않은 상황이지만, 이 점이 과학적으로 충분히 입증된 후 인류가 대처한다면 너무 늦을 것으로 우려되었다. 이에 유엔 환경계획UNEP을 중심으로 대책이 숙의되었고, 1985년 오존층 보호를 위한 비엔나협약이 채택되었다.[26] 이 협약은 구체적인 의무는 설정하지 못하고, 일단 오존층 변화의 악영향으로부터 인류의 건강과 환경을 보호하기 위하여 행동이 필요하다는 원칙을 확인하는 선에서 그쳤다.

　구체적인 행동의무는 1987년 추가의정서의 형식으로 채택된 몬트리올의정서를 통하여 마련되었다.[27] 일단 각국은 프레온가스와 할론가스의 소비를 1986년 수준으로 동결시키고, 향후 이를 50%까지 감축하기로 합의했다. 이들 물질이 워낙 광범위하게 사용되고 있었으므로 당장 생산을 금지시키지는 못한 것이다. 이후 몬트리올의정서는 1990년, 1992년, 1997년 및 1999년의 개정을 통하여 규제물질을 확대시키고 감축일정을 단축하였다. 현재 근 100종의 화학물질의 생산과 소비를 규제하고 있으며, 궁극적으로는 이러한 물질의 생산을 완전히 중단할 것을 예정하고 있다. 그중 상당수의 물질은 지구 상에서 이미 생산이 중단되었다. 그러나 이러한 물질들이 지구 성층권의 오존층 파괴의 주범이고 이들 물질의 생산이 예정대로 중단된다고 하여도, 오존층의 원상복구에는 앞으로도 수 세대가 걸릴 것으로 예상되고 있다. 일단 과학자들은 오존층의 소멸 속도가 느려졌다고 보고하고 있다.

　현재 1985년 비엔나협약과 1987년 몬트리올의정서의 당사국은 유엔 회원국 수를 넘는 197개국이다. 이후의 개정조항도 196개국 내지 178개국이 비준하였다. 오존층 보호와 같이 인류의 공동의 노력이 필요한 문제는 오직 국제법을 통한 강제적 제도 수립의 방법으로만 실질적 대처가 가능하다. 이를 개별국가의 선의에만 맡겼을 경우 인류 문명은 최악의 상황을 맞이할 수도 있다.

26　1985 Vienna Convention for the Protection of the Ozone Layer.
27　1987 Montreal Protocol on Substances that Deplete the Ozone Layer.

22

바다를 오염으로부터 보호하고 있다

지구 표면의 7할은 바다라고 한다. 지구 상의 바닷물은 담 없이 서로 연결되어 있기 때문에 어느 한 곳에서의 오염은 장기적으로 전 세계적 영향을 미치게 된다. 해양의 오염은 1차적으로 인근 연안국에 영향을 주겠지만, 결국은 모든 국가의 이해가 걸린 문제로 된다.

바다 오염하면 사람들은 언뜻 대형 유조선의 기름유출사건을 먼저 떠올릴 것이다. 그러나 바다를 오염시키는 원인은 의외로 다양하다. 사실 바다 오염물질의 7할 이상은 육상에서 기원한다고 한다. 육상의 오염물질이 생활 하수, 공장 폐수, 농축산 폐수 등 다양한 형태로 강물을 타고 바다로 흘러드는 것이 바다 오염의 가장 큰 원인이다. 다음 육상의 오염물질이 대기로 날라 갔다가 바다로 녹아들어 가는 것이 두 번째 중요한 오염원이다. 이어 선박에서 기인한 오염과 해양투기로 인한 오염 등이 차례로 바다를 더럽히고 있다.

우리가 깨끗한 바다를 보존하고 즐기려면 이상과 같은 다양한 오염원인에 일일이 대처하여야 한다. 바다 오염에 대한 대처는 몇몇 환경 선진국의 노력만으로는 불가능하다. 사실 대부분의 국가가 다른 나라들에게는 적극적인 오염방지 노력을 촉구하면서도 정작 자신은 규제를 좀 덜 받았으면 할 것이다. 오염방지 노력에는 많은 비용이 들기 때문이다. 결국 해양오염의 방지는 개별국가의 양식에 맡겨서는 달성될 수 없으며, 범세계적인 협력체제가 구축되어야만 대처가 가능한 작업이다. 그러한 역할은 국제법만이 할 수 있다.

해양오염에 관하여 인류의 주목을 가장 먼저 받은 대상은 선박운항에 따른 오염이었다. 선박운항에 따른 기름유출 등은 당장 눈에 띄는 오염원이기 때문이다. 이에 1954년 유류에 의한 해양오염방지협약이 채택되었다.[28] 이 협약은 1962년, 1969년, 1971년 개정되며 규제를 강화하였으나, 유류오염방지를 주 대상으로 한다는 점에서 매우 제한적인 대책에 불과하였다. 이에 유류뿐 아니라 선박으로부터 고의로 배출되는 모든 유해물질, 유독성 물질, 오물, 폐기물 등을 종합적으로 규제하여야 된다는 목적에서 보다 포괄적인 1973년 해양오염방지협약MARPOL이 채택되었다.[29] 이 협약은 오염방지를 위하여 선박의 구조, 디자인, 장치까지 규제하고 있다. 예를 들면 일정 규모 이상의 유조선은 유류탱크 세척장치를 갖추도록 요구하고 있다. 이 협약은 선박에서 유래하는 해양오염을 획기적으로 줄였다는 평가를 받고 있다. 현재 MARPOL에는 부속서에 따라 130개국 내지 152개국이, 1997년 채택된 개정의정서에는 70개국이 당사국으로 가입하고 있다. 그러나 당사국 숫자보다 실제 이들 국가의 선복량이 차지하는 비중은 더욱 크다. 세계 선복량 기준 9할 이상의 선박이 이 협약의 적용을 받고 있다. 한국은 개정의정서까지 모든 MARPOL의 당사국이다.

또 다른 바다 오염원인은 오염물질의 무단 투기이다. 망망대해에서 거추장스러운 오염물질을 슬쩍 버리면 발각될 염려는 적지만 그 피해는 모두에게 돌아간다. 이러한 해양투기를 금지하기 위한 조치가 1972년 런던덤핑협약이다.[30] 1996년 런던덤핑의정서로 개정된 이 협약은 예외 품목으로 지정된 7가지 물질을 제외하고는 나머지 모든 물질의 해양투기를 금지하고 있다.[31] 특히 핵폐기물의 투기가 금지되며, 해양소각도 금지된다. 현재 1972년 런던덤핑협약은 87개국(선복량 기준 67%), 1996년 의정서는 42개

---

28 1954 International Convention for the Prevention of Pollution of the Sea by Oil.
29 1973 International Convention for the Prevention of Pollution from Ships. 1978년 개정.
30 1972 Convention on the Prevention of Marine Pollution by Dumping of Wastes and Other Matter.
31 1996 Protocol to the Convention on the Prevention of Marine Pollution by Dumping of Wastes and Other Matter.

국(선복량 기준 36%)만이 당사국이라 국제사회의 호응이 좀 미흡한 편이나, 한국은 양자 모두를 비준하였다.

이에 비하여 가장 큰 오염원인 육상 기인 오염물질에 대한 규제수단은 상대적으로 덜 발달하였다. 유엔 해양법협약은 당사국에게 육상으로부터의 오염이나 대기에 의한 오염을 원인별로 규제할 국내법을 제정할 의무만을 부과하고 있다. 오염방지의 이행이 각국의 재량에 맡겨져 있는 셈이다. 더구나 구체적인 환경기준이 제시되지 않아서 실질적인 대책이 되지 못하고 있다. 가장 큰 장애물은 개별국가의 영토주권이다. 이 부분에서는 앞으로 국제법이 하여야 할 일이 많은 셈이다.

바다는 생명의 기원처이다. 바다는 인류의 중요한 식량 공급처요, 플랑크톤은 동물의 먹이사슬의 가장 기초를 이룬다. 또한 바다는 누구에게나 즐거운 휴양지이기도 하다. 바다의 오염이 심각해지면 인류의 미래는 없어진다. 이상과 같이 인류는 보다 깨끗한 바다를 보존하기 위하여 국제법을 통한 각종 노력을 경주하고 있다. 아직 미흡한 부분도 많으나, 이러한 노력을 포기할 수는 없다.

23

유해 폐기물을 몰래 들여올 수 없다

어느 나라나 산업폐기물로 골머리를 앓는다. 특히 유독성 폐기물의 처리는 더욱 어려운 문제이다. 화학물질의 사용이 많은 국가일수록 유해 폐기물이 많이 발생할 것이다. 이러한 폐기물 처리에는 많은 비용이 든다. 과거에는 손쉽게 매립하거나 소각하는 방식으로 처리하였으나, 이는 또 다른 오염을 유발한다는 사실이 알려져 이 역시 어렵게 되었다. 오랫동안 바다에 폐기물을 버리기도 하였다. 그러나 이마저 국제적 규제가 심해지자 폐기물 발생업자나 처리업자는 유해 폐기물을 저개발국으로 수출하기 시작하였다.

재활용을 위한 합법적인 거래라는 명목하에 저개발국은 유해 폐기물을 수입하여 자국에서 처리하도록 하였다. 그러나 이러한 국가들은 적절한 처리시설을 갖추지 못하였기 때문에 결국 환경오염을 약간의 돈과 바꾸는 결과가 된다. 수입국의 부패한 관리는 이 과정에서 뇌물을 받고 각종 비리를 눈감아 준다. 이 문제를 방치하면 저개발국은 조만간 산업 선진국의 유해 폐기물 하치장이 될 판이었다. 1988년 아프리카단결기구OAU는 선진국의 유해 폐기물 수출행위는 '아프리카와 아프리카인에 대한 범죄'라고 규탄하였다. 이렇듯 유해 폐기물의 국제이동은 일종의 남북문제였다.

국제사회는 이 문제를 단순히 폐기물 수출국과 수입국 간의 문제로만 방치할 수 없다고 판단하였다. 유엔 환경계획UNEP을 중심으로 이에 대한 대책이 강구되었다. 드디어 1989년 스위스의 바젤에서 유해 폐기물의 국가 간 이동 및 그 처리의 통제에 관한 바젤협약이 채택되었다.[32]

바젤협약은 유해 폐기물이 환경적으로 건전한 방법으로 관리되지 않을 것으로 의심되는 경우, 그러한 폐기물의 수출이나 수입을 금지하도록 요구하고 있다. 유해 폐기물의 수출국은 이의 수입국과 경유국에 대하여 폐기물 이동계획을 사전에 서면으로 통지하여야 한다. 수입국이 수출국에 대하여 서면으로 동의한 경우에만 폐기물이 수입될 수 있다. 유해 폐기물을 불법으로 수출한 국가는 이를 회수하거나 다른 방법으로 처리하는 등 적절한 조치를 취하여야 한다. 바젤협약의 당사국은 비당사국으로 유해 폐기물을 수출하거나 수입해서도 아니 된다. 결국 바젤협약은 유해 폐기물의 국제이동을 최소화하고 폐기물을 가능한 한 발생국에서 처리시키려는

---

32 1989 Basel Convention on the Control of Transboundary Movements of Hazardous Wastes and their Disposal.

목적의 조약이다. 유해 폐기물이 거래되는 경우에도 그 내용이 모두 공개되게 함으로써 처리의 투명성을 기하려는 조약이다. 현재 바젤협약의 당사국은 179개국이며, 한국은 1994년 가입하였다. 바젤협약은 발효 이후에도 추가적인 의정서를 계속 채택함으로써 그 통제를 강화하였다. 한편 아프리카 국가들 간의 바마코협약 등 지역에 따라서는 바젤협약보다 더욱 강력한 규제를 실시하는 조약도 체결되어 있다.

이제는 유해한 산업 쓰레기를 몇 푼의 돈을 지불하고 다른 나라로 몰래 팔아넘길 수 없을 뿐 아니라, 악덕업자가 이런 산업 쓰레기를 마음대로 수입할 수도 없게 되었다. 유해 폐기물의 국제거래를 개인업자 간의 재량에 맡길 경우, 유해 폐기물은 환경적으로 건전하게 처리되기보다는 지구 곳곳을 오염시킬 우려만 커진다. 결국 바젤협약은 모든 국가의 협력하에 지구를 환경적으로 더욱 건전하게 보전하기 위하여 만들어진 조약이다. 이와 같이 국제법은 인류에게 꼭 필요하기는 하나 몇몇 국가의 노력만으로는 이를 해결할 수 없거나, 개별국가의 양식에만 맡겨서는 기대하기 어려운 목적을 달성하는 데 가장 유용한 수단이다.

IV

편안한 해외여행

24

여권이 규격화되어 신속한 입국심사가 가능하다

해외여행을 할 때 3대 필수품은 여권, 비행기표, 돈(또는 신용카드)이다. 그중 가장 중요한 것은 물론 여권이다. 여권은 국제여행 시 소지인의 국적과 인적사항을 확인할 수 있도록 각국 정부가 발급한 소책자 형태의 문서이다. 여권에는 소지인의 이름, 성별, 생일, 국적 등이 표시되어 있다. 공항에서 출입국 심사를 받을 때 주위를 둘러보면 각국 사람들이 들고 있는 여권이 색깔은 조금씩 달라도 모양과 규격은 매우 비슷하다는 사실을 인식해 본 적이 있는가? 요즘의 여권은 대부분 기계판독이 가능한데, 어떻게 각국의 다양한 여권을 하나의 기계로 바로바로 처리하는 것이 가능한가를 생각해 본 적이 있는가?

오늘날의 여권과 같은 제도는 고대에도 있었다. 예를 들어 이웃국가로 가는 경우 왕의 허가장이 요구되는 나라가 있었다. 이런 허가장은 일종의 원시적 형태의 여권이라 할 수 있겠다. 중세 이슬람 국가에서는 납세증명서를 갖고 있어야 다른 지역으로 여행하는 것이 가능하였다. 즉 납세증명서가 여권의 역할을 하였다. 중세 유럽에서 항구는 통상 누구에게나 개방되었으나, 외국인이 내륙을 여행하려면 방문허가장이 필요한 경우가 있었다. 한편 영국에서는 헨리 5세(재위 1413~1422년) 시절부터 오늘날과 같은 성격의 여권이 발급되기 시작하였다고 한다.

19세기 중엽부터 유럽 대륙에서는 대륙을 통과하는 기차여행이 일반화되었다. 그런데 기차가 매번 국경을 넘을 때마다 일일이 승객의 입국심사를 하기 어렵다고 생각하여 오히려 여권제도가 없어졌다. 제1차 세계대전 이전까지는 대체로 여권 없이 유럽 각국을 방문할 수 있었다.

제1차 세계대전이 발발하자 각국은 간첩의 입국을 막고 자국 인력의 해외유출을 방지하기 위하여 출입국 심사를 강화하였다. 해외여행을 위한 여권과 입국사증Visa 제도가 일반화된 것은 이때부터였다. 20세기 초반부터는 여권에 사진을 부착하는 것도 일반화되었다. 한번 강화된 여권제도는 전쟁 이후에도 유지되었다. 1920년 국제연맹은 여권에 관한 국제회의를 소집하여 책자 형태의 여권 모양에 우선 합의하였다.

그러나 여권의 국제적 표준화는 생각보다 오래 걸리었다. 1963년 유엔이 여권의 표준화를 위한 국제회의를 소집하였으나 별다른 합의가 도출되지 못하였다. 여권의 표준화에 가장 이해관계가 큰 곳은 민간항공회사였다. 실제로 출국 시 출입국 공무원의 심사를 받기에 앞서 항공사 승무원들이 좌석표를 발급하며 당사자의 여권을 먼저 확인한다. 국가에 따라서는 일부 출입국 심사업무를 항공사 직원이 대행하기도 한다. 이에 1980년 국제민간항공기구International Civil Aviation Organization; ICAO의 주관하에 오늘날과 같은 여권의 표준화가 합의되었다.

현재 표준형태의 여권은 겉표지에 여권이라는 글자와 발행국가, 그리고 국가문장을 표시한다. 두 번째 장을 넘기면 여권 소지인의 개인정보를 표시한다. 이름, 얼굴사진, 발급기관, 여권의 번호, 국적, 생일, 성별, 발급일과 유효기간 등이 표시된다. 그다음 장부터는 비자를 붙이는 난이다. 오늘날 대부분의 국가에서 발급된 여권은 기계판독이 가능하다. 이 점 역시 규격이 통일되어 있어야 가능한 일임은 물론이다. 근래에는 전자여권 발급이 일반화되고 있다. 전자여권 속에는 일종의 스마트카드가 내장되어 있어서 소지인의 생체정보를 포함한 개인정보가 디지털화되어 담겨 있다. 사진도 디지털로 포함되어 있다. 전자여권을 판독기에 갖다 대면 이러한 정보를 신속하게 확인할 수 있다. 여권이 날로 전자화되는 이유는 여권심사를 정확하고 엄격히 하는 한편, 신속을 기하기 위해서이다.

무심결에 넘어갈 수 있는 여권의 모양과 규격에도 이와 같이 국제합의가 담겨 있다. 이러한 국제합의가 없어서 여권의 크기나 모양이 각국별로 다양하고 통일되지 않았다면 입국 심사관은 국가별로 형태가 다른 여권의 진위 확인과 업무처리에 많은 시간을 필요로 할 것이다. 각국 여권의 규격이 통일되어 있지 않다면 입국심사 업무의 전산화는 불가능하였을 것이다. 그러면 우리는 외국에 입국할 때마다 심사를 거치기 위하여 지금보다 훨씬 더 긴 줄에서 더욱 장시간 기다려야 할 것이다. 국제합의는 이렇듯 보이지 않는 곳에서도 우리 생활을 편리하게 만들어 주고 있다.

여권 표준화의 산파역할을 한 국제민간항공기구는 1944년 설립협정이 채택되어 1947년 출범한 국제기구이다. 현재 당사국은 191개국이며, 한국은 1952년 가입하였다.

25

비자 없이도 외국을 방문할 수 있게 되었다

유럽여행을 가본 사람은 누구나 여권만 갖고 있으면 별다른 절차 없이 이 나라 저 나라를 넘나들었던 경험이 있을 것이다. 사전에 입국허가(비자)를 받지도 않았는데 국경을 통과할 때 한국여권임을 확인만 하면 입국도장조차 찍지 않고 그냥 들어가란다. 누구도 외국에 입국할 권리는 없다고 하는데, 어떻게 우리는 그리도 쉽게 외국으로 입국할 수 있는가? 그 배후에는 한국 정부가 체결한 수많은 비자면제협정이 작동하고 있기 때문이다.

외국에 입국하기 위해서는 통상적으로는 사전에 입국허가(비자)를 받아야 한다. 이는 외국인을 입국시킬지 사전에 심사를 하는 제도이다. 그 사람을 입국시켜도 자국에 별달리 해가 될 일을 하지는 않을지, 약속된 일만 마치면 바로 다시 출국할지 등을 미리 판단하는 것이다. 그래서 비자는 종류에 따라 체류할 수 있는 기간과 그 나라에서 할 수 있는 일의 범위가 정해져 있다. 예를 들어 유학비자로는 학생 신분으로 체류할 수 있을 뿐, 일반적인 취업은 할 수 없음이 보통이다.

그런데 오늘날과 같은 국제교류의 시대에 외국에 단기간 입국할 때마다 매번 입국허가를 받아야 한다면 보통 번거로운 일이 아닐 것이다. 급한 용무로 외국을 갑자기 방문하여야 하는데 비자를 받느라고 며칠씩 허비하다가 낭패를 당할 수도 있다. 관광이나 며칠 하고 떠날 사람들에게는 좀 더 간이한 절차를 적용할 수 없을까? 이래서 발달한 제도가 비자면제협정이다.

비자면제협정은 서로 신뢰할 만한 국가 간에 제한된 기간 동안만 방문하려는 상대방 국민에게는 사전에 비자 받기를 요구하지 않고 그냥 입국시키기로 합의하는 제도이다. 이는 상대방 국민을 그냥 입국시켜도 불법체류와 같은 위법행위를 하지 않으리라는 신뢰가 있는 경우에만 가능한 제도이다. 입국하려는 사람 개개인에 대한 신뢰보다는 그가 소속된 국가를 신뢰하고 사전점검 없이 그 국민의 입국을 허용하는 것이다. 비자면제협정이 체결되는 경우 나라마다 다르지만 대체로 짧으면 2주 길면 6개월 정도까지의 단기 방문자에 대하여 비자를 요구하지 않는다.

한국은 현재 63개국과 비자면제협정을 체결하여 서로 상대방 국민의 무사증 입국허가를 약속하고 있다. 이와는 별도로 일반인은 아니나 외교관이나 관용여권의 소지자에 대하여 비자면제협정을 체결한 국가가 32개국이 있다. 비자면제협정을 체결하지 않았어도 양국 간 합의를 통하여 한국인의 무사증 입국이 허용되고 있는 국가(독자 지역 포함)가 추가로 54개국 (그중 2개국은 외교관·관용여권에 한하여)이 있다. 그 밖에 사전에 비자를 받지 않았어도 한국인에게는 현지의 도착 공항에서 즉석으로 입국비자를 발급하는 국가도 적지 않다. 결국 한국인은 관광이나 회의참석, 거래상담 등을 위하여 단기간 외국을 방문하려는 경우 우리가 통상 생각할 수 있는 대부분의 국가에 사전비자 없이 입국할 수 있다.[33] 이는 국제사회에서 대한민국과 그 국민에 대한 신뢰도가 그만큼 높다는 것을 의미한다. 이러한 신뢰를 제도화하여 현실에서 작동하게 해주는 것이 비자면제협정(합의)이다.

26

외국을 방문하여도 자동차를 운전할 수 있다

일상생활에서 자동차 운전이 일반화된 지 이미 오래이다. 외국을 방문하는 경우 현지에서 자동차를 빌려 운전하는 경우도 많다. 그 경우 국내에서 미리 국제운전면허증을 발급받아 현지 렌터카 업체에 제시하면 그 나라 운전면허증이 없어도 차량을 빌려 준다. 여행객도 필요하면 외국에서 자동차를 빌려 운전을 할 수 있으니 얼마나 편리한가? 이것이 어떻게 가능한가를 생각해 본 적이 있는가?

자동차 운전면허증은 각 나라별로 발급하며 국제적으로 공통의 면허증은 없다. 나라마다 도로교통법규나 사정이 조금씩 다르기 때문이다. 외국에 가서 운전을 하려면 원칙적으로 현지 면허를 취득하여야 한다. 그런데 며칠 정도의 단기 방문자가 현지 운전면허증을 취득할 수는 없다. 한편 유럽과 같이 서로 인접한 국가 간에는 자기 자동차를 갖고 잠시 외국을 방문하여 운전할 필요도 많을 것이다.

이에 유엔의 주도로 1949년 제네바에서 도로교통에 관한 협약이 채택되었다.[34] 이에 따르면 당사국들 사이에서는 1년 이내의 기간 동안 서로의 운전자격을 인정하기로 하였다. 자국의 운전면허가 있는 사람은 출국 전

---

[33] 한국인이 비자 없이 방문할 수 있는 국가의 목록은 외교통상부 홈페이지 참조. http://www.0404.go.kr/contentView.do?menuNo=4030100.

[34] Convention on Road Traffic.

에 공통된 규격의 국제운전면허증을 발급받아 이를 본국 면허증과 같이 휴대하고 협약 당사국을 방문하면 현지 면허가 없어도 운전을 할 수 있도록 합의되었다. 현재 95개국이 이 협약의 당사국이며, 한국은 1971년 이에 가입하였다. 미국과 대부분의 유럽 국가들이 당사국이다. 실제로는 많은 비당사국도 이 협약에 따른 국제운전면허증을 인정해 주고 있어서 한국의 운전면허가 있는 사람은 중국이나 북한 등 매우 소수의 국가를 제외하면 전 세계 거의 모든 국가에서 운전을 할 수 있다. 이 협약에 따른 국제운전면허증을 소지한 외국인이 한국을 방문하면 한국 면허증을 별도로 취득하지 않아도 1년 동안은 운전을 할 수 있다.

1949년 협약을 보다 강화하기 위하여 1968년 다시 도로교통에 관한 비엔나 협약이 채택되었다. 1968년 협약에 가입하면 1949년 협약을 대체하는 효과가 발생한다. 그런데 이 협약은 아직 70개국만이 당사국이라 1949년 협약보다는 인기가 덜하며, 한국도 비준하지 않았다.

관광이나 출장 등으로 외국을 방문하여 도착 공항에서 바로 차를 빌려 예약된 호텔로 운전해 간 경험이 있는 사람도 적지 않을 것이다. 그 사람은 돈을 내면 당연히 차를 빌릴 수 있다고만 생각하지, 그 배후에 도로교통에 관한 협약이 작동하고 있는 줄은 모를 것이다. 사실 일반인들이 그런 조약을 일일이 알 필요도 없다. 국민의 편의를 위하여 국제법이 작동하도록 정부가 알아서 준비하면 된다.

27

어디서나 같은 교통표지판을 만나게 된다

외국에서 운전하려면 그 나라의 도로교통법규를 알아야 한다. 운전자를 위한 중요한 안내사항은 교통표지판을 통하여 표시된다. 예를 들어 최고 속도의 한계는 붉은 원 속에 숫자로 표시된다. 그런데 만약 어느 나라에서는 그 도로에서의 최저 속도를 그런 방식으로 표시하고 있다면 그 나라를 방문한 외국인 운전자는 자국의 표시방법과 혼동하여 큰 사고를 낼 수 있다. 그런데 외국에서 운전을 하다 보면 각국의 교통표지판이 상당히 통일되어 있음을 발견하게 된다.

운전할 때 도로 중앙선은 절대 넘어서는 안 된다. 넘을 수 없는 중앙선은 노란 실선으로 그려져 있어서 누구나 알 수 있다. 그런데 우리나라뿐만 아니라 프랑스나 일본을 가도 넘을 수 없는 중앙선은 두 줄의 노란 실선으로 그려져 있다.

운전을 하다 보면 교외에서 간혹 붉은 색깔의 선으로 둘러싸인 사슴 그림의 교통표지판을 만날 수 있다. 이는 야생동물이 출몰할 수 있으니 주의하라는 표시이다. 그런데 미국을 가도 야생동물 주의 표지판의 주인공은 사슴이다. 실제로 그 지역에서 자주 출몰하는 동물은 다른 종류라도 교통표지판에는 사슴만 등장한다. 사슴 그림의 교통표지판을 보면 그 나라에 처음 간 사람도 운전 시 야생동물에 주의하라는 의미라는 것을 알아차린다.

무심결에 당연한 듯 보고 넘어가는 교통표지판에도 국제적 통일을 기하려는 오랜 노력이 깃들여 있다. 자동차의 보급이 늘어가자 국제사회는 일찍부터 각국이 교통표지판의 내용을 통일시키면 편리하겠다고 생각하였다. 교통표지판을 국제적으로 통일시키자는 시도는 일찍이 1909년 파리에서 체결된 국제 자동차 교통협약에서 시작되었다.[35] 자동차의 보급이 확대되자 이 협약의 내용을 보강할 필요가 생겨 1926년에 파리에서 다시 2개의 국제조약이 채택되었다.[36] 이들 조약은 교통표지판 문제만이 아닌 도

---

35 1909 International Convention on Motor Traffic.
36 1926 International Convention relating Road Traffic 및 International Convention

로교통 전반을 취급하였다. 1931년 제네바에서 처음으로 교통표지판 문제만을 다룬 도로표지 통일에 관한 조약이 체결되었다.[37]

유엔이 창설되자 각국은 모든 사람의 편의를 위하여 도로교통에 관한 여러 규격을 통일할 필요가 있다고 생각하였다. 유엔의 주관하에 1949년 도로교통에 관한 협약이 채택되었고, 그 부속의정서로 도로 표지 및 신호에 관한 의정서가 동시에 채택되었다. 이 협약의 당사국에게는 1926년 조약을 대체하는 효과를 가져왔다. 도로의 확대와 자동차의 대량보급은 더욱 정교한 도로교통 법규와 표지판을 필요로 하게 되었고, 유엔은 1968년 다시 이에 관한 국제회의를 소집하여 도로 표지 및 신호에 관한 협약이 새로이 채택되었다.[38] 1978년 발효한 이 협약의 당사국에게는 1949년 협약을 대체하는 효과를 가져왔다. 현재 당사국은 62개국이다.

한국은 1968년 협약에 서명만 하고 비준을 하지 않은 상태이나 국내의 교통표지판 역시 기본적으로는 이 같은 국제기준에 준하여 제작되고 있다. 야생동물 주의 표지판의 주인공이 사슴인 것도 1968년 협약에 일치시킨 결과이다. 국내에서만 살던 사람이 외국에 가서 차를 빌려 운전을 하더라도 교통표지판의 내용을 거의 대부분 쉽게 이해할 수 있는 배경에는 유엔과 국제조약의 역할이 있는 것이다.

relating Motor Traffic.

37 1931 Convention concerning the Unification of Road Signs.

38 1968 Convention on Road Signs and Signals. 한편 유럽 국가들은 1968년 협약의 내용을 보충하는 추가적인 지역협약을 채택하고 있다. 1971 European Agreement supplementing the 1968 Convention on Road Signs and Signals과 1973 Protocol on Road Markings, Additional to the European Agreement Supplementing the Convention on Road Signs and Signals of 1968이 그것이다.

28

젊은 시절 일하며 외국여행을 할 수 있다

해외여행은 누구나 꿈꾸는 즐거움이지만 사실 만만치 않은 돈이 든다. 특히 외국문화에 대한 호기심이 많은 젊은 시절에는 해외여행에 대한 의욕은 많으나, 아직 이에 필요한 경비를 마련하기가 쉽지 않다. 그렇다면 젊은이들에게 외국에 체류하는 동안 약간씩 일을 하도록 허용하여 그 기간 동안 관광과 문화체험을 할 수 있도록 도와주면 좋지 않을까? 이는 궁극적으로 양국 간 상호 이해와 우호를 증진시키는 길이 되지 않을까? 이를 가능하게 하는 제도가 바로 워킹 홀리데이Working Holidays이다.

워킹 홀리데이는 대개 18세 이상 30세 이하의 청년들이 조약 체결국에 일정기간(통상 1년 이내) 체류하면서 제한된 형태의 취업을 하여 여행경비 정도의 돈을 벌면서 현지 생활을 통한 문화체험을 하게 해주는 제도이다. 통상적인 방문 외국인은 취업을 할 수 없는 데 비하여 워킹 홀리데이는 청년 교류를 위한 일종의 특별조치이다. 이 제도를 통하여 많은 젊은이가 좀 더 쉽게 상대국에 체류하며 상대를 보다 깊이 이해할 수 있게 될 것이다. 무한정 많은 외국인 청년이 와도 곤란하므로 워킹 홀리데이 협정을 체결하는 경우 서로 1년에 받아들일 숫자의 상한을 정한다. 워킹 홀리데이를 통하여 입국한 청년들이 위법행위를 하지 않아야 하므로, 이 제도 역시 상호신뢰를 할 수 있는 국가 사이에서만 가능하다.

현재 한국은 오스트레일리아, 캐나다, 뉴질랜드, 일본, 프랑스, 독일, 아일랜드, 스웨덴, 덴마크, 타이완, 홍콩, 체코, 이탈리아 등 13개국과 워킹 홀리데이 협정을 체결하고 있다. 이 제도를 통하여 매년 5만 명 정도의 한국 청년이 외국으로 나가고 있다. 2008년 40,146명, 2009년 52,956명, 2010년 49,137명, 2011년 44,196명의 젊은이가 이 제도의 혜택을 받아 출국하였다. 2011년의 행선지로는 오스트레일리아가 30,527명으로 가장 많았고, 그다음 일본 6,319명, 캐나다 3,913명, 뉴질랜드 1,881명, 독일 893명, 아일랜드 359명, 프랑스 152명 등의 순이었다. 한국으로 온 외국의 젊은이의 숫자는 그보다 크게 적었다. 2008년 472명, 2009년 443명, 2010년 700명, 2011년 2,403명이었다. 2011년의 출신국별로 보면 일본 1,644명, 프랑스 247명, 독일 87명, 오스트레일리아 32명, 스웨덴 26명, 캐나다 20명 등의 순이었다.

외국에서 일을 하는 것 자체가 쉽지는 않을 것이다. 그러나 외국에서 간단한 취업을 하여 생활하며, 현지 언어와 문화를 배우는 제도는 미래 세대를 위한 훌륭한 투자수단이 될 것이다.[39] 워킹 홀리데이 제도는 사전에 국가들 간 조약의 체결을 통하여 실시된다. 국가 간의 문화교류 활성화는 국제법이 달성하고자 하는 중요한 목표의 하나이다.

29

외국에서 체포되면 영사의 도움을 받을 수 있다

외국에서 현지 경찰에 체포되면 얼마나 막막할까? 말도 잘 통하지 않는 국가에서 억울하게 체포되더라도 자신을 변호하기가 어려울 것이다. 혼자 하는 여행이라면 당장 누구에게 도움을 요청할지 앞이 캄캄할 것이다.

이에 대비할 수 있는 조약이 영사관계에 관한 비엔나협약이다.[40] 이 협약 제36조 제1항에 따르면, 외국에서 체포된 사람은 자국의 영사기관에 이 사실을 알려 달라고 요구할 수 있으며, 그러면 현지 관헌은 이를 지체

---

39 워킹 홀리데이에 관한 외교통상부 홈페이지는 http://www.whic.kr/main/.
40 1963 Vienna Convention on Consular Relations.

없이 통보하여야 한다. 또한 체포된 자가 자국 영사기관에 전달하고 싶은 사항이 있는 경우에도 현지 관헌은 이를 지체 없이 전달하여야 한다. 그런데 대부분의 사람은 외국에서 체포된 경우 이렇게 자국 영사와의 접촉을 요구할 권리가 있다는 사실조차 잘 모를 것이다. 그래서 현지 관헌은 체포된 외국인에게 이러한 권리를 행사할 수 있다는 점을 알려 주어야 한다. 이후 영사관원은 체포된 자국민을 방문, 면담, 교신하고, 변호인을 주선할 권리를 가진다.

현재 영사관계에 관한 비엔나협약의 당사국은 173개국이며, 한국도 당사국임은 물론이다. 따라서 세계 거의 모든 나라에서 한국인이 체포된 경우, 그는 한국 영사와의 연락을 국제법상의 권리로서 요구할 수 있다. 국내에서 경찰이나 검찰이 외국인을 체포한 경우에도 그에게 이러한 권리를 알려 주어야 할 의무가 있음은 물론이다. 해외여행 중에는 형사사고에 휘말리지 않는 게 제일 좋겠지만 혹시라도 어쩔 수 없는 일이 발생하였을 때, 비엔나협약에 따라 한국 영사의 도움을 받으며 좀 더 편안한 마음으로 자신의 어려움을 타개할 수 있을 것이다.

30

망망대해에서 사고가 나도 구조될 것이라고 믿는다

이제는 배를 타고 해외여행을 하는 비율은 많이 줄었지만, 아직도 세계 화물 물동량의 9할 이상은 배로 수송된다. 한편 호화 유람선을 타고 관광지를 방문하는 여행은 많은 사람의 꿈이기도 하다. 돈과 용기가 있는 사람은 작은 요트를 타고 각국을 유람하기도 한다. 그런데 망망대해에서 사고가 나서 배를 버려야 한다면 어떻게 하나? 구명정이나 구명조끼에 의지하며 인근 선박의 구조를 기다릴 수밖에 없다. 구조신호를 받은 선박이 당신을 구하러 올 것이라고 어떻게 믿을 수 있는가? 귀찮아서, 일정이 바빠서, 또는 심야에 자느라고 신호를 받지 못하여 그냥 지나쳐 버릴 수도 있지 않을까? 국제법은 이러한 해상사고에 대한 여러 가지 대비책을 마련해 놓고 있다.

1912년 4월 10일 영국의 사우스 햄프톤South Hampton에서 미국의 뉴욕으로 처녀항해에 나섰던 호화 여객선 타이타닉호가 4월 15일 빙하에 충돌하여 1,514명의 목숨을 일순 빼앗아 간 사고는 너무나 유명하다. 이 사건은 평화 시 발생한 단일 해상사고로는 아직도 가장 많은 사망자가 발생한 사고로 기록되고 있다. 2,224명의 탑승객 중 구명정에 탈 수 있었던 710명을 제외한 68%가 사망하였다. 타이타닉호는 당시 법규에 합당한 규모의 구명정을 보유하고 있었으나, 구명정의 총 정원은 1,178명에 불과하였다. 좌석이 절대 부족하자 '여자와 어린이 우선원칙'에 따라 빈자리가 있어도 남자는 제대로 태우지 않아 더 많은 인명피해가 발생하였다. 승객 중 남자 비율이 월등히 높아서 남자는 가급적 배제하였기 때문이었다.

생존자 710명은 인근을 항해 중이던 캘리포니아호에 의하여 구조되었다. 당초 캘리포니아호는 거대한 빙산을 발견하고 타이타닉호에도 무선으로 위험을 경고하였으나, 타이타닉호로부터 걱정 말라는 답신만 받았다. 타이타닉호는 사고를 당하여 침몰하는 과정에서 무선신호, 조명탄 발사, 전등 등으로 구조신호를 발하였으나, 부근의 어떠한 배로부터도 반응이 없었다. 사고 당시 캘리포니아호는 약 31km 떨어진 지점에서 조명탄 발사를 목격하였으나, 처음에는 이것이 무엇을 의미하는지를 정확히 알아차리지 못하였다. 심야라서 이 배의 무선담당자는 마침 자고 있었다. 사고가 난 것을 알고 구조를 위하여 도착한 시간은 배가 침몰하고도 근 2시간이나 경과한 다음이었다. 구명정에 타지 못하고 바다에 뛰어들었던 사람들은 영하 2도의 수온 속에서 거의 대부분 즉시 사망하였다. 사고 후 미국에서는 캘리포니아호의 구조활동이 적절하였는지에 대한 조사가 실시되기도 하였다.

이 사건을 계기로 2년 후인 1914년 해상안전에 관한 최초의 일반적 다자조약이 채택되었다. 우선 구명정의 수와 여러 해상안전을 위한 기준을 마련하였다. 선박건조기술과 항해술의 발달에 따라 이 조약은 여러 차례 보강되었다. 여러 차례의 개정으로 적용관계가 복잡해지자 국제해사기구의 주도하에 1974년 새로이 포괄적인 조약이 채택되었다. 해상에서의 인명안전에 관한 협약이 그것이었다.[41] 이 협약은 이후에도 여러 차례 보강되었으며, 현재 항해안전에 관한 기본조약의 역할을 하고 있다. 이 협약은 항해안전을 위한 여러 가지 필수규격을 정하고 있는 한편, 국제해사기구 주관으로 전 세계 바다를 세분하여 어느 지역에서 해사사고가 나면 어느 국가가 이를 1차적으로 구조할 책임이 있는가를 지정하였다. 사고 인근을 지나는 배의 선장에게는 이를 구조할 법적 의무가 부과된다. 300톤 이상의 모든 선박은 구조신호를 송수신하기 위한 장비를 갖추어야 하며, 반드시 당직 무선담당자가 지정되어야 한다. 현재 162개국이 이 협약의 당사국이며, 이를 선박의 규모로 계산한다면 99.2%의 선박이 이 협약의 적용을 받는 셈이다. 한국은 1981년 이에 가입하였다. 해상항해에 관한 문제를 총괄하는 국제기구인 국제해사기구는 1958년 설립되었으며, 유엔 전문기구이다.[42] 한국은 1962년 이에 가입하였다.

바다에서 사고가 나면 이제 망망대해에서 단순히 착한 사마리아인이 지나가기만을 기다리지 않아도 된다. 국제법이 조난자의 안전을 훨씬 확실하게 보호하고 있기 때문이다. 인근의 모든 선박은 조난자를 구조할 법적 의무가 있으며, 사고 해역을 담당하기로 지정된 국가는 구조선을 파견할 국제법상의 의무를 진다.

---

41 1974 International Convention for the Safety of Life at Sea. 보통 SOLAS 협약이라고 약칭한다. 1980년 발효.

42 당초 이 기구의 설립협약은 1948년 제네바에서 Convention of the Inter-Governmental Maritime Consultative Organization으로 채택되었으나, 기구의 명칭은 1982년 International Maritime Organization(IOM)으로 변경되었다.

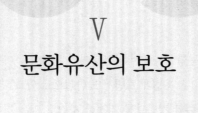

V
문화유산의 보호

31

남사당놀이나 줄타기를 계속 즐길 수 있다

민속촌이나 전통문화행사에서 남사당이나 줄타기 놀이를 한번쯤 본 사람이 적지 않을 것이다. 흥겹게 보면서도 한편으로 앞으로는 누가 저런 전통놀이를 배우고 보존할 것인가를 걱정한 사람도 있을 것이다. 이미 우리 주변에는 전수자가 사라져 버린 무형의 문화유산이 적지 않다. 이러한 전통유산의 소멸은 비단 우리나라에서만 벌어지는 일은 아니다. 현대사회의 도시화, 물질화, 세계화에 따른 문화적 다양성의 소멸로 인하여 수백 년, 수천 년을 이어져 오던 무형의 인류 문화유산이 급속히 사라지고 있다.

불국사나 석굴암과 같은 유형의 문화유산은 노력만 하면 인위적인 보호가 크게 어렵지 않고, 일부라도 훼손되면 곧 눈에 뜨인다. 그러나 무형 문화유산은 살아 있는 사람을 통해서만 전수가 가능하며, 전수에 오랜 시간과 피나는 노력을 필요로 한다. 기능을 보유한 사람이 사라지면 그 문화유산도 일순 소멸해 버린다는 점에서 유형의 문화유산과는 매우 다른 특징을 지니고 있다.

유네스코UNESCO는 일찍부터 이러한 무형의 인류 문화유산을 보호하는 데 관심을 기울였다. 1960년대 초부터 무형문화재 지정 사업을 시행하고 있던 한국은 유네스코의 이러한 운동을 적극 지지하였다. 유네스코는 1989년 전통문화 및 민속의 보호에 관한 유네스코 권고를 채택하여 회원국 스스로 자국의 무형문화유산 보호에 노력할 것을 촉구하였다. 1994년부터는 한국의 제안을 바탕으로 유네스코도 인간문화재 보존사업을 시작하였다. 1997년에는 인류의 구전 및 무형 유산 걸작 선정 작업을 진행하기로 결의하였다. 이에 따라 2001년, 2003년, 2005년 모두 3차례에 걸쳐 유네스코에 의하여 70개국 90건의 무형문화유산이 인류의 걸작으로 지정되었다. 한국의 종묘제례 및 제례악, 판소리, 강릉단오제도 이에 포함되었다.

유네스코는 보다 실효적인 무형문화유산의 보호를 위하여 이를 위한 국제조약의 체결을 추진하였다. 마침내 2003년 무형문화유산의 보호를 위한 협약이 채택되었다.[43] 한국은 이 협약을 2005년 비준하였으며, 협약은 2006년부터 발효하였다. 이에 따라 2011년 말까지 세계 84개국 232건의 무형문화유산이 등재되었다. 한국은 앞서 인류의 걸작으로 지정된 것 외에 남사당, 줄타기, 택견, 한산 모시짜기 등 현재 모두 14건을 무형문화유산으로 등재시키고 있다.[44]

무형문화유산의 보호를 위한 협약은 어떠한 역할을 하는가? 무형문화유산으로 등재되기 위해서는 우선 당사국이 이를 무형문화유산 목록으로 관리하고 있어야 하며, 국내적으로 이에 대한 적절한 보호제도를 갖추어야 한다. 즉 당사국은 자국의 무형문화유산을 국내법으로 보호하고 관리하여야 할 국제법적 책임을 진다. 따라서 당사국은 단순히 국내 형편이 여의치 않다고 하여 이의 보존과 전승을 게을리해서는 안 된다. 무형유산위원회는 당사국이 무형문화유산을 적절하게 보호하고 관리하고 있는지에 대한 보고서의 제출을 요구하거나, 필요하면 현지 조사를 실시할 수도 있다. 보호에 경제적으로 어려움을 겪는 국가는 무형문화유산기금에서 금전지원을 받거나 보호기술을 지원받을 수도 있다.

이제 한국은 남사당, 줄타기, 택견, 판소리와 같은 우리의 무형문화유산을 단지 우리 것이라 보호하여야 하는 것에 그치지 않고, 협약을 통하여 이를 보호하고 전승할 국제법적 의무를 지니게 되었다. 또한 우리는 역

---

43 2003 Convention for the Safeguarding of the Intangible Cultural Heritage.
44 인류 무형문화유산 대표 목록에 등재된 한국의 유산은 종묘 및 종묘제례악(2001년), 판소리(2003년), 강릉단오제(2005년), 강강술래(2009년), 남사당(2009년), 영산재(2009년), 제주 칠머리당영등굿(2009년), 처용무(2009년), 가곡(2010년), 대목장(2010년), 매사냥(2010년, 다국적 유산), 줄타기(2011년), 택견(2011년), 한산 모시짜기(2011년)이다.

시 유네스코 무형문화유산으로 등재되어 있는 일본의 가부키, 베트남의 궁정음악, 나이지리아의 이젤 가면축제, 스페인의 인간 탑 쌓기를 앞으로도 계속 즐길 수 있게 되었다.

32
인류의 문화유산을 보다 잘 감상할 수 있다

캄보디아의 유적지 앙코르톰에는 과거 번창하던 시절 세워진 엄청난 석조 건축물들이 남아 있는데, 19세기 중엽 재발견되기 전까지 수백 년 동안은 잊힌 도시였다. 인적이 끊겼던 기간 동안 열대의 수림은 건축물과 일체가 될 정도로 뒤엉켜 자랐다. 당장은 나무와 건물이 조화되어 기묘하고 아름다운 모습을 연출하고 있지만, 그대로 방치되어 상당한 세월이 더 흐를 경우 인류 역사의 위대한 유산은 자연의 힘 앞에 무너질 것이다.

인류의 수많은 문화유산이 현대사회의 인구증가, 도시화, 산업화, 공해의 심화 등으로 인하여 과거 어느 때보다 위협을 받고 있다. 물론 각 문화유산은 이것이 소재한 국가가 보호에 노력하고 있다. 그러나 한편 과거에도 소중한 문화유산이 후대의 관리 소홀이나 무관심으로 훼손된 사례가 적지 않았다. 이에 인류의 보편적 가치를 지닌 문화유산의 발굴·보호·보존을 개별국가에만 맡기지 말고 중요한 유산은 국제적으로 관리·보호하자는 운동이 일어났다. 그 결과 유네스코의 주도로 세계 문화유산 및 자연유산 보호에 관한 협약이 1972년 채택되었다.[45] 이 협약에는 현재 189개국이 가입하고 있다.

---

45 1972 Convention concerning the Protection of the World Cultural and Natural Heritage.

이 협약에 따라 현재까지 전 세계 157개국 962점의 세계유산이 유네스코 산하 세계유산위원회에 등록되었다. 이 가운데 문화유산이 745점, 자연유산이 188점, 복합유산이 29점이다. 그중 특히 21점의 문화유산과 18점의 자연유산은 위험에 처한 세계유산으로 지정되어 있다. 한국은 1988년 이 협약에 가입하였으며, 현재 종묘와 경주 유적 등 모두 10점이 세계유산으로 등재되어 있다.

세계유산제도를 통하여 얻을 수 있는 효과는 무엇인가? 세계유산으로 등록되기 위하여 해당국은 이를 관리하는 국내기관을 지정하여 보호하고, 유산의 보호와 보존을 위한 법적·기술적·행정적·재정적 조치를 취하여야 한다. 세계유산제도의 도입을 통하여 각국 유산의 법적 보호가 한층 강화되는 것이다.

한편 세계유산으로 등재되면 당사국은 세계유산위원회에 유산의 보존 상태와 보호 현황을 정기적으로 보고하여야 한다. 이를 바탕으로 세계유산위원회는 유적지들의 상태를 평가하고 문제가 있을 경우 어떤 조치를 취할 것인지 결정한다. 경제적 어려움을 겪는 개발도상국에 대하여는 보호에 필요한 자금과 기술도 지원된다. 이러한 지원을 담당하기 위하여 세계유산기금이 설치되어 있다. 이 같은 국제적 보고를 계기로도 각국 정부는 자국 내 세계유산의 보호와 보존에 한층 주의를 기울이게 된다.

다음으로 지정된 유산의 국제적 지명도가 높아지고, 이로 인한 관광객과 수입 증가의 효과가 있을 것이다. 부수적으로 유산보호에 관한 지역 내 시민의식도 높아져 보호가 한층 용이해질 것이다. 또한 국가적 자긍심도 높아질 것이다. 이에 각국이 자국의 유산을 등록하려고 많은 노력을 하고 있다.

어느 국가도 자국의 문화유산을 고의로 방치하거나 훼손하지는 않을 것이다. 그렇지만 국제법을 통한 보호제도의 도입을 통하여 인류의 유산들은 국제사회에 의하여 한층 잘 보존되게 되었다.

한편 세계유산제도는 서적과 같은 기록유산은 대상으로 하지 않는다. 유네스코는 1995년부터 인류의 문화를 계승하는 중요한 기록유산을 효과적으로 보호하기 위하여 세계기록유산Memory of the World 사업을 시작하였다. 2011년까지 세계기록유산으로 238건이 유네스코에 등재되었다. 그 중 한국은 『조선왕조실록』 등 9건을 등재하고 있다. 세계기록유산제도는 별도의 국제조약을 통하여 보호되는 것이 아니라 유네스코가 자체 사업으로 추진하는 것이다.

33

문화재의 불법 반출이 금지되었다

과거 제국주의 시절에는 강대국에 의하여 세계 곳곳의 수많은 문화재가 약탈되거나 도굴되어 반출되었다. 오늘날 런던, 파리, 뉴욕의 세계적인 박물관에는 자기 나라의 문화재보다는 세계 각지에서 모아온 유물들이 훨씬 더 큰 비중을 차지하고 있다. 문화재의 원산지국은 그중 불법 유출된 문화재만이라도 돌려 달라는 운동을 전개하고 있으나, 현 보유국은 꿈쩍도 않는 것이 보통이다.

이제는 강대국이 과거와 같이 무력을 앞세워 외국의 문화재를 도굴하거나 약탈하기는 어렵다. 그러나 유감스럽게도 돈을 노린 밀매단이 도굴하거나 훔친 고가의 문화재를 외국의 수집가에게 팔아넘기는 행위는 오늘도 계속되고 있다. 이렇게 귀중한 문화재가 다른 나라로 넘어 가면 입수경위야 어쨌든 소재지국으로서는 갖은 핑계를 대며 돌려주지 않으려 한다.

과거에 반출된 문화재는 어쩔 수 없다 하여도 이제부터라도 문화재의 국가 간 불법적인 반출입을 금지하면 현재의 문화재만이라도 현지에서 보존할 수 있지 않을까? 이러한 목적에서 유네스코 주도로 마련된 조약이 1970년 문화재의 불법적인 반출입 및 소유권 양도의 금지와 예방수단에 관한 협약이다.[46]

이 협약은 각국의 지정문화재의 경우 국가 간의 허가 없는 불법적인 반출입과 소유권 이전을 금지하고 있다. 특히 당사국의 박물관은 불법으로 반입된 문화재를 취득하지 못하도록 하였다. 문화재를 불법으로 거래한 자를 처벌할 것과 불법으로 반출된 문화재의 회수에 협조할 것을 요구하고 있다. 특히 외국군대가 점령하고 있는 동안 강제적인 문화재의 반출과 소유권 양도가 있었다면 이는 법적으로 무효로 한다. 다만 이 협약은 소급효는 없어서 발효 이후에 발생한 불법적인 문화재 거래에 대하여만 적용된다.

이 협약의 당사국은 현재 미국, 영국, 프랑스, 러시아 등을 포함하여 모두 122개국이며, 한국도 1983년 비준하였다. 협약이 발효된 이후, 불법 반출이 확인된 일부 문화재의 국가 간 반환이 성사되기도 하였다. 예를 들어, 2003년 이라크전쟁의 와중에 도난당한 이라크 박물관의 문화재를 시리아의 불법거래상이 갖고 있다는 사실이 밝혀지자 그들을 체포한 시리아가 2008년 4월 약 700점의 문화재를 이라크로 반환하였다.[47] 불법 반출된 약 3천년 묵은 이집트 목관이 미국 마이애미공항 세관에서 발견되었는데, 2010년 3월 미국이 이를 이집트로 반환하였다. 미국의 폴 게티 미술관은 1996년 구입한 고대 이탈리아 유물이 원래 불법으로 반출된 것임이 확인되자 이를 다른 불법 반출 유물 2점과 함께 이탈리아로 반환하였다.[48]

이 협약의 적용 이전에 취득된 문화재라도 원래 불법으로 반출되었다

---

46 1970 Convention on the Means of Prohibiting and Preventing the Illicit Import, Export and Transfer of Ownership of Cultural Property.
47 「동아일보」 2008. 4. 29. 20면.
48 「경향신문」 1999. 2. 6. 6면.

는 사실이 확인되는 경우 협약의 취지를 살려 원소유국으로 반납된 예도 종종 있다. 이탈리아는 과거 20세기 초 리비아를 점령하고 있을 때 반출하였던 키레네의 비너스상을 1988년 리비아에 반납하였고, 과거 에티오피아 침공 시 반출하였던 에티오피아의 오벨리스크를 2005년 반납하였다. 뉴욕 메트로폴리탄 박물관은 이집트 왕 투탕카멘의 유물 19점이 1920년에서 1940년대의 입수 당시 불법으로 반출된 것임을 확인하고 근래 이집트에 반납하기도 하였다. 한편 영국은 국제골동품 밀매단이 1997년 이집트에서 불법 반출한 기원전 약 1300년경의 이집트 람세스 2세 왕비 네페르타리 조각상과 파피루스 6점 등 모두 7점의 유물을 2001년 이집트로 반환하였다.[49]

이 협약의 취지는 앞으로 더 이상의 문화재 불법 유출이라도 막자는 것이다. 불법 유출 문화재 문제에 대한 최선은 아니라도 차선의 대책은 될 것이다. 이제 우리의 지정 문화재를 혹시라도 절도범이 훔쳐 외국에 팔아넘겼다 하더라도 이를 반환받을 수 있는 국제법적 체제가 구축되어 있다. 우리와 후손들은 문화재를 좀 더 안전하게 감상할 수 있게 된 것이다.

---

49 「서울신문」 2001. 7. 31. 7면. 영국은 2002년에 협약을 비준하여 1997년 불법 반입된 문화재에는 협약이 적용되지 않는다.

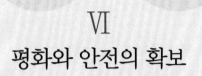

VI
평화와 안전의 확보

34

전쟁의 위협이 크게 줄었다

인류는 왜 전쟁을 하는가? 고래로 좀 더 많은 식량, 땅, 무기, 사람을 차지하기 위하여 전쟁을 해 왔다. 또는 다른 국가에 교훈을 주기 위하여, 상대의 잘못에 대한 보복을 하기 위하여, 내부의 모순을 외부로 해소시키기 위해서도 전쟁을 해 왔다. 전쟁은 어느 날 갑자기 터지기보다는 상당 기간 국가 간의 이견이 먼저 표출되고, 그 점이 해결되지 않아 무력행사로 발전되는 경우가 많다. 사실 국가 간의 분쟁은 반드시 양측의 주장이 충돌하는 경우에만 야기되는 것은 아니고 사실에 대한 착오에서 비롯되기도 한다. 전쟁은 패자에게는 물론 승자에게도 언제나 커다란 희생과 대가를 요구하는 법이다.

국가 간의 분쟁을 좀 더 공평하고 객관적으로 해결할 수 있으면 전쟁을 상당히 줄일 수 있지 않을까? 이에 국제법은 그동안 국제분쟁을 평화적으로 해결하기 위한 갖가지 방안을 발전시켜 왔다. 특히 유엔 헌장은 모든 회원국에 대하여 국제관계에서 어떠한 방식의 무력행사나 위협도 삼갈 것을 요구하며, 모든 국제분쟁은 평화적 수단에 의하여 해결하라고 요구하고 있다(제2조). 오직 타국의 침략에 대한 자위권을 행사하는 경우에만 국가가 독자적으로 무력을 사용할 수 있다.

물론 이러한 유엔 헌장의 법조항만으로 현실 세계에서의 모든 무력행사를 없애지는 못하였다. 그러나 오늘날 국가 간의 분쟁이 심각한 상황으로 치닫게 되면 유엔 안전보장이사회나 총회 등에서의 토의와 압력을 통하여 상당 부분 해결방법을 모색할 수 있게 되었다. 법률적 분쟁은 국제사법재판소와 같은 사법기관의 판단을 받을 수도 있다. 기타 중재, 국제심사나 중재재판과 같은 분쟁해결 방안도 발달되어 있다.

특히 오늘날 국제법은 무력행사를 통한 영토 취득을 더 이상 인정하지 않고 있다. 이스라엘이 1967년 전쟁을 통하여 인접국들 영토의 상당 부분을 점령하고 그곳에 유태인 정착촌을 건설하고 있지만, 그곳은 아직도 국제사회에서 이스라엘의 영토로 인정받지 못한다. 오직 점령지로 불리고 있을 뿐이다. 각종 지도에도 이스라엘 영토로 표기되지 않는다. 제2차 세계대전이 끝나고 유엔이 탄생한 이후 원래의 주권국가가 타국의 무력침략으로 독립을 상실하고 강제합병 된 사례가 단 한 건도 없었다. 이제는 침략범죄, 전쟁범죄, 인도에 반하는 범죄, 제노사이드 등을 범한 경우 그 책임자를 처벌하는 국제형사재판소도 설립되어 활동 중이다.

과거 제국주의 시절에는 "만국공법이 대포 한 문보다 못하다"라는 말이 설득력을 갖기도 하였다. 당시는 국제법이 국가의 무력사용을 통제하지 못하던 시절이었다. 20세기 중반을 거치면서 무력사용에 관한 국제사회의 부정적 인식이 높아지고, 이를 규제하는 국제법이 획기적으로 발달하였다. 아직도 지구 상에서 무력이 행사되었다는 뉴스가 종종 보도되기는 하지만, 100년 전에 비하면 국가 간 무력사용의 위협이 크게 줄었고 국제사회는 훨씬 더 안전해졌다. 국제법이 지구 상의 전쟁을 아직 완벽하게 없애지는 못하였지만, 과거보다 전쟁의 위협을 크게 줄여 주었다는 사실을 부인할 사람은 별로 없을 것이다. 그 혜택은 인류 모두에게 돌아가고 있다.

35
핵무기의 위협으로부터 좀 더 보호되고 있다

핵무기는 가공할 파괴력, 무차별적 살상력, 장기간의 후유증 등으로 인하여 인류의 안전을 심각하게 위협한다는 사실은 어제 오늘의 일이 아니다. 반드시 고의적인 공격이 아닌 판단착오나 우발적인 사용으로도 인류를 멸망시킬 수 있기 때문에 더욱 걱정스럽다. 제2차 세계대전 시절부터 시작된 핵무기 개발경쟁이 더욱 가속화되자 국제사회는 이에 어떻게 대처할 것인가에 고심하였다. 바람직스럽기는 모든 핵보유국이 핵무기를 폐기하고 더 이상 핵무기를 개발하지 않는 것이다. 냉전시대에 그 같은 해결책은 현실성이 없다고 판단되었다. 이에 차선책으로 모색한 방안이 기존 핵보유국의 핵무기 보유는 인정하고 다른 국가는 더 이상 핵무기를 개발하지 말자고 약속하는 방안이었다.

마침내 1968년 핵무기 비확산에 관한 조약이 채택되었다.[50] 흔히 NPT라고 부르는 이 조약은 당시까지 핵무기 개발에 성공한 미국, 소련, 영국, 프랑스, 중국 5개국의 핵무기 보유는 기정사실로 인정하고, 다른 국가는 더 이상 핵무기를 제조하지도 타국으로부터 인수하지도 않기로 약속함으로써 핵무기의 확산을 막자는 내용이다. 비핵국가로서는 일종의 불평등 조약이나, 핵무기 확산 경쟁을 무방비 상태로 놔두는 것보다는 그래도 낫지 않겠냐는 판단이었다. 최악을 막기 위하여 차선을 선택한 것이다. NPT의 당사국이 되면 국제원자력기구IAEA로부터 핵활동에 관한 감시를 받게 된다. 한국은 1975년 이를 비준하였다. 북한은 1985년 당사국이 되었다가 국제원자력기구로부터 핵무기 제조활동을 적발당하자 1994년 이를 탈퇴하였다. NPT에는 현재 북한, 인도, 파키스탄, 이스라엘을 제외한 전 세계 거의 모든 국가가 당사국으로 가입하고 있다.

NPT는 핵확산 방지를 위한 불완전한 결실에 불과하다. 이에 1996년 유엔 총회에서는 향후 모든 종류의 핵무기 실험과 핵폭발을 금지하는 내용의 포괄적 핵실험 금지협약CTBT이 채택되었다.[51] 이는 핵확산의 가능성

---

50 1968 Treaty on the Non-Proliferation of Nuclear Weapons.
51 1996 Comprehensive Nuclear-Test-Ban Treaty.

을 좀 더 근본적으로 방지하고자 하는 노력의 표현이다. 다만 CTBT는 원자로 시설 보유국 등 핵활동의 잠재력을 갖고 있는 총 44개 지정국의 비준이 있어야 발효될 수 있다. 현재 157개국이 당사국이나, 미국, 중국, 이집트, 이란, 이스라엘, 인도, 파키스탄, 북한 등 8개 지정국이 이를 비준하지 않아 발효되지 못하고 있다.

한편 국제사법재판소는 핵무기의 사용이나 위협이 국제법상 허용되는가에 관하여 판단할 기회가 있었다. 재판소는 핵무기의 위협이나 사용이 무력분쟁에 적용되는 국제법 원칙, 특히 국제인도법상의 원칙에 일반적으로 배치되기는 하나, 한 국가의 생존이 걸린 극단적 상황에서도 핵무기의 위협이나 사용이 위법인가에 대하여는 결론을 내릴 수 없다고 판단하였다.[52]

아직까지 국제법이 핵무기의 개발을 완벽하게 금지하고 있지는 못하다. 과거 5대 핵보유국 이외에도 그 후 이스라엘, 인도, 파키스탄, 북한이 핵무기를 개발한 것으로 알려졌으며, 이란 등 몇몇 국가는 잠재적 개발 예정국으로 의심되고 있다. 그래도 방사능 낙진피해가 우려되는 대기권 핵실험은 더 이상 시도되고 있지 않다. 북한, 이란 등 극히 제한된 국가를 예외로 한다면 전 세계 대부분의 국가가 새로이 핵무기의 개발을 시도하고 있지 않다. 또한 이러한 약속을 지키기 위하여 국제원자력기구의 사찰을 받고 있다. 현재 국제법이 핵무기로부터 인류의 안전을 완전히 보호하고 있지는 못하여도, 그 위협을 상당 부분 완화시키는 역할을 하고 있는 것은 사실이다.

---

52 Legality of the Treat or Use of Nuclear Weapons. Advisory Opinion, 1996 ICJ Reports 226.

36

화학무기의 사용이 금지되었다

제1차 세계대전을 배경으로 한 소설에서는 화학무기에 대한 공포가 자주 묘사된다. 독일군은 당시 염소가스를 주원료로 제조한 화학무기를 대량으로 사용하였다. 화학무기는 그 성능과 살상력에 비하여 비교적 쉽게 개발과 생산이 가능하므로, 전투에서의 승리만을 목적으로 하는 경우 사용의 유혹을 떨쳐 버리기 어려울 것이다. 화학무기는 전투원과 비전투원을 구별하지 않고 그 지역에 소재하는 모든 사람에게 치명적인 고통을 안겨 주며 그 효과가 매우 잔인하다.

인류가 전쟁을 거듭해 온 것은 사실이지만, 전쟁에 있어서 인도주의의 도입에 노력한 것 또한 사실이다. 제1차 세계대전의 경험을 바탕으로 화학무기에 대하여는 국제적 비난여론이 높아졌다. 이에 전쟁의 양상이 더욱 참혹하였던 제2차 세계대전에서는 화학무기가 사용되지 않았다.

베트남전에서 미군은 고엽제 등 화학물질을 대량으로 사용하였다. 이는 사람의 살상을 목표로 투여된 것은 아니었으나, 전쟁수행을 위하여 화학물질이 사용된 것은 사실이었다. 나중에 밝혀진 바로 고엽제에 노출된 사람들에게는 여러 가지 건강상의 부작용이 나타났다. 1968년 유엔 군축위원회는 화학무기 문제를 의제로 채택하였으며, 1969년 유엔 총회 역시 '화학 및 생물 무기 문제'를 의제로 채택하였다.

국제사회는 화학무기에 앞서 군사적 효용성이 상대적으로 낮고 검증이 용이한 생물무기에 대한 규제에 먼저 합의하여, 1972년 생물무기금지협약이 채택되었다. 이어 미국과 소련을 중심으로 화학무기 금지 협상이 지속되었다. 1980년대 이란·이라크전쟁의 와중에 부분적으로 화학무기가 사용되자 화학무기에 관한 국제적 비난여론이 급등하였다. 미·소 간의 협상도 급진전되었으며, 1991년 미국의 조지 부시 대통령은 어떠한 경우에도 미국은 화학무기를 사용하지 않겠다고 공언하였다. 마침내 1992년 유엔 총회에서는 화학무기금지협정이 채택되었다.[53]

이 협정은 모든 화학무기의 개발·생산·획득·비축·보유·인도·사용 등을 전면 금지하고 있다. 비당사국에 대하여도 규제물질의 수출이 금지된다. 당사국은 화학무기와 관련될 수 있는 자국 영역 내 모든 사항을 신고하여야 하며, 필요하다면 화학무기금지기구가 강제사찰을 실시할 수도 있다.

현재 유엔 안전보장이사회 5개 상임이사국을 포함한 188개국이 화학무기금지협정의 당사국이며, 한국은 1997년 가입하였다. 그러나 북한과 이스라엘은 아직 당사국이 아니다. 그래도 이제 화학무기는 잔혹하고 비인도적 무기로 국제사회에서 사용이 일반적으로 금지되었다고 평가된다. 북한이 비록 화학무기금지협정의 당사국이 아니라도 무력행사 시 화학무기를 사용하면 그 결과에 따라 책임자는 전쟁범죄자로 국제형사재판소의 재판에 회부될 가능성이 농후하다.

37

심각한 국제범죄를 저지르면 국제형사재판에 회부된다

국제재판은 19세기부터 본격적으로 발달하기 시작하였지만, 어디까지나 민사적 성격의 재판만이 실시되었다. 국제법을 위반한 자에 대한 형사처벌은 개별국가의 재량에 맡겨져 있었다. 제2차 세계대전은 국제형사재

---

53 1992 Convention on the Prohibition of the Development, Production, Stockpiling and Use of Chemical Weapons and on their Destruction.

판에 있어서 새로운 전기를 마련하였다. 전쟁이 끝난 후 독일과 일본에는 각각 국제재판소가 설치되어 전쟁에 책임이 있는 양국 수뇌부를 재판하였다. 연합국의 독일 뉘른베르크 전범 재판에서는 19명의 독일인이, 동경 극동군사재판소에서는 25명의 일본인이 유죄판결을 받고 사형에 처해지거나 장기간 복역하였다. 그러나 다른 한편 이 재판은 승자의 잔치일 뿐이었다고 비판되기도 하였다. 이후 오랫동안 국제사회는 국제형사재판에 다시 관심을 보이지 않았다.

1990년대 초반 유고연방과 르완다에서 벌어진 각종 학살행위는 국제사회의 공분을 일으켰다. 이들 책임자를 처벌하기 위한 특별 국제형사재판소가 설립되어 현재까지도 재판이 진행되고 있다. 신유고연방의 전직 대통령 밀로셰비치도 구속되어 재판에 회부되었으나, 판결이 내려지기 전 사망하였다.

1998년 로마에서는 보다 일반적인 국제형사재판소 설립을 위한 합의가 이루어져, 이른바 국제형사재판소규정(보통 로마조약이라 호칭)이 채택되었다.[54] 이 규정은 2002년 발효되어 네덜란드 헤이그에 모두 18명의 판사로 구성된 국제형사재판소ICC가 설치되었다. 국제형사재판소는 제노사이드, 인도에 반하는 범죄, 전쟁범죄, 침략범죄 등 4개 국제범죄의 책임자를 처벌하도록 예정되어 있다. 이제는 이러한 심각한 국제범죄를 저지르고도 본국에서 처벌되지 않거나 형식적인 처벌 시늉만 내고 마는 경우, 국제사회가 그를 직접 처벌할 수 있게 되었다. 이미 121개국이 국제형사재판소규정을 비준하였다. 한국도 당사국이며, 현재 송상현 재판관이 재판소의 소장을 맡고 있다. 다만 유엔 안전보장이사회 상임이사국 중 미국, 러시아, 중국이 아직 가입하지 않고 있어서 실효성에 한계가 있는 것은 사실이다.

현재 수단의 오마르 알 바시르 대통령에 대하여 남부 수단 지역에서의

---

54 1988 Rome Statute of the International Criminal Court.

학살행위와 관련하여 국제형사재판소의 체포영장이 발부되어 있다. 그는 현직 대통령이라 수단에서는 당장 체포되거나 처벌될 가능성이 없지만, 로마조약의 당사국을 방문하는 경우 구속되어 헤이그의 국제형사재판소로 압송될 수 있다. 2011년 리비아 사태와 관련하여 카다피 일가도 기소되었으나, 카다피는 내전과정에서 피살되었다. 국가원수라 할지라도 국제범죄의 주역이 되는 경우, 국제형사재판의 대상이 될 수 있는 것이다. 천안함 사건 및 연평도 폭격 사건과 관련하여 북한의 행위도 국제형사재판소의 예비조사를 받고 있다.

이제 한국인이 국내에서는 물론, 외국에서라도 위와 같은 심각한 국제범죄를 저지르면 국제형사재판소에 회부될 수 있다. 그가 국내법상의 형사처벌은 어떻게 피할지라도, 국제법적 처벌이 뒤따를 수 있다. 제한적이나마 이러한 국제형사재판이 진행되는 것은, 국제사회가 주권국가 간의 분권적 국제사회에서 하나의 국제공동체로 발전해 가는 과정에 있음을 보여 주는 예이다. 이러한 발전과정에서는 국제법의 역할이 더욱 중요하게 부각될 것이다.

38
외국으로 도망간 범죄인을 인도받을 수 있다

1997년 이태원 햄버거 가게에서 발생한 살인사건의 용의자 1명은 현재 미국에 있다. 사실상 미궁에 빠졌던 이 사건이 〈이태원 살인사건〉이라는 영화를 계기로 재조명되면서, 한국 정부는 미국에게 당시의 용의자를 인도해 달라는 청구를 하였다. 용의자는 2011년 미국 캘리포니아에서 체포되어 한국으로의 범죄인 인도 여부에 관한 재판을 받는 중이다.

다른 한편 재미교포로 한미 이중국적자였던 남 모 씨는 미성년자 시절인 1996년 미국에서 살인사건에 연루되었다. 그는 미국에서 보석상태로 재판을 받던 중 1998년 아버지의 도움을 받아 한국으로 도주해 왔다. 그는 한국 경찰에 자수하였으나, 경찰은 미국에서 발생한 일이라며 그를 그냥 방면하였다. 남 씨는 국내에서 약 10년간 도피생활을 하다가 2008년 다시 체포되어 미국으로 송환되어 2010년 미국 법원에서 종신형을 선고받았다.

이 2가지 사례는 모두 한국과 미국 간에 범죄인인도조약이 체결되어 있기 때문에 진행될 수 있었던 사건이다.

신문을 읽다 보면 종종 범죄자가 외국으로 도주하여 수사를 더 이상 진행하기 어렵다는 보도를 접하게 된다. 외국으로 도주한 범인을 우리 경찰이 강제로 잡아 올 방법은 없으므로, 그런 경우 일단 본인의 자진귀국을 기다릴 수밖에 없다. 도망간 범인이 웬만해서야 스스로 돌아오려 하겠는가? 그럼 그를 처벌할 다른 방안은 없을까?

국제교통이 발달하면서 한 나라에서 범죄를 저지르고 다른 나라로 도주하는 사례가 늘고 있다. 이러한 국외 도주 범죄자에 대한 대처방법에는 2가지가 있다. 하나는 도피한 국가의 관헌이 그를 잡아 외국에서의 범죄를 확인하고 직접 처벌하는 방안이다. 그러나 도피국의 입장에서는 외국에서 발생한 범죄를 반드시 처벌할 필요를 느끼지 않을 수 있으며, 범행에 관한 모든 증거나 증인이 외국에 있으므로 재판을 진행하기도 쉽지 않을 것이다. 외국에서 발생한 범죄는 처벌이 제한되는 경우도 많다. 이에 대응하여 발달한 국제법적 방안이 타국의 요청에 기하여 범죄 피의자나 피고인을 그의 재판이나 수감을 원하는 국가로 인도하여 처벌을 받게 하는 제도이다. 이를 범죄인인도라고 한다.

역사적으로 범죄인인도의 기원은 매우 오래되었다. 이미 기원전 13세기에 이집트의 람세스 2세와 히타이트의 하투실리 3세 간에 탈주범을 상호

인도하기로 합의한 조약이 성립되었다는 기록이 있다. 유럽에서 오늘날과 같은 형태의 범죄인인도조약이 본격적으로 발달한 것은 19세기 중엽부터이다. 각국은 범죄인인도에 관한 국내법을 제정하고, 양자조약의 형태로 외국과 범죄인인도조약을 체결하기 시작하였다. 이는 곧 19세기 중엽부터 국제열차가 운행되는 등 범죄인이 외국으로 도망하기 한층 용이해졌기 때문에 각국이 범죄인인도의 필요성을 본격적으로 깨닫게 되었음을 의미한다. 이 과정에서 정치범 불인도의 원칙도 같이 발달하였다.

한국도 1988년 범죄인인도법을 국내법으로 제정하였고, 현재 미국, 일본, 오스트레일리아 등 27개국과 양자조약으로 범죄인인도조약을 체결하였다. 그리고 2011년 말 범죄인인도에 관한 유럽협약의 역외 당사국이 됨으로써 이 협약의 47개 당사국과 범죄인인도조약을 체결한 효과가 발생하였다. 이제 세계 70개국 이상의 나라가 한국과 범죄인을 상호 인도하기로 합의한 것이다. 우리나라는 1년에 20명 정도의 국외 도주 범죄인의 인도를 외국에 요청하고 있고, 외국으로부터 10명 정도의 인도를 요청받고 있는데, 앞으로 그 숫자가 더욱 늘어날 전망이다. 한국과 교류가 많은 국가 대부분과 범죄인인도조약이 체결됨으로써 국외로 도주한 범죄인은 점점 숨을 곳이 없어지고 있다. 범죄인인도조약은 국제교류의 활성화가 가져온 부작용에 대처하기 위한 국제법상의 제도이다.

범죄인인도조약을 체결하지 않은 국가에 대하여는 범죄인의 인도를 요청할 수 없는가? 국가가 외국의 범죄인인도 요청에 응하여야 할 일반 국제법상의 의무는 없다. 오직 조약이 있는 경우에만 범죄인인도 의무가 발생한다. 그러나 인도조약이 없다고 하여 범죄인인도가 국제법상 금지되어 있지는 않다. 요청받은 국가가 재량으로 인도하는 것 역시 무방하다. 대개 향후 유사한 사례가 발생할 경우 상대국도 범죄인을 인도해 주겠다는 약속을 받고 인도하는 경우가 보통이다.

VII

합리적 경제생활

39

저작권이 국제적으로 보호된다

영국의 작가 롤링J. K. Rowling이 쓴 해리 포터 시리즈는 전 세계적으로 대략 4억 5천만 권이 판매되었다고 추산된다. 해리 포터는 영어를 포함한 67개 언어로 발간되었으며, 심지어 이제는 더 이상 실생활에서 사용되지 않는 라틴어와 고대 그리스어로도 번역되었다. 영국의 지방인 웨일스어로도 번역되었으며, 같은 영어를 쓰는 미국의 독자를 위해서는 미국식 영어로 보정되어 출간되었다고 한다. 생활비를 걱정하던 가난한 작가였던 롤링이 이 작품 하나로 손꼽히는 거부가 되었음은 잘 알려져 있다. 해리 포터로 인한 영국에서의 수입은 비교적 적은 숫자에 불과하고 대부분의 수익은 외국에서 거두었다.

어떻게 자기 나라가 아닌 외국에서도 저작권이 보호될 수 있는가? 저작권 보호의 역사는 의외로 오래된다. 유럽에서 출판이 대중화되면서부터 저작권 보호라는 개념이 발생하였다. 이탈리아 베네치아에서는 이미 1517년 저작권법이 제정되었다고 한다. 영국에서는 앤 여왕 시절인 1709년 일정 기간 동안 원작자의 권리를 보호하고 그 이후에는 사회적으로 그 권리를 공유하는 오늘날과 같은 제도가 만들어졌다. 미국 헌법(1787년)에도 저작권 보호 조항이 포함되었다. 그러나 당시의 저작권 보호는 어디까지나 국내법 수준에 머물렀다. 산업화가 진전되고 국제교류가 활성화되면서 저작권을 국제적으로 보호하여야 할 필요성이 커졌다.

이에 프랑스 등 유럽 국가들이 중심이 되어 1886년 스위스 베른에서 문학이나 예술적 저작자의 권리를 국제적으로 보호하기 위한 베른협약을 채택하였다.[55] 베른협약은 이후 여러 차례 개정되었다. 그런데 이 협약은 저작권 보호의 수준이 상당히 높아 개발도상국들이 참여를 주저하였고, 미국은 보호방식의 차이로 이를 외면하였다. 그러자 좀 더 많은 국가를 포용하기 위한 목적에서 유네스코의 주도로 1952년 세계저작권협약UCC이 채택되었다.[56] 이후 이 두 조약이 문학 등 예술작품에 대한 저작권 보호의 기본조약의 역할을 하였다. 그런데 1995년 세계무역기구WTO가 출범하면서 같이 발효된 TRIPs협정(무역 관련 지적재산권 협정)은 저작권의 소급적 보호 등 원칙적으로 베른협약 수준의 보호를 규정하였는데, 그동안 베른협약을 외면하였던 국가들도 대부분 WTO 협정에 가입하였다. 이에 현재는 베른협약이 문학 등 예술작품의 저작권 보호에 관한 기본조약의 역할을 하고 있다. 현재 베른협약의 당사국 수는 165개국이다.

한편 세계지적재산권기구WIPO가 중심이 되어 기술발달에 따른 새로운 저작권의 보호를 위한 국제규범의 정립에 노력하고 있으며, 1996년 세계지적재산권기구 저작권조약과[57] 실연·음반조약이 채택된 바 있다.[58]

한국은 국내적으로 대한제국 시절인 1908년 저작권령을 칙령으로 공포한 바 있다. 광복 후에는 1957년 저작권법을 제정하고 이후 여러 차례의 개정을 거쳐 오늘에 이르고 있다. 국제적 저작물의 보호에 관하여 한국은 1987년 세계저작권협약에 가입하여 협약 적용일인 1987년 10월 1일 이후에 공표된 외국의 저작물만 보호하였으나, WTO가 출범하면서 1996년 베른협약에도 가입하여 현재는 일정한 과거에 발표된 외국 작품의 저작권도 보호하고 있다. 한편 한국은 WIPO의 저작권 조약에는 2004년, 실연·음반조약에는 2009년 당사국이 되었다.

저작권이 국내법으로만 보호된다면 해리 포터 시리즈와 같은 인기물은 출간된 다음 곧 해외에서 무단으로 복제되거나 번역될 것이고, 그렇다면

---

55 1886 Bern Convention for the Protection of Literary and Artistic Works.
56 1952 Universal Copyright Convention.
57 1996 WIPO Copyright Treaty.
58 1996 WIPO Performances and Phonograms Treaty.

작가인 롤링은 수입의 대부분을 상실할 것이다. 원저작자보다 해외의 해적판 출판업자가 더 많은 돈을 벌지도 모른다. 이는 분명히 불공정한 일이다. 오늘날과 같은 국제화 시대에 국제법이 작동하지 않으면 예술가의 권리는 제대로 보호될 수 없는 것이다.

40
상표권이 외국에서도 쉽게 보호받는다

국내에서 개인이 새로 햄버거 가게를 열면서 맥도날드 햄버거라고 가게 이름을 붙이고, 빅맥, 맥치킨, 맥머핀 등과 같은 메뉴를 판매하면 어떨까? 국내에서 새로 청량음료 회사를 차리고 제품 이름을 코카콜라나 펩시콜라로 붙이면 어떨까? 아예 병 모양도 똑같이 만들면 어떨까? 아마 처음에는 그런 이름에 현혹되는 소비자가 적지 않을 것이다. 그러나 실제로는 국내에서 누구나 마음대로 이러한 상호의 가게를 열거나 제품을 만들어 팔 수 없다. 이러한 상호와 상표는 이미 법적으로 보호받고 있기 때문이다.

회사에서 새로운 상품을 개발하면 상표등록을 하여야 보호받을 수 있다. 회사는 새로운 상품을 개발하면 시장에 내놓기 전에 상표등록부터 먼저 한다. 꼬꼬면, 안성탕면, 신라면 등은 다른 회사에서 같거나 흡사한 이름의 라면을 만들어 팔 수 없다. 그런데 전 세계를 상대로 판매할 예정인 상품은 어떻게 하나? 국내시장의 반응을 보기도 전에 미리 각국에서 모두 상표등록부터 하여야 한다면 절차도 번거롭고 비용도 만만치 않을 것이다. 그러나 국내에서 좋은 새 상품이 나왔다는 소식을 듣고 다른 사람이 외국에서 똑같은 상표를 먼저 등록해 버리면 오랜 시간과 노력을 들여 새 상품을 개발한 업자를 허탈하게 만들 것이다. 외국에서 상표등록만을 먼저 한 사람은 상표권을 포기하는 조건으로 거액을 요구할 수도 있다. 이런 경우 새 상품을 개발한 사람의 정당한 권리를 보호할 방법은 없는가?

공업소유권의 보호를 위한 파리협약은 회원국 중 어느 한 나라에서 상표등록을 출원하고, 그로부터 6개월 이내에 다른 회원국에 같은 상표의 등록을 출원하면 타국에서도 최초 국가에서와 같은 날짜에 출원한 것으로 인정하고 있다.[59] 이 협약은 채택 이후 여러 차례 개정되었는데, 1967년 스톡홀름 개정 협약을 흔히 '파리협약(1967년)'이라고 칭한다.

이는 어느 나라에서 좋은 새 상품이 나왔다는 정보를 입수하고 다른 나라에서 상표만 재빨리 등록하는 얌체 짓을 막을 수 있는 제도이다. 현재 174개국이 파리협약의 당사국이며, 한국은 1980년 이에 가입하였다. 좋은 새 상품을 개발하여 국내에서만 등록을 하여도 일단 전 세계 174개국에서 우선권을 보장받는 것이다. 그 기간 동안 개발업자는 경비를 들여 외국에서도 등록을 할지 여부를 결정할 수 있다. 외국에 등록하기로 결정할 경우, 등록서류의 번역에 필요한 시간을 벌 수 있다.

각국이 국내법으로 아무리 상표권을 강력히 보호하여도 국내법은 일단 국내에서만 효력을 갖기 때문에, 외국에서의 권리까지 보호해 줄 방법은 없다. 오직 국제법만이 이러한 역할을 할 수 있다.

상표뿐만 아니라, 특허·실용신안·의장도 유사한 방식으로 국제적으로 보호된다. 파리협약은 특허와 실용신안의 경우 12개월간의 우선권을 보장한다. 한편 이와는 별도인 특허협력조약은 필요한 서류의 번역 제출 등에 더 긴 기간의 유예를 인정해 준다.[60] 이 협약은 현재 당사국이 146개국이며, 한국은 1984년에 가입하였다.

---

59 1883 Paris Convention for the Protection of Industrial Property.
60 1970 Patent Cooperation Treaty. 채택 이후 수차례 개정.

41

외국기업의 덤핑 공세를 막아 준다

물건을 정상가격보다 아주 싸게 파는 행위를 흔히 덤핑이라고 한다. 회사는 어떻게 정상가격보다 더 싸게 물건을 팔 수 있는가? 기업이 재고정리를 한다거나 경영이 어려워져 헐값에라도 물건을 넘기는 등 나름대로 사연이 있을 때가 많다. 하여간 평소 만날 수 없던 싼 가격에 사고 싶던 물건을 사게 되면 왠지 기분이 좋은 것도 사실이다. 이런 덤핑은 일시적 행위에 그치고 산업에 별 영향을 미치지는 않는다. 최소한 국제문제는 아니다.

그런데 외국상품이 본국에서보다 지나치게 싼 가격에 들어와 국내의 동종산업에 피해를 줄 수 있다. 국내기업이 오랜 투자 끝에 새 상품을 개발하였는데, 외국의 거대기업이 덤핑공세를 펴면 곤경에 처할 것이다. 물론 외국기업이 기술혁신과 생산성 향상을 통하여 값싼 제품을 만들었기 때문에 수입가격이 싸진다면 이는 누구도 시비를 걸 수 없다. 이는 정상적인 시장의 논리이다. 국제무역에서 문제되는 덤핑은 제품이 수출국에서의 정상적인 가격보다 낮은 가격으로 외국에 판매되는 경우이다. 외국기업의 덤핑이 심화되면 무엇보다도 국내의 경쟁산업이 침체되고 실업이 발생한다. 실업은 경제에 연쇄적 악영향을 미친다. 덤핑을 통하여 국내시장을 장악한 외국기업이 독과점적 지위를 이용하여 나중에 아무리 가격을 올려도 국내산업은 대항할 방법이 없게 된다. 결국 온 국민이 피해자가 된다.

이렇게 드러나는 피해 이외에도 덤핑은 잠재적으로 다음과 같은 악영향을 미치게 된다. 첫째, 덤핑이 없었다면 성장할 수 있었던 국내산업이 발전의 기회조차 상실하게 된다. 둘째, 반드시 동일 상품은 아니더라도 유사하거나 대체성 상품을 생산하는 국내산업도 피해를 입는다. 셋째, 저가의 수입부품을 전제로 국내 생산시설을 확장하였으나, 덤핑이 끝나고 부품의 수입가격이 오른다면 추가 시설분의 경제적 효율이 감소하게 된다.

이에 오늘날 덤핑은 수입국의 효율적인 자원배분을 왜곡하고 시장질서를 문란시키는 불공정 행위로 이해되어 국제법적 규제가 가해지고 있다. 이미 20세기 초부터 각국은 국내법이나 양자조약을 통하여 불공정한 덤핑행위를 규제하기 시작하였다. 1947년 GATT가 합의될 때에도 덤핑규제를 위한 반덤핑관세제도가 포함되었다(제6조). 반덤핑관세란 자국의 정상가격과 수출 시의 덤핑가격의 차이만큼 그 상품에 대하여 추가로 부과되는 관세를 말한다. 부당한 저가공세를 막도록 관세를 올려 제품의 시장가격을 정상가격에 근접시키는 것이다. 1995년 출범한 WTO 체제에도 반덤핑협정이 물론 포함되었다. 즉 오늘날 부당한 덤핑에 대한 반덤핑관세의 부과는 공정무역을 지키기 위하여 국제적으로 인정되는 제도이다.

국내에서는 불공정무역행위의 조사 및 산업피해구제에 관한 법률에 따라 설치된 무역위원회가 외국기업의 덤핑행위를 조사하고, 이로 인하여 국내산업에 피해가 있을 경우 반덤핑관세를 부과한다. 국내법에 따라 외국기업의 덤핑행위를 규제하는 것처럼 보이지만, 그 규제 내용은 WTO 반덤핑협정 등 국제법에 따라 정해져 있다. 결국 국제법이 외국기업의 부당한 덤핑공세로부터 국내기업을 보호하는 셈이다. 만약 한국이 자의적인 국내법을 제정하거나 과도한 반덤핑관세를 부과하면 한국은 WTO 분쟁해결절차에 피소될 수 있기 때문에 국제규범에 맞도록 제도운영을 하여야 한다. 근래 말레이시아산 합판이 한국으로 덤핑 수출되었다고 판단되어 반덤핑관세가 부과된 바 있다.

42

동일한 소득에 대하여
국내외에서 이중으로 세금을 내지 않는다

한국인이 프랑스에서 일정한 수입을 올리면 세금은 어디서 내야 하나? 한국 정부의 입장에서는 내국인의 소득이므로 비록 그가 외국에서 얻은 수입이라도 세금을 부과할 수 있다. 프랑스 정부 역시 자국에서 발생한 소득에 대하여 과세를 할 수 있다. 그러면 같은 사람의 동일한 소득에 대하여 두 번 과세가 되는 결과가 되며, 이는 당사자의 입장에서 매우 억울할 것이다. 과세는 국내법에 따라 각국이 알아서 할 문제라며 이 같은 중복과세를 두고만 본다면, 경제활동의 국제적 교류나 국제적 인적 교류에 적지 않은 장애가 될 것이다. 이는 과세의 공평성과 자원 배분의 효율성에도 악영향을 미치게 된다. 여러 국가에 걸쳐 발생하는 이러한 문제를 해결하기 위해서는 역시 국제법의 역할이 필요하다.

현재 각국은 양자조약 형태로 수많은 이중과세방지협정을 체결하여 동일한 소득에 대한 중복적인 과세를 되도록 피하고 있다. 한국도 1970년 일본과의 조약을 시발로 2011년 말까지 모두 77개국과 이중과세방지협정을 체결하고 있다. 한편 이중과세방지협정은 매우 기술적 내용의 조약이므로 OECD는 1963년 일종의 모범조약을 제시하여, 각국은 대체로 이 내용을 바탕으로 양자조약을 체결하고 있다. OECD 모범조약은 경제상황의 변화에 적응하기 위하여 이후 여러 차례 개정된 바 있다.

이중과세가 발생하는 경우를 좀 더 자세히 살펴봄으로써 이중과세방지협정이 이를 어떻게 방지할 수 있는가를 알아본다.

대부분의 국가는 국적에 앞서 국내 거주자에 대하여 과세한다. 무슨 말이냐 하면 자국민이라 하여도 외국으로 이민을 가 계속 해외에서만 살고 있는 사람(비거주자)의 소득에 대하여는 과세를 하지 않는 반면, 외국인이라도 국내 회사에 취직하여 국내에 계속 거주하는 자의 소득에 대하여는 과세를 한다. 이때 각국마다 거주자의 개념이 달라 같은 사람이 국적국과 거주국 모두에서 거주자로 취급된다면 이중으로 세금을 내게 될 것이다. 예를 들어 1년 기한으로 해외지사에 근무하는 사람을 본국과 거주국 모두 세법상의 거주자로 분류할 수 있기 때문이다. 이중과세방지협정은 양국이 합의하는 통일적인 '거주자' 개념을 규정함으로써 같은 사람이 동시에 두 나라에서 거주자 취급을 받지 않도록 하는 것이다. 그러면 그는 조약상 거주자로 취급되는 어느 한 나라에서만 세금을 내면 된다.

이중과세가 발생하는 또 다른 원인은 국내 원천소득에 대한 과세이다. 대부분의 국가는 거주자가 전 세계에서 얻은 소득에 대하여 과세하는 반면, 비거주자에 대하여는 국내에서 발생한 원천소득에 대하여만 과세한다. 예를 들어, 국내에 거주하는 한국인의 소득에 대하여는 그 출처의 국내외를 불문하고 과세되는 반면, 국내 거주자가 아닌 경우에는 한국에서 발생한 소득에 대하여만 세금이 부과된다. 이때 비거주자의 본국(거주국)도 같은 기준에서 과세를 한다면 이른바 국내원천소득에 대하여는 이중으로 과세되는 결과가 된다. 이중과세방지협정은 이러한 과세를 위한 공통적 기준을 마련하여 동일한 소득에 대하여 거듭 세금을 내는 것을 방지하고 있다.

이외에도 이중과세는 다양한 원인에 의하여 발생되기도 하고, 세 나라 이상이 관여되는 경우도 있다. 양자조약으로 체결되는 이중과세방지협정이 이러한 문제를 100% 해결하기는 어렵다. 한국이 아직 전 세계 모든 국가와 이중과세방지협정을 체결하고 있지도 못하다. 그러나 한국인의 경제활동이 활발한 대부분의 국가와는 이중과세방지협정이 체결되어 개인으로서는 억울하다고 생각될 이중과세를 최대한 막아 주고 있다. 만약 국가가 이런 조약을 체결하지 않았다면 개인으로서는 속수무책일 수밖에 없다.

43

외국에서 근무할 때 연금을 이중납부하지 않아도 된다

국내회사에 근무하다가 몇 년 기한으로 해외지사로 파견되는 사람을 자주 본다. 제한된 기간 동안 외국의 회사에 취직하여 일하다 귀국하는 사람도 적지 않다. 또는 몇 년간 외국에 나가 장사 등 자영업을 하다 귀국한 사람도 종종 본다. 모두 우리 사회가 국제화됨에 따라 수반되는 자연스러운 현상이다.

국내에서 회사에 근무하든 자영업에 종사하든 모두 국민연금이나 의료보험 등 사회보장제도에 의무적으로 편입된다. 회사에서 월급을 받는 경우 보수의 일정액이 자동적으로 공제되어 해당 관리공단에 납부된다. 자영업자도 정해진 금액을 공단에 납부하여야 한다.

그런데 몇 년간 한시적으로 외국에 가서 일하는 사람은 어떻게 되는가? 국민연금의 불입기간을 늘려 노후에 더 많은 연금을 받으려면 국내 국민연금의 적용자격을 유지시켜야 한다. 그러나 외국 역시 우리나라와 마찬가지로 수입에서 연금 부담금 등을 의무적으로 납부하여야 되는 국가가 많다. 보통 단기간 거주하다 귀국할 외국인이라도 수입에 대하여는 예외 없이 부담금이 징수된다. 만약 그 사람이 3~4년만 근무하고 귀국한다면, 그동안 낸 부담금을 탈퇴금으로 돌려주는 국가도 있지만, 돌려주지 않는 국가도 많다. 의료보험이야 당장 거주하는 곳에서 적용받는 것이 중요하므로 별문제 없다 하여도, 연금의 경우는 애당초 그 나라 연금제도의 적용을 받을 가능성이 전혀 없는 사람인데 혜택은 없이 부담금만 날리는 셈이 된다. 그 기간 중 국내에서도 연금을 납부한다면 개인으로서는 이중부담이 된다.

무슨 합리적인 대책이 없을까? 오늘날과 같은 국제교류의 시대에는 한국인이 외국으로 나가 일을 하기도 하지만, 외국인이 한국으로 와 일하는 경우도 많다. 위와 같은 결과는 한국인에게만 발생하는 불합리가 아니라 상호적으로 발생한다. 이에 각국은 이른바 사회보장협정을 체결하여 이 문제를 해결하고 있다.

사회보장협정의 골자는 서로 상대국으로 파견된 근로자나 자영업자에게는 현지의 사회보험료를 일정 기간(대개 5년) 동안 면제시켜 주기로 합의하는 것이다. 외국에 아주 이민 간 사람이 아니어서 본국의 연금제도에 계속 가입해 있으면, 상대국에서 연금 부담금을 납부할 의무를 면제받아 이중부담을 피하는 것이다.

한국은 현재 27개국과 사회보장협정을 체결하여 국민의 경제적 부담을 경감시켜 주고 있다. 협정 체결국에는 미국, 영국, 독일, 프랑스, 일본, 오스트레일리아, 중국 등 한국인이 많이 가는 국가가 대부분 포함되어 있다. 물론 정부는 사회보장협정의 체결 국가를 지속적으로 늘리려고 노력 중이다.

단순히 연금 부담금의 납부를 면제받는 것에 그치지 않고, 한 걸음 더 나아가 상대국에서 연금제도에 가입하면 국내에서의 가입기간과 상대국에서의 가입기간의 합산을 인정하도록 협정을 체결하는 경우도 많다. 외국에 장기체류 하거나 이민을 갔으나 그가 나중에 은퇴할 무렵 국내와 외국 어느 곳에서도 연금수령기간을 만족시키지 못할 수 있다. 이때 양국에서의 가입기간을 합산하여 연금수령권을 인정받도록 합의하는 것이다.

국가 간 국경의 문턱이 낮아지고 사회가 국제화되면 국내외를 가리지 않고 일자리를 찾는 사람이 점점 많아질 것이다. 사회보장협정은 이러한 사람들에게 불합리한 피해를 주지 않으려는 제도이다. 이는 국가 간의 합의인 조약을 통해서만 가능하다.

44

내가 먹는 식품재료가
어느 나라에서 생산된 것인지 알 수 있다

1970년대까지 초등학생들이 즐겨 먹던 간식의 하나가 번데기였다. 누에고치에서 비단실을 뽑는 과정에서 나온 번데기는 학교 앞 노점상의 단골 메뉴였다. 요즘은 주로 통조림의 형태로만 판매된다. 잘 알려진 국내 식품회사의 번데기 통조림을 사서 자세히 살펴보면 '번데기(중국산)'이라고 표시되어 있다. 통조림 자체는 국내에서 제조된 것이나 그 재료는 수입한 것이다. 이제 국내에서 간식거리나 술안주로 먹는 번데기 재료는 거의 전량 중국에서 수입되고 있다. 옛날에는 흔하디흔했던 번데기도 이제는 국내에서 구하기 어렵기 때문이다. 이것을 보면서 왠지 찜찜해하는 사람도 있을지 모른다.

한편 와인은 프랑스, 스파게티 국수는 이탈리아, 시계는 스위스와 같이 어느 제품은 어느 나라 제품이 최고라는 이미지가 있다. 다른 나라 제품보다 비싸더라도 기꺼이 이를 사려는 소비자가 많다.

프랑스 와인의 공급이 부족하자 프랑스 와인업자가 값싼 제3국 와인 원액을 대량으로 수입하여 프랑스에서 병에 담기만 한 다음 이 사실을 숨기고 프랑스 유명 와인회사의 상표를 붙여 다시 수출하였다고 가정하자. 보통의 소비자는 상표를 보고 비싼 값에 구입하여 프랑스 와인이라고 생각하고 기분 좋게 먹을지도 모르나, 이는 사실 소비자를 속여 부당한 이득을 취하는 것이다.

농산물은 동일한 작물, 동일한 품종이라도 재배지역의 기후, 토질, 재배기술, 시기 등에 따라 그 품질이 달라진다. 같은 회사, 같은 상표의 공산품 역시 제조지역의 근로자의 숙련도, 투입 원자재, 기타 여러 사회적 여건에 따라 최종 품질이 달라진다. 이에 소비자에게 제품에 대한 정확한 정보를 제공하기 위해서 제품과 그 주요 재료의 원산지를 알릴 필요가 있으며, 유명 제품의 원산지 표시는 국제적으로 보호받을 필요가 있다. 한편 원산지 표시 방법을 지나치게 복잡하고 어렵게 만들면 보이지 않는 무역장벽이 될 수도 있으므로 이에 대한 일정한 국제적 규제도 필요하다.

국제법 역시 원산지 표시에 대하여 오래전부터 관심을 가져왔다. 원산지의 허위표시는 1883년 공업소유권 보호를 위한 파리협약부터 금지되었고, 1891년에는 이를 구체화한 원산지 표시 오인 방지에 관한 마드리드약정이 체결되었다. 1947년 GATT 제9조도 원산지 표시에 관한 규정을 두고 있다. 1995년 WTO의 출범과 동시에 원산지 규정에 관한 협정이 채택되어 원산지 표시에 관한 여러 가지 규제를 담당하고 있다. 한국은 1980년 파리협약에 가입하였고, WTO는 출범 시부터 당사국으로 참여하였다. 국내에서는 1991년 대외무역법을 통하여 수입농산물의 원산지 표시제도가 처음으로 도입되었다. 이제는 잘 살펴만 보면 동네 가게에서 산 아사히 맥주가 일본산인지 중국산인지 또는 버드와이저 맥주가 미국산인지 국내산인지를 누구나 확인할 수 있다.

45

태평양 수심 수천m 아래 한국의 독점광구가 확보되었다

특별히 국제법을 공부하지 않은 사람도 '공해 자유의 원칙'이란 말은 익숙할 것이다. 공해는 오랫동안 누구도 독점할 수 없는 개방된 곳으로 간주되어 왔다. 그로티우스는 일찍이 『자유해론』(1609)에서 바다는 누구도 실효적으로 점유할 수 없으며, 바다의 자원은 무한정이라 고갈될 염려가 없으며, 바다는 남에게 손해를 끼치지 않으면서도 이용할 수 있기 때문에 그 이용이 만인에게 개방된 곳이라고 설명하였다. 이후 과학기술의 발전은 이러한 전제를 무색하게 만들었지만, 공해 자유의 원칙은 계속 국제법의 기본원칙으로 자리 잡고 있었다. 이에 공해의 자원은 선착순으로 먼저 확보하는 자의 소유로 인정되었다.

20세기 후반 들어 공해 아래 수심 수천m 속의 심해저에 대하여도 인류의 탐사가 시작되었다. 특히 심해저에 망간, 니켈, 코발트 등이 풍부하게 함유된 망간단괴가 널리 분포한 것으로 알려지자 각국의 관심이 고조되었다. 그러면 심해저에도 공해 자유의 원칙이 적용되어, 심해저 자원 역시 누구나 선착순으로 개발할 수 있는가? 심해저 문제는 1973년부터 1982년까지 진행된 유엔 해양법 회의에서 가장 격론이 벌어졌던 주제였다. 개발도상국을 중심으로 한 다수의 국가는 인류가 새로이 도달하기 시작한 심해저에는 공해 자유의 원칙을 적용하지 말고, 이를 인류 공동의 유산 Common Heritage of Mankind으로 삼자고 주장하였다. 그 개발의 수익을 인류가 공동으로 활용하자는 입장이었다. 미국의 강력한 반대에도 불구하고 유엔 해양법협약은 이러한 입장을 채택하였다(제136조). 심해저라는 미지의 지역에는 전혀 새로운 국제법을 적용하기로 한 것이다. 이에 심해저기구를 설립하여 심해저 개발정책을 총괄하기로 했다. 다만 심해저 개발을 위하여 남들보다 앞서서 투자한 국가에 대하여는 일정한 기득권을 인정해 주었다. 해양법협약의 발효 이전에 3,000만 달러 이상을 투자한 선행투자국에 대하여는 75,000km²의 심해저 광구에 대한 독점적 개발권을 인정해 주기로 한 것이다.

한국은 1994년 마지막 선행투자국으로 등록하였다. 망간단괴의 개발 가능성이 가장 유망한 것으로 알려진 태평양 클라리온-클리퍼턴Clarion-Clipperton 지역에 광구를 신청하여 수년간의 탐사 결과 그중 경제성이 가장 높을 것으로 판단되는 75,000km²의 한국 광구를 지정받고 있다. 이를

99,373km²의 남한 면적과 비교하면 약 75%에 해당하는 크기이다. 이 지역의 수심은 대략 5,000m 내외이다. 아직 광물의 상업적 생산이 시작되지 않아 태평양 아래 깊은 바닷속 심해저 광구가 한국인에게 어떠한 부를 가져다줄지는 미지수이나, 국제적으로 한국이 심해저 개발노력의 선두권에 속해 있음은 분명하다.

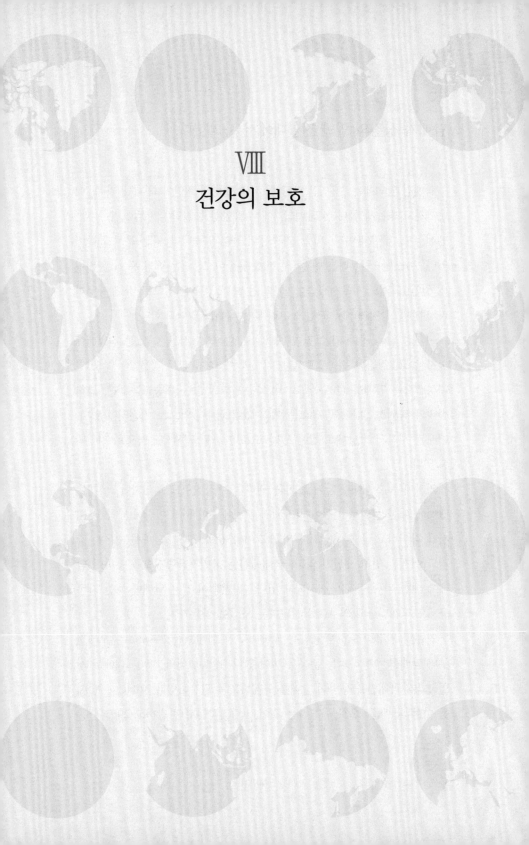

VIII
건강의 보호

46

담배가 상점의 일반 진열대에서 사라졌다

담뱃갑 앞면에는 "흡연은 폐암 등 각종 질병의 원인이 되며 내 가족, 이웃까지도 병들게 합니다. 담배연기에는 발암성 물질인 나프틸아민, 니켈, 벤젠, 비닐 클로라이드, 비소, 카드뮴이 들어 있습니다"라는 문구가 들어 있다. 2013년 4월부터는 이 중 첫 번째 문장이 "흡연은 폐암 등 각종 질병의 원인! 그래도 피우시겠습니까?"라는 보다 강력한 경고로 바뀔 예정이다. 담배 포장지에 해골 그림을 그려 넣는 국가도 있다고 한다.

편의점 같은 곳에 가 보면 담배가 누구나 쉽게 집을 수 있는 진열대에 있지 않고, 점원의 뒤쪽으로 별도의 선반에 놓여 있는 것을 볼 수 있다. 미성년자는 담배를 살 수 없고, 버스나 지하철 같은 대중교통수단, 특히 실내의 작업장이나 공공장소는 예외 없이 금연구역으로 지정되어 있다. 이제는 서울의 강남대로 같은 일반 도로나 공원도 금연구역으로 지정되고 있다.

과거에는 흡연자가 담배를 피울 권리를 주장하기도 하였지만, 이제는 담배에 대한 사회적 시선이 차가워지는 것에 저항하기 어렵게 되었다. 식사를 같이하고 난 후 흡연자 혼자 슬그머니 밖으로 나가 담배를 피우는 광경도 이제는 전혀 새롭지 않다. 국내에서는 국민건강증진법을 통하여 담배에 대한 각종 규제가 실시되고 있다. 그런데 이 같은 담배에 대한 각종 규제도 국제법상의 의무로 실시된다는 사실을 아는가?

인류의 건강증진을 담당하는 국제기구인 세계보건기구WHO는 오래전부터 담배를 추방하려는 운동을 벌여 왔다. 1980년대와 1990년대에는 개별국가가 국내법을 통하여 담배를 규제하도록 권장하였다. WHO는 담배를 아예 국제법적으로 규제하는 것이 바람직하다고 판단하고 2003년 총회에서 담배규제에 관한 기본협약을 채택하였다.[61] 이 협약은 2005년 발효하였으며, 한국도 2005년 가입하였다. 현재 당사국은 176개국이다.

담배규제협약은 당사국들에게 담배의 생산, 판매, 배포, 광고, 과세 등에 관한 포괄적인 규제를 실시하라는 의무를 부과하고 있다. 협약은 담배 포장지에 유해경고문 수록, 금연장소의 지정, 담배성분, 특히 독성성분의 공개, 담배광고의 제한, 미성년자에 대한 판매금지, 판촉활동의 금지 등 각종 규제를 설정하고 있다. 담배를 상점의 일반 진열대에 두지 못하는 것도 협약상의 의무이다. 또한 당사국은 국내 담배 소비동향과 세율을 WHO 당사국 총회에 보고할 의무도 있다. 국내에서 실시되는 담배에 대한 각종 규제는 국민건강을 위하여 자발적으로 실시되기도 하지만, 그 배후에는 이 같은 규제의 실시가 대한민국의 국제법상 의무라는 사실이 자리 잡고 있다.

47
마약류는 개인이 마음대로 살 수 없다

마약류란 인간이 복용하면 중추신경계에 작용하여 이를 오남용 하는 경우 신체에 심각한 위해가 발생하거나, 중독성이 강하여 금단현상이 발생하거나, 사람의 지각능력에 부정적 영향을 미치는 물질들을 의미한다. 마약과 향정신성 물질을 포함한다. 이러한 물질을 복용하면 통증이 완화되거나 일시 환각과 흥분상태에 빠져 기분이 고조된다는 사실이 알려지면서 복용이 시작되었다. 그러나 이러한 물질의 심각한 부작용이 알려지

---

61 2003 World Health Organization Framework Convention on Tobacco Control.

면서부터 각국은 마약류의 사용을 규제할 필요가 있다고 판단하였다. 그런데 어느 한 국가에서 이러한 물질의 제조나 유통을 금지하면 외국으로부터 비밀리에 수입되는 경향이 있으므로 이의 사용제한을 위해서는 국제적 협력이 필요하다.

이미 1912년 국제아편협약이 채택되어 마약에 대한 국제적 통제가 시작되었다. 유엔 창설 이후에도 마약류 규제에 대한 노력은 계속되어 1961년 마약에 관한 단일협약이 채택되었다.[62] 양귀비 등 마약류의 은밀한 확산에 고심하던 한국은 1962년 이를 비준하였으며, 협약은 1964년 발효하였다.

그런데 기술이 발전하면서 자꾸 새로운 마약류 제품이 출현하였다. 이에 좀 더 폭넓은 규제를 위하여 1971년 향정신성 물질에 관한 협약이 채택되었다.[63] 한국은 1978년 이 협약에 가입하였고, 현재 당사국 수는 183개국이다. 이 협약에 따르면 향정신성 물질의 제조나 거래는 허가받은 자만이 할 수 있다. 개인에 대한 투여에는 의사의 처방이 필요하며, 의료기관은 사용기록을 유지하여야 한다. 판매업자는 거래기록을 유지하여야 하며, 이러한 물질의 국제거래 역시 승인을 받아야만 가능하다.

그럼에도 불구하고 마약류는 국제범죄조직을 통하여 은밀히 거래되고, 이들 범죄조직은 마약류 거래를 통하여 막대한 부를 형성하기도 했다. 마약류의 근절에는 국제적 협력이 매우 필요하였다. 이에 1988년에는 마약 및 향정신성물질의 불법거래방지에 관한 국제연합협약이 추가로 채택되었다.[64] 한국도 1999년 가입하였으며, 현재 당사국 수는 188개국이다. 이 협약은 국제적 차원에서 이루어지는 마약류의 불법거래에 대처하기 위

---

62 1961 Single Convention on Narcotic Drugs.
63 1971 Convention on the Psychotropic Substances.
64 1988 United Nations Convention Against Illicit Traffic in Narcotic Drugs and Psychotropic Substances.

한 목적의 조약이다. 당사국은 마약의 생산, 제조, 구입, 판매, 배포, 소지 등을 범죄로 규정하여야 하며, 마약범죄의 수익을 몰수하여야 하며, 이러한 범죄진압을 위하여 여러 가지 국제협력을 하여야 한다.

현재 개인이 마약류 제품을 마음대로 구입할 수 없다는 사실은 잘 알려져 있다. 병원에서 통증완화 등 치료목적으로 사용하는 경우에도 여러 가지 엄격한 절차가 적용된다. 이는 모두 국민의 건강을 위하여 필요한 규제이다. 이러한 규제의 배경에도 국제적 합의와 협력이 자리 잡고 있다.

48
부정한 약물이 운동선수를 망치지 못하게 막는다

미국의 메리언 존스는 2000년 시드니 올림픽에서 3개의 금메달을 획득한 단거리 육상의 스타였으나, 후일 금지약물을 복용한 것이 밝혀져 메달을 모두 박탈당하였다. 그리고 약물 복용에 관한 위증으로 6개월의 형도 살았다. 1988년 서울 올림픽에서 캐나다의 벤 존슨은 남자육상의 꽃이라는 100m 경기에서 우승하였으나, 도핑 테스트 결과 금지약물을 복용한 것이 발각되어 금메달을 박탈당하였다.

운동선수에 대한 도핑 테스트라는 말을 많이 들어 보았을 것이다. 운동선수가 금지된 약물을 복용하였는지를 조사하는 것을 도핑 테스트라고 한다. 오늘날 일시적으로 경기력을 향상시키는 효과가 있으나 인체에 부작용이 우려되는 약물은 복용이 금지되어 있다. 금지약물은 근육 강화제, 성장 촉진제, 체중 감량제, 흥분제나 마약류, 스테로이드 등 그 종류가 매우 다양하다. 운동선수에게 이러한 약물의 복용을 금지하는 이유는 이것이 일시적으로는 경기력을 향상시키는 효과를 가져오나, 장기적으로는 선수의 건강을 위협하기 때문이다. 또한 일부 선수가 약물에 의한 일시적인 경기력 증강상태에서 시합을 한다면 이는 공정한 경쟁이 아니라고 보는 것이다.

이미 1928년부터 국제육상연맹은 선수들이 특정한 약물을 복용하지 말도록 금지하였다. 그러나 당시는 복용 여부를 확인할 기술이 부족하였기 때문에 실제로 이를 잡아내는 것이 거의 불가능하였다. 조사는 주로 증언에 의존할 수밖에 없었다. 본격적으로 도핑 테스트가 실시된 것은 1960년대 중반부터였다. 1966년 국제축구연맹이 일정한 약물의 복용을 금지하였고, 1968년 멕시코 하계 올림픽과 그르노블 동계 올림픽에서부터 도핑 테스트가 실시되었다.

금지약물을 탐지하는 기술이 발달하였지만 동시에 검사를 피하는 약물도 발전하여 도핑을 잡는 것이 쉽지는 않았다. 앞서 예로 들은 메리언 존스도 시드니 올림픽 당시 도핑 테스트에서는 발각되지 않았으나, 후일 다른 경로로 금지약물 복용 사실이 밝혀졌다. 국제올림픽위원회는 1999년 세계도핑방지기구World Anti-Doping Agency를 수립하였고, 2004년에는 세계 도핑방지 규범World Anti-Doping Code이 제정되었다. 세계 600개 이상의 경기단체가 이의 준수를 약속하였으나, 이는 어디까지나 경기단체별 자체 협력에 불과하였다. 마침내 유네스코의 후원으로 2005년 스포츠 반도핑 국제협약이 채택되었다.[65] 현재 모두 171개국이 당사국으로 세계 스포츠의 강국들은 모두 이에 가입되어 있다. 한국도 2007년 가입하였다.

운동선수가 일시적인 성적향상을 위하여 부정한 약물을 복용하는 것은 이제 국제법에 의하여 금지되고 있다. 만약 일시적인 효과가 있으나 장기적으로는 유해한 약물의 복용을 방치한다면, 당장의 승부를 위하여 운동선수들이 스스로 약물을 복용하거나, 아니면 코치에 의하여 복용을 강

---

65 2005 International Convention against Doping in Sport.

요당할 것이다. 이러한 약물복용을 금지하는 국제법이 있음으로써 우리는 선수들의 건강도 보호하고 보다 공정한 시합을 즐길 수 있게 되었다.

49

원하지 않는 의학실험의 대상이 되지 않는다

신문을 보면 종종 신약개발을 위한 임상실험에 참여할 사람을 모집한다는 광고가 난다. 신약개발의 최종단계는 사람을 대상으로 한 실험이다. 여기서 안정적인 결과가 나와야 신약으로서 제조허가를 받을 수 있다. 그러면 누가 이런 실험에 참여하는가? 약에 따라 경우가 다르겠지만, 예를 들어 기존 약으로는 더 이상 치료가 되지 않는 환자는 혹시나 하는 심정에서 새로이 개발 중인 약이라도 먼저 사용하고 싶을 수 있다. 신약이 제품화되면 초기에는 상당히 고가로 판매될 가능성이 크나, 이러한 실험에 응하면 무료로 신약을 제공받을 뿐만 아니라 참여에 따른 금전적 보상을 받는 경우도 많다.

그럼 병원에서는 이러한 환자들에게 개발 중인 신약임을 숨기고 좋은 약이 나왔으니 복용하라고 처방할 수는 없는가? 어차피 기존의 치료법으로는 해결이 불가능하므로 이 같은 시도도 결국 환자에게 유리한 것이 아닌가? 그러면 굳이 신문에 광고까지 내며 참여자를 모집할 필요도 없지 않은가?

제2차 세계대전 중 추축국들이 포로 등을 상대로 여러 가지 의학적 실험을 한 사실은 악명이 높다. 이러한 정도에는 이르지 않는다 하여도 본인의 동의 없이 사람을 상대로 의학적 실험을 하는 행위는, 인간의 존엄성을 손상하고 경우에 따라서는 잔혹하거나 비인도적 처우가 될 수도 있다.

실험에 따라서 예기치 못하였던 심각한 부작용이 발생할 수도 있기 때문이다. 이에 시민적 및 정치적 권리에 관한 국제규약 제7조는 "누구든지 자신의 자유로운 동의 없이 의학적 또는 과학적 실험을 받지 아니한다"라고 규정하고 있다. 이러한 조항은 제2차 세계대전 때의 경험에서 비롯되었다. 현재 세계 167개국이 이 규약의 당사국이며, 중국을 제외한 거의 모든 주요 국가가 이에 가입하고 있다. 한국은 1990년 이 규약의 당사국이 되었다. 설사 불치병 환자라 하여도 의학 임상실험을 하면서 이 사실을 알리지 않는다면 국제법 위반이 된다.

50
전염병의 국제 확산을 막아 준다

2009년 4월 '신종 플루(H1N1)'라는 새로운 독감 바이러스가 전 세계적으로 유행하여 많은 사람을 걱정하게 만든 적이 있었다. 신종 플루는 멕시코의 돼지 독감 바이러스에서 변종되었다고 알려져 처음에는 '돼지 독감'이라고 불리었다. 돼지나 조류 독감 바이러스는 보통 인간에게 전염되지 않으나, 신종 플루는 인간을 전염시킬 수 있도록 변종되어 새롭게 출현한 바이러스여서 발견 초기에는 적절한 대처가 쉽지 않았다. 2009년 전 세계적으로 최소한 15,000명이 이로 인하여 사망하였다고 한다. 스위스에 본부를 둔 로슈라는 회사가 생산한 타미플루가 유일한 효과적 대응약이라고 알려져 국제적으로 타미플루 쟁탈전이 벌어지기도 하였다. 이런 일이 발생할 때마다 사람들은 1918년에서 1920년 사이 전 인류의 약 4분의 1을 감염시켰으며, 세계적으로 수천만 명의 목숨을 앗아간 스페인 독감을 떠올리곤 한다. 과거에는 국지적 질병에 머물고 말던 감염성 질병이 오늘날과 같은 국제화 시대에는 신속히 전 세계로 퍼지기 때문에 이의 효과적인 대처를 위해서는 국제협력이 절실하다.

사실 전염병 대처를 위한 국제협력은 19세기부터 논의되던 주제이나 합의점이 쉽게 찾아지지 않았다. 전염병을 전 세계적으로 통제할 종합적인 중심기관이 없었기 때문이었다. 유엔 시대에 들어 1948년 세계보건기구 WHO가 창설되었다. WHO는 1951년 처음으로 국제위생규정을 제정하였고, 이 규정은 이후 수차례 개정되었다. 당시만 하여도 이러한 규정이 국제사회의 관심을 크게 끌지는 못하였다.

2003년 봄 중국에서 시작된 사스SARS가 전 세계로 퍼졌다. 환자를 치료하던 의료진도 많이 감염되었고 감염자의 사망률이 10%에 이르는 등 한때 세계를 공포에 몰아넣었으나, 초기에 중국 당국은 발병 사실을 은폐하고 정확한 정보를 공개하지 않았다. 2004년에는 조류 독감 A(H5N1)가 크게 유행하였다. 이런 사건들을 계기로 WHO는 감염성 질병에 대한 국제적 대비 태세를 새로이 강화하기로 결정하였다. WHO 총회는 2005년 새로운 국제보건규정을 채택하였으며,[66] 이는 2007년부터 적용되기 시작하였다. WHO헌장 제22 조에 근거하여 채택된 이 규정은 모든 WHO 회원국에게 법적 구속력을 지닌다.[67]

이 규정에 따르면 "국제적 관심이 될 공중보건상의 위기사태"가 발생하면 회원국은 이를 WHO에 보고할 의무를 지닌다. 사스에 대한 중국 당국의 태도에 비추어 보면 바이러스 균주의 신속한 확보와 대책 마련을 위하여 이는 특히 중요하다. WHO 사무총장은 필요하면 비상위원회를 소집하여 대책을 논의할 수 있다. WHO는 전염병의 상태에 따라 상황을 6단계로 구분하여 경보를 발령할 수 있다. 또한 사무총장은 회원국에 대하여 대응방안을 권고할 수 있으며, 사태가 최고로 심각한 경우 여행제한과

---

66 International Health Regulations 2005(IHR 2005).
67 다만 규정의 적용에 반대하는 국가는 그 같은 의사를 통보하여 적용을 피할 수 있다.

무역거래금지도 요청할 수 있다. 2009년 신종 플루가 발병하자 WHO는 국제보건규정상의 절차를 처음으로 발동하였다.

오늘날은 의료기술이 발달하여 스페인 독감과 같은 질병이 다시 발생하여도 과거와 같은 참혹한 결과가 재발되는 것을 막을 수 있으리라 예상된다. 그 같은 믿음의 배경에는 WHO 같은 국제기구가 신속한 국제적 공조를 이끌어 내리라는 점도 자리 잡고 있다. 요즘 흔히들 맞는 일반 독감 백신의 경우도 WHO가 각국 관련기관과 협력하에 전 세계적인 감시체계를 동원, 다음 해에 유행할 것으로 예측되는 균주를 발표하고, 이를 바탕으로 제약회사가 백신을 제작하는 것이다. 이를 위하여 WHO는 국제독감감시체제를 운영하고 있다.[68] 이렇게 만들어진 백신이 매년 수많은 사람들을 독감으로부터 보호해 준다. 현재 WHO의 당사국은 194개국이며, 한국은 1949년 가입하였다.

---

68 Global Influenza Surveillance Network.

생활 속의 국제법 읽기
세계화 시대, 한국사회와 국제법

제1판 1쇄 펴낸날 2012년 10월 15일
제1판 8쇄 펴낸날 2024년 3월 30일

지은이 | 정인섭
펴낸이 | 김시연

펴낸곳 | (주)일조각
등록 | 1953년 9월 3일 제300-1953-1호(구: 제1-298호)
주소 | 03176 서울시 종로구 경희궁길 39
전화 | 02-734-3545 / 02-733-8811(편집부)
02-733-5430 / 02-733-5431(영업부)
팩스 | 02-735-9994(편집부) / 02-738-5857(영업부)

이메일 | ilchokak@hanmail.net
홈페이지 | www.ilchokak.co.kr

ISBN 978-89-337-0634-3 03360
값 20,000원